Fundamentos de Redes Neuronales 1 y 2

Teoría y Práctica.

Jesús G. Castillo

Reinventors Republic.

Contenido

Introducción 9

Capítulo 1: Introducción a las Redes Neuronales 11

    Analogía con el funcionamiento del cerebro humano para una mejor comprensión. 22

    Breve historia y evolución de las redes neuronales en la informática. 25

Capítulo 2: Conceptos Básicos de Machine Learning 28

    Introducción al aprendizaje automático (machine learning). 28

    Conceptos Básicos del Aprendizaje Automático 28

    Importancia y Futuro del Aprendizaje Automático 31

    Tipos de aprendizaje: supervisado, no supervisado y por refuerzo. 32

    1. Aprendizaje Supervisado 32

    2. Aprendizaje No Supervisado 33

    3. Aprendizaje por Refuerzo 34

    Concepto de datos de entrenamiento y conjunto de pruebas. 35

    Importancia de los Datos de Entrenamiento y Pruebas 38

Capítulo 3: Neuronas Artificiales 39

    Descripción detallada de la unidad básica de una red neuronal: la neurona artificial. 39

    Componentes de una Neurona Artificial 39

    Funcionamiento de una Neurona Artificial 41

    Ejemplo de Neurona Artificial 42

    Funcionamiento de una neurona: entrada, función de activación y salida. 43

    Funciones de Activación en Neuronas Artificiales: 43

Fórmula de la Función Sigmoide: 46

Fórmula de la Función Softmax: 49

Importancia de las Funciones de Activación: 50

Función del Sesgo (Bias): 51

Características del Sesgo en Estadística: 53

Ejemplos de Sesgo en Estadística: 54

Funcionamiento de una Neurona Artificial 54

Ejemplo de Funcionamiento de una Neurona 56

Cómo una neurona artificial puede realizar una tarea sencilla..... 58

Ejemplo: Neurona para Clasificación de Aprobación de Examen 58

Capítulo 4: Redes Neuronales Feedforward 61

Redes neuronales feedforward, también conocidas como perceptrones multicapa. 61

Estructura de una Red Neuronal Feedforward 61

Funcionamiento de una Red Neuronal Feedforward 63

Estructura y funcionamiento de las capas de una red neuronal feedforward. 66

Funcionamiento de las Capas de una Red Neuronal Feedforward 68

Entrenamiento de una red neuronal mediante retropropagación (backpropagation). 70

Capítulo 5: Redes Neuronales Convolucionales (CNN) 74

Introducción a las redes neuronales convolucionales y su aplicación en visión por computadora. 74

Estructura de una Red Neuronal Convolucional (CNN) 74

Funcionamiento de una Red Neuronal Convolucional (CNN) 76

Aplicaciones de las Redes Neuronales Convolucionales (CNN) ..77

Capítulo 6: Redes Neuronales Recurrentes (RNN) 78

Explicación de las redes neuronales recurrentes y su capacidad para procesar secuencias de datos. 78

    Estructura de las Redes Neuronales Recurrentes (RNN) 78

    Funcionamiento de las Redes Neuronales Recurrentes (RNN) 79

    Concepto de memoria a corto plazo (LSTM) y memoria a largo plazo (GRU). 82

    Aplicaciones Prácticas 85

    Aplicaciones de las RNN en procesamiento de lenguaje natural y traducción automática 86

    Concepto de Convolución y Pooling. 89

    1. Convolución 89

    2. Pooling (Aglomeración) 90

    Ejemplos de aplicaciones prácticas de CNNs, como reconocimiento de imágenes. 92

    Beneficios y Avances 94

Capítulo 7: Aplicaciones y Ejemplos Prácticos 95

Ejemplo: Clasificación de Frutas con una Neurona Artificial.................... 99

    Función de Activación (Función Sigmoide): 100

Ejemplo: Clasificación de Aprobación de Examen con una Neurona Artificial. 102

Clasificación de Aprobación de Examen: 103

Ejercicio 1: Suma Ponderada 105

Ejercicio 2: Suma y Sesgo 107

Ejercicio 3: Producto de Valor y Peso 109

Ejercicio 4: Suma de Productos 110

Ejercicio 5: Salida con Valor Esperado 111

Ejercicio 6 : Cálculo de la Entrada Total z 112

Ejercicio 7: Suma Ponderada y Sesgo: 115

Ejercicio 8: Cálculo de Entrada Z 116

Ejercicio 9: Cálculo de Entrada Z. 117

    Ejercicios de Función de Activación Escalón: 118

Ejercicio 10: Activación tipo Escalón. 118

    Operación AND con Neurona Perceptrón 120

    Evaluación de la Salida: 122

    Ejercicios de Operación AND con Neurona Perceptrón: 125

Ejercicio 11: Operación Lógica AND. 125

    Funcionamiento de la Neurona: 126

    Implementación en Python: 126

    Operación OR con Neurona Perceptrón: 129

Ejercicio 12: Operación Lógica OR con Neurona Perceptron. 130

    Implementación en Python: 132

    Operación NOT con Neurona Perceptrón 135

    Implementación de Operación NOT: 135

Ejercicio 13: Operación NOT con Neurona Perceptrón: 137

    Funcionamiento de la Neurona para la Operación NOT: 138

    Implementación en Python: 138

    Combinaciones Lógicas (XOR): 140

    Neurona Perceptrón y Operaciones Lógicas Básicas: 140

    Implementación de la Operación XOR: 140

    Implementación de la Red Neuronal para XOR: 141

    Funcionamiento de la Red Neuronal XOR: 141

Ejercicio 14: Combinaciones Lógicas (XOR): 143

    Ejercicio: Operación Lógica XOR con Red Neuronal 144

    Necesidad de Capas Ocultas 146

    Aprendizaje con Descenso de Gradiente: 147

    Aprendizaje con Descenso de Gradiente: 150

Ejercicio 15: Entrenamiento de una Red Neuronal con Descenso de Gradiente 150

    Función de Pérdida y Optimización: 153

Optimización con Funciones de Pérdida: 155
Ejercicio de Función de Pérdida y Optimización: 156
Clasificación Binaria con Perceptrón 159
Ejercicios de Clasificación Binaria con Perceptrón: 161
Implementación de un Perceptrón para Clasificación Binaria 161
Ejemplo de Implementación en Python: 163

Capítulo 8: Futuro de las Redes Neuronales 166
Redes Neuronales Generativas (GANs) 166
Redes Neuronales Cuánticas 168
Tendencias y Futuro 169
Desafíos en la Investigación de Redes Neuronales 170
Oportunidades Futuras en la Investigación de Redes Neuronales
 172

Introducción 175
¿Qué son las Redes Neuronales? 175
Nuestro Enfoque 176
Índice 178

Ejercicio 1. Convertir imágenes 2D en un vector 1D. 181
Ejercicio 2. Conjunto de Datos de iris en Sklearn. 185
Ejercicio 3. Estudio de cáncer de mama Sklearn 192
Ejercicio 4. Dígitos escritos a mano. 197
Ejercicio 5. Clasificación de Conjunto de datos MNIST. 200
Ejercicio 6. Imágenes Artículos de Ropa. 202
Ejercicio 7. Clasificación Binaria. 204
Ejercicio 8. Clasificación Binaria 207
Ejercicio 9. Clasificación Multicategoría. 210
Ejercicio 10. Datos cargados y preprocesados. 213
Ejercicio 11. Clasificación Binaria 215

Ejercicio 12. Clasificación binaria de cáncer de mama. 218

Ejercicio 13. Clasificación multicategoría. 223

Ejercicio 14. Problema de regresión, precio de viviendas. 228

Ejercicio 15. Clasificación Binaria, cáncer de mama. 232

Ejercicio 16. Aproximación de una función. 236

Ejercicio 17. Predicción de propiedades moleculares. 241

Ejercicio 18. Aproximación de una función matemática. 247

Ejercicio 19. Clasificación de Objetos astronómicos. 252

Ejercicio 20. Predicción de series temporales financieras. 258

Ejercicio 21. Clasificación de textos históricos. 265

Ejercicio 22. Predicción una variable numérica. 271

Ejercicio 23. Predicción de la Calidad de piezas automotrices. 278

Ejercicio 24. Clasificación de sentimientos. 284

Ejercicio 25. Clasificación de imágenes médicas. 291

Ejercicio 26. Clasificación de vehículos militares. 298

Ejercicio 27. Predicción de fallas en circuitos electrónicos. 305

Ejercicio 28. Pronóstico del Clima 311

Ejercicio 29. Pronóstico de Ventas. 321

Ejercicio 30. Clasificación de textos. 330

Ejercicio 31. Diagnóstico Médico, cáncer de mama 335

Ejercicio 32. Segmentación de imágenes 342

Ejercicio 33. Reconocimiento de dígitos manuscritos (MNIST). 348

Ejercicio 34 . Reconocimiento de Dígitos Manuscritos con MNIST usando CNN 355

Ejercicio 35. Reconocimiento de Dígitos Manuscritos con CNN y Regularización 360

Ejercicio 36. Dígitos manuscritos de datos MNIST. 365

Ejercicio 37. Dígitos manuscritos con Augmentation. 373

Reconocimiento de Dígitos Manuscritos con CNN y Data Augmentation.... 373

Ejercicio 38. Dígitos manuscritos con transfer learning. 382

Ejercicio 39. Dígitos manuscritos con transfer learning. 390

Ejercicio 40. Dígitos manuscritos con early stopping. 398

Ejercicio 41. Dígitos manuscritos con transfer learning. 408

Ejercicio 42: Reconocimiento de Dígitos Manuscritos con CNN, Data Augmentation, Batch Normalization y RMSprop 417

Ejercicio 43: Reconocimiento de Dígitos Manuscritos con CNN y Optimización de Hiperparámetros usando Keras Tuner....................................... 426

Ejercicio 44. Dígitos manuscritos con DNN. 438

Ejercicio 45: Clasificación de Imágenes con Transfer Learning usando ResNet50 y CIFAR-10 446

Ejercicio 46: Clasificación de Imágenes con Transfer Learning usando MobileNetV2 y CIFAR-10 456

Ejercicio 47: Clasificación de Imágenes con Transfer Learning usando InceptionV3 y CIFAR-10 462

Ejercicio 48: Clasificación de Imágenes con Transfer Learning usando EfficientNetB0 y CIFAR-10 469

Introducción

En la era actual de la informática y la inteligencia artificial, las redes neuronales han emergido como una poderosa herramienta para abordar una amplia gama de problemas en diversas disciplinas, desde el reconocimiento de patrones hasta la toma de decisiones automatizada. Este libro, "Fundamentos de Redes Neuronales", proporciona una introducción detallada y accesible a este fascinante campo, diseñada para lectores que desean comprender y aplicar los principios fundamentales de las redes neuronales.

Este libro aborda los conceptos básicos de las redes neuronales, comenzando con una explicación de cómo las redes neuronales están inspiradas en el funcionamiento del cerebro humano. Se discuten los elementos esenciales de una neurona artificial, incluyendo sus entradas, pesos, función de activación y salida. Los lectores aprenderán cómo se construyen y entrenan las redes neuronales para realizar tareas específicas, como clasificación, regresión y reconocimiento de patrones.

Se exploran diferentes tipos de redes neuronales, incluyendo perceptrones, redes neuronales feedforward, redes neuronales recurrentes (RNN) y redes neuronales convolucionales (CNN). Cada tipo de red neuronal se presenta con sus características distintivas y aplicaciones prácticas en campos como el procesamiento de imágenes, el procesamiento de lenguaje natural y la predicción secuencial.

También revisaremos los principios de aprendizaje automático y optimización utilizados en el entrenamiento de redes neuronales. Se cubren temas como el descenso de gradiente, la retropropagación del error, las funciones de pérdida y las técnicas de regularización para mejorar el rendimiento y la generalización de los modelos de redes neuronales.

Finalmente, se presentan diversas aplicaciones prácticas de las redes neuronales en campos como el reconocimiento de imágenes, el procesamiento de texto, la robótica, la medicina y las finanzas. Se discuten casos de estudio y ejemplos reales para ilustrar cómo las redes neuronales están transformando industrias enteras y resolviendo desafíos complejos en la vida cotidiana.

Conclusiones

Este libro proporciona una base sólida para aquellos que desean aventurarse en el emocionante mundo de las redes neuronales. Al finalizar cada capítulo, se incluyen ejercicios prácticos y problemas de comprensión para reforzar los conceptos presentados. Esperamos que este libro sirva como una guía esencial para estudiantes, investigadores y profesionales interesados en adentrarse en el fascinante campo de las redes neuronales.

Capítulo 1: Introducción a las Redes Neuronales

¿Qué son las Redes Neuronales?

Las redes neuronales son un modelo computacional inspirado en el funcionamiento del cerebro humano. Están diseñadas para procesar información de manera similar a cómo lo hacen las neuronas en el sistema nervioso biológico. Una red neuronal artificial está compuesta por unidades básicas llamadas "neuronas artificiales" o "nodos", organizadas en capas interconectadas.

- Neuronas Artificiales: Cada neurona artificial recibe entradas, realiza un cálculo específico y produce una salida. Estas neuronas están inspiradas en las neuronas biológicas, que reciben señales eléctricas de otras neuronas a través de sinapsis.
- Capas de Neuronas: En una red neuronal típica, las neuronas están organizadas en capas:
    - Capa de Entrada: Recibe datos del entorno o del conjunto de datos.
    - Capas Ocultas: Capas intermedias que realizan cálculos complejos.

- Capa de Salida: Produce la salida final de la red neuronal.
- Conexiones Ponderadas: Cada conexión entre neuronas tiene un peso asociado que determina la importancia de la entrada para la neurona de destino. Durante el entrenamiento, estos pesos se ajustan para que la red neuronal aprenda a realizar tareas específicas.

Importancia de las Redes Neuronales

Las redes neuronales son importantes por varias razones clave:

1. Aprendizaje Automático: Son fundamentales en el campo del aprendizaje automático (machine learning), permitiendo que las máquinas aprendan a partir de datos y experiencias sin una programación explícita.
2. Capacidad de Generalización: Las redes neuronales tienen la capacidad de aprender patrones y realizar inferencias a partir de datos no vistos durante el entrenamiento. Esto les permite generalizar y aplicar conocimientos a nuevas situaciones.
3. Flexibilidad y Adaptabilidad: Pueden adaptarse a datos complejos y realizar tareas que son difíciles de definir mediante algoritmos tradicionales.
4. Aplicaciones Diversas: Son utilizadas en una amplia variedad de aplicaciones, como reconocimiento de voz, reconocimiento

de imágenes, traducción automática, diagnóstico médico, conducción autónoma, análisis de texto, recomendación de productos y mucho más.
5. Eficiencia en Problemas Complejos: Las redes neuronales son especialmente eficaces para resolver problemas complejos y no lineales que involucran grandes cantidades de datos.
6. Avances en Investigación: El desarrollo de redes neuronales ha llevado a avances significativos en la investigación en inteligencia artificial, permitiendo a los científicos abordar problemas difíciles en campos como la percepción computacional y la comprensión del lenguaje.

En resumen, las redes neuronales son una herramienta poderosa en el campo del aprendizaje automático e inteligencia artificial debido a su capacidad para aprender de datos, adaptarse a nuevas situaciones y realizar tareas complejas que antes eran difíciles de automatizar con métodos tradicionales. Están en la vanguardia de la innovación tecnológica y continúan siendo objeto de investigación y desarrollo activo en la actualidad.

Neurona Artificial:

Una neurona artificial, también conocida como perceptrón, es la unidad básica de procesamiento en una red neuronal artificial. Está diseñada para emular el comportamiento de una neurona biológica y realizar operaciones matemáticas en datos de entrada para producir una salida.

Partes de una Neurona Artificial:

1. Entradas (x):
    - Una neurona artificial recibe múltiples entradas (x_1, x_2, ..., x_n), que representan características o variables del problema que se está abordando.

2. Pesos (w):
    - Cada entrada está asociada con un peso (w_1, w_2, ..., w_n), que representa la importancia relativa de esa entrada para la neurona. Los pesos determinan cómo cada entrada afecta la salida de la neurona.

3. Suma Ponderada:
    - Las entradas y los pesos se multiplican y luego se suman para calcular la entrada total a la neurona. Esta operación se representa como:

    $z = w_1 x_1 + w_2 x_2 + ... + w_n x_n$
    Donde:
    z es la suma ponderada.

4. Función de Activación (f):
   - Después de calcular la suma ponderada, se aplica una función de activación (f) a la entrada total (z) para producir la salida de la neurona.
   - La función de activación introduce no linealidad en la neurona y determina si la neurona debe "activarse" (emitir una señal) o no.
   - Ejemplos comunes de funciones de activación incluyen la función sigmoide, la función ReLU (Rectified Linear Unit), la función tangente hiperbólica, entre otras.

5. Salida (y):
   - La salida (y) de la neurona se calcula como: $y=f(z)$
   Donde *f* es la función de activación aplicada a la suma ponderada (z).

Funciones de una Neurona Artificial:

- Computación: La neurona realiza operaciones matemáticas en las entradas y pesos para producir una salida.
- Aprendizaje: Durante el entrenamiento de la red neuronal, los pesos de las neuronas se ajustan para minimizar el error entre las salidas calculadas y las salidas deseadas (en el caso del aprendizaje supervisado).

Importancia en una Red Neuronal:

Las neuronas artificiales son fundamentales en una red neuronal porque permiten que la red aprenda y realice tareas complejas a partir de datos. Al conectar múltiples neuronas en capas interconectadas, una red neuronal puede aprender representaciones cada vez más complejas de los datos de entrada y realizar tareas como clasificación, regresión, reconocimiento de patrones, entre otras.

En resumen, una neurona artificial es la unidad básica de procesamiento en una red neuronal, que realiza operaciones matemáticas en entradas y pesos para producir una salida mediante una función de activación. Su capacidad para aprender y adaptarse a partir de datos es fundamental para el éxito de las aplicaciones de inteligencia artificial basadas en redes neuronales.

Entradas (Inputs):

Las entradas (inputs) en una neurona artificial son las señales o valores numéricos que representan características o variables del problema que se está abordando. Cada neurona recibe múltiples entradas, denotadas como $x_1, x_2, ..., x_n$, donde n es el número de entradas.

- Características del Problema: Las entradas pueden representar diferentes aspectos o atributos de un problema. Por ejemplo, en un problema de reconocimiento de imágenes, las entradas podrían ser los píxeles de una imagen.
- Valores Numéricos: Cada entrada x_i es un número que representa una característica específica. Estos valores pueden ser valores continuos (como intensidades de píxeles) o valores binarios (como características activadas/desactivadas).

Pesos (Weights):

Los pesos (weights) en una neurona artificial son parámetros ajustables que determinan la importancia relativa de cada entrada para la salida de la neurona. Cada entrada x_i está asociada con un peso correspondiente w_i, donde i indica el índice de la entrada.

- Importancia Relativa: Los pesos indican cuánto impacto tiene cada entrada en la salida de la neurona. Un peso grande significa que la entrada correspondiente tiene un impacto significativo en la salida, mientras que un peso pequeño significa que la entrada tiene un impacto menor.
- Ajuste durante el Entrenamiento: Durante el entrenamiento de la red neuronal, los pesos se ajustan iterativamente para minimizar el error entre las salidas calculadas por la red y las salidas deseadas (en el caso del aprendizaje supervisado). Este ajuste de pesos permite que la red neuronal aprenda a partir de los datos y mejore su capacidad para realizar tareas específicas.

Función de Suma Ponderada:

En una neurona artificial, la entrada total z se calcula como la suma ponderada de las entradas multiplicadas por sus pesos correspondientes, más un término de sesgo (bias) si está presente:

$z = w_1 \cdot x_1 + w_2 \cdot x_2 + ... + w_n \cdot x_n + b$

Donde:

w_i es el peso asociado con la entrada x_i.

x_i es la i-ésima entrada.

b es el término de sesgo (bias), que es un parámetro adicional ajustable que permite a la neurona aprender un desplazamiento o umbral.

Importancia en una Neurona Artificial:

Las entradas y los pesos son componentes clave en una neurona artificial porque determinan cómo se procesan los datos de entrada para producir una salida. Los pesos permiten que la red neuronal aprenda y se adapte a partir de los datos durante el entrenamiento, ajustándose para capturar patrones y relaciones importantes en los datos.

En resumen, las entradas representan características o variables de un problema, mientras que los pesos determinan la importancia relativa de estas características para la salida de una neurona artificial. Juntos, las entradas y los pesos permiten que la red neuronal realice cálculos complejos y aprenda a partir de datos para realizar tareas específicas.

El sesgo (bias) en el contexto de una neurona artificial es un parámetro adicional que se utiliza para ajustar la salida de la neurona. Añadir un sesgo permite a la red neuronal aprender un desplazamiento o umbral, lo que puede ser crítico para el rendimiento y la capacidad de generalización de la red. Aquí te explico con más detalle qué es exactamente el sesgo y cómo afecta el funcionamiento de una neurona artificial:

Función del Sesgo:

En una neurona artificial, además de recibir múltiples entradas $x_1, x_2, ..., x_n$ multiplicadas por sus pesos correspondientes $w_1, w_2, ..., w_n$, se añade un término de sesgo (bias) b a la suma ponderada antes de aplicar la función de activación. La función de suma ponderada se expresa como:

$z = w_1 \cdot x_1 + w_2 \cdot x_2 + ... + w_n \cdot x_n + b$

Donde:

z es la entrada total a la neurona antes de aplicar la función de activación.

w_i son los pesos asociados con las entradas x_i

x_i son las entradas.

b es el sesgo.

Importancia del Sesgo:

El sesgo permite a la neurona ajustar su salida incluso cuando todas las entradas son cero. Esto es crucial porque puede desplazar la función de activación hacia arriba o hacia abajo, lo que afecta la capacidad de la neurona para aprender y representar relaciones no lineales entre las entradas y las salidas.

- Flexibilidad en el Ajuste: El sesgo proporciona una forma de controlar cuánto debe activarse la neurona incluso cuando todas las entradas son nulas o muy pequeñas.

- Aprendizaje de Patrones: Ajustar el sesgo durante el entrenamiento permite que la red neuronal aprenda patrones más complejos en los datos, como desplazamientos o tendencias generales que no pueden ser capturados únicamente con pesos.

- Generalización: El sesgo ayuda a la red neuronal a generalizar mejor a partir de los datos de entrenamiento, permitiendo que la neurona sea más flexible y adaptable a diferentes situaciones.

Impacto en el Aprendizaje:

Durante el entrenamiento de la red neuronal, tanto los pesos como el sesgo se ajustan iterativamente para minimizar el error entre las salidas calculadas por la red y las salidas deseadas. El proceso de ajuste de los pesos y el sesgo permite que la red neuronal aprenda y mejore su capacidad para realizar tareas específicas, como clasificación o regresión.

En resumen, el sesgo en una neurona artificial es un parámetro adicional que se utiliza para ajustar la salida de la neurona, permitiendo que la red neuronal aprenda y represente relaciones más complejas entre las entradas y las salidas. Es un componente esencial para el funcionamiento efectivo de las redes neuronales en tareas de aprendizaje automático e inteligencia artificial.

Analogía con el funcionamiento del cerebro humano para una mejor comprensión.

Neuronas Artificiales y Neuronas Biológicas:

En las redes neuronales artificiales, una neurona artificial es similar a una neurona biológica en el cerebro humano. Al igual que las neuronas biológicas, las neuronas artificiales reciben entradas, realizan cálculos y producen salidas.

Conexiones Ponderadas y Sinapsis:

Las conexiones entre las neuronas artificiales (representadas por los pesos) son similares a las sinapsis en el cerebro humano. En el cerebro, las sinapsis son las conexiones entre las neuronas que transmiten señales eléctricas o químicas.

En una red neuronal artificial, cada conexión entre una neurona y otra tiene un peso asociado que determina la fuerza de la conexión, al igual que la eficacia de una sinapsis en el cerebro.

Función de Activación y Potencial de Acción:

La función de activación en una neurona artificial es comparable al potencial de acción en una neurona biológica. En el cerebro humano, cuando una neurona recibe suficientes estímulos (activación), dispara un potencial de acción que transmite la señal a las neuronas vecinas.

De manera similar, en una red neuronal artificial, la función de activación determina si la neurona debe "activarse" y enviar una señal (salida) basada en la entrada recibida.

Aprendizaje y Plasticidad Sináptica:

La capacidad de aprendizaje y ajuste de los pesos en una red neuronal artificial refleja la plasticidad sináptica en el cerebro humano. En el cerebro, la plasticidad sináptica se refiere a la capacidad de las sinapsis para fortalecerse o debilitarse con el tiempo en función de la actividad neuronal.
Del mismo modo, en una red neuronal artificial, los pesos de las conexiones entre neuronas se ajustan durante el entrenamiento para mejorar el rendimiento de la red en tareas específicas.

Importancia de la Analogía:

Esta analogía con el funcionamiento del cerebro humano ayuda a visualizar cómo las redes neuronales artificiales imitan algunos aspectos clave del sistema nervioso biológico. Si bien las redes neuronales artificiales simplifican enormemente la complejidad del cerebro humano, esta comparación proporciona un marco conceptual intuitivo para comprender el funcionamiento y la importancia de las redes neuronales en el campo del aprendizaje automático e inteligencia artificial.

En resumen, las redes neuronales artificiales son una abstracción computacional inspirada en la estructura y funcionamiento del cerebro humano, donde las neuronas artificiales y las conexiones entre ellas imitan las neuronas y sinapsis en el cerebro. Esta analogía ofrece una forma poderosa de conceptualizar cómo las redes neuronales procesan información y aprenden a partir de los datos, contribuyendo al desarrollo de tecnologías inteligentes.

Breve historia y evolución de las redes neuronales en la informática.

Orígenes de las Redes Neuronales

- **1943**: El neurólogo Warren McCulloch y el matemático Walter Pitts publican un artículo que describe un modelo matemático de neuronas, sentando las bases teóricas de las redes neuronales.
- **1957**: Frank Rosenblatt desarrolla el perceptrón, una forma temprana de red neuronal capaz de aprender y realizar tareas de clasificación lineal.
- **1960s**: El perceptrón y otros modelos iniciales de redes neuronales ganan popularidad, pero pronto se descubre su limitación para resolver problemas no lineales como XOR.

Desarrollo y Declive

- **1970s-1980s**: Se descubren las limitaciones del perceptrón y las redes neuronales pierden popularidad. La atención se desplaza hacia métodos de aprendizaje como las máquinas de vectores de soporte (SVM) y los árboles de decisión.

Renacimiento de las Redes Neuronales

- **1986**: La publicación del artículo de Rumelhart, Hinton y Williams sobre el aprendizaje con retropropagación (backpropagation) marca el renacimiento de las redes neuronales. Este algoritmo permitió entrenar redes profundas de manera eficiente.
- **1990s**: Avances en el hardware y algoritmos de optimización, junto con el surgimiento de internet, permiten nuevas aplicaciones de redes neuronales en reconocimiento de voz, procesamiento de imágenes y más.

Siglo XXI: Auge del Aprendizaje Profundo

- **2010s**: Se produce un auge en el campo del aprendizaje profundo (deep learning), impulsado por el aumento del poder computacional, grandes conjuntos de datos y nuevos algoritmos como las redes neuronales convolucionales (CNN) y las redes neuronales recurrentes (RNN).
- **Avances actuales**: Las redes neuronales están en el centro de numerosas aplicaciones de inteligencia artificial, incluyendo el reconocimiento facial, la conducción autónoma, la traducción automática y mucho más.

Evolución Futura

- **Investigación continua**: La investigación en redes neuronales sigue evolucionando, con enfoques hacia la interpretabilidad, la robustez y la eficiencia.
- **Aplicaciones emergentes**: Se espera que las redes neuronales continúen transformando sectores como la salud, la agricultura, la seguridad y la tecnología.

En resumen, las redes neuronales han pasado por varias etapas de evolución, desde sus inicios teóricos hasta su renacimiento en el siglo XXI con el aprendizaje profundo. Hoy en día, las redes neuronales son una herramienta fundamental en el campo de la inteligencia artificial y se espera que sigan desempeñando un papel crucial en el futuro de la computación y la tecnología.

Capítulo 2: Conceptos Básicos de Machine Learning

Introducción al aprendizaje automático (machine learning).

Conceptos Básicos del Aprendizaje Automático

Datos y Características:

- El aprendizaje automático se basa en el análisis de datos. Los datos son la materia prima fundamental que alimenta los modelos de aprendizaje automático.

- Cada observación en los datos puede tener características o atributos que describen sus propiedades o características relevantes para la tarea que se desea resolver.

Modelos y Algoritmos:

- Los modelos de aprendizaje automático son representaciones matemáticas que intentan capturar patrones subyacentes en los datos.

- Los algoritmos de aprendizaje automático son procedimientos computacionales utilizados para entrenar modelos a partir de datos y hacer predicciones o tomar decisiones basadas en esos modelos.

Entrenamiento y Aprendizaje:

- En el proceso de entrenamiento, un modelo de aprendizaje automático se ajusta a los datos de entrenamiento para aprender los patrones presentes en ellos.

- Durante el entrenamiento, el modelo se optimiza para minimizar una función de pérdida que mide la diferencia entre las predicciones del modelo y los valores reales observados en los datos de entrenamiento.

Tipos de Aprendizaje Automático:

- **Aprendizaje Supervisado**: El modelo se entrena utilizando ejemplos etiquetados que contienen las entradas y las salidas deseadas. El objetivo es aprender a mapear las entradas a las salidas.

- **Aprendizaje No Supervisado**: El modelo se entrena utilizando datos no etiquetados y busca encontrar patrones o estructuras subyacentes en los datos.
- **Aprendizaje por Refuerzo**: El modelo aprende a través de interacciones con un entorno, recibiendo recompensas o retroalimentación según las acciones que realiza.

Aplicaciones del Aprendizaje Automático:

- El aprendizaje automático tiene una amplia gama de aplicaciones en diversas industrias, incluyendo:
    - Reconocimiento de voz y procesamiento del lenguaje natural.
    - Visión por computadora y reconocimiento de imágenes.
    - Sistemas de recomendación y filtrado colaborativo.
    - Predicción y pronóstico en finanzas, medicina, y otras áreas.

Importancia y Futuro del Aprendizaje Automático

- El aprendizaje automático ha revolucionado la forma en que las empresas y organizaciones abordan problemas complejos utilizando datos.

- El futuro del aprendizaje automático está en la mejora de la eficiencia, la interpretabilidad de los modelos, y la aplicación ética de las soluciones de inteligencia artificial.

En resumen, el aprendizaje automático es una disciplina esencial en la actualidad que ha transformado la forma en que interactuamos con la tecnología y ha abierto nuevas posibilidades en una amplia gama de aplicaciones. Es fundamental entender los conceptos básicos del aprendizaje automático para aprovechar al máximo su potencial en diversos campos.

Tipos de aprendizaje: supervisado, no supervisado y por refuerzo.

Los tipos de aprendizaje en machine learning se clasifican principalmente en tres categorías: supervisado, no supervisado y por refuerzo. Cada uno de estos enfoques tiene características distintas y se utiliza para resolver diferentes tipos de problemas. Aquí te explico cada uno de ellos:

1. Aprendizaje Supervisado

En el aprendizaje supervisado, el modelo se entrena utilizando un conjunto de datos etiquetados, es decir, datos que contienen tanto las características de entrada como las salidas deseadas (etiquetas) asociadas con esas entradas. El objetivo del aprendizaje supervisado es aprender una función que mapee las entradas a las salidas.

Características del Aprendizaje Supervisado:

- **Datos Etiquetados**: Se requiere un conjunto de datos etiquetados para entrenar el modelo.
- **Ejemplos de Entrenamiento**: Cada ejemplo de entrenamiento consiste en una entrada y su correspondiente salida esperada.
- **Objetivo**: Aprender a predecir las salidas correctas para nuevas entradas no vistas durante el entrenamiento.
- **Ejemplos de Algoritmos**: Regresión lineal, regresión logística, árboles de decisión, redes neuronales.

Ejemplo: Clasificación de correos electrónicos como "spam" o "no spam" en función de las palabras en el mensaje y su etiqueta correspondiente.

2. Aprendizaje No Supervisado

En el aprendizaje no supervisado, el modelo se entrena utilizando un conjunto de datos no etiquetados, es decir, datos que solo contienen las características de entrada sin ninguna salida correspondiente. El objetivo del aprendizaje no supervisado es encontrar patrones, estructuras o relaciones interesantes en los datos.

Características del Aprendizaje No Supervisado:

- **Datos No Etiquetados**: Se utilizan datos sin etiquetas para el entrenamiento.
- **Exploración de Datos**: El objetivo principal es explorar la estructura inherente de los datos.
- **Objetivo**: Descubrir patrones, clusters o relaciones entre las muestras de datos.
- **Ejemplos de Algoritmos**: Clustering (K-means, DBSCAN), reducción de dimensionalidad (PCA, t-SNE), asociación de reglas.

Ejemplo: Agrupación de clientes en segmentos basados en sus comportamientos de compra sin conocer previamente las categorías.

3. Aprendizaje por Refuerzo

En el aprendizaje por refuerzo, el modelo interactúa con un entorno dinámico y recibe retroalimentación en forma de recompensas o castigos según las acciones que realiza. El objetivo del aprendizaje por refuerzo es aprender a tomar secuencias de decisiones que maximicen una recompensa acumulativa a largo plazo.

Características del Aprendizaje por Refuerzo:

- **Interacción con el Entorno**: El modelo toma decisiones secuenciales y recibe retroalimentación del entorno.
- **Objetivo**: Maximizar una recompensa acumulativa a lo largo de una serie de acciones.
- **Problema de Exploración vs Explotación**: El modelo debe equilibrar la exploración de nuevas acciones con la explotación de acciones conocidas.
- **Ejemplos de Algoritmos**: Q-Learning, algoritmos basados en políticas (Policy Gradient), métodos actor-crítico.

Ejemplo: Entrenamiento de un agente de inteligencia artificial para jugar juegos como el ajedrez o el Go, donde el agente aprende a tomar decisiones óptimas para maximizar su puntaje o ganar el juego.

Conclusión:

Cada tipo de aprendizaje tiene sus propias aplicaciones y desafíos. El aprendizaje supervisado es ampliamente utilizado en problemas de clasificación y regresión donde se conocen las salidas deseadas. El aprendizaje no supervisado es útil para descubrir patrones ocultos en datos sin etiquetas. El aprendizaje por refuerzo se aplica en entornos de toma de decisiones secuenciales donde el modelo debe aprender a optimizar una recompensa a largo plazo. Comprender estos tipos de aprendizaje es fundamental para diseñar y aplicar modelos de machine learning de manera efectiva en diferentes contextos y problemas.

Concepto de datos de entrenamiento y conjunto de pruebas.

El concepto de datos de entrenamiento y conjunto de pruebas es fundamental en el contexto del aprendizaje automático y se refiere a la forma en que se dividen los datos para entrenar y evaluar modelos de machine learning de manera efectiva. Aquí te explico cada uno de estos conceptos:

Datos de Entrenamiento (Training Data)

Los datos de entrenamiento son un subconjunto de datos utilizado para entrenar un modelo de aprendizaje automático. Estos datos consisten en ejemplos etiquetados (en el caso del aprendizaje supervisado) o no etiquetados (en el caso del aprendizaje no supervisado) que se utilizan para ajustar los parámetros del modelo y permitirle aprender patrones a partir de los datos.

Características de los Datos de Entrenamiento:

- **Entradas y Salidas**: Cada ejemplo de entrenamiento consta de una entrada (características o atributos) y una salida deseada (etiqueta, en el caso supervisado).
- **Objetivo**: Utilizar estos datos para ajustar los parámetros del modelo y minimizar la función de pérdida durante el proceso de entrenamiento.
- **Representación del Problema**: Los datos de entrenamiento representan la información disponible para el modelo al aprender a realizar una tarea específica.

Conjunto de Pruebas (Test Data)

El conjunto de pruebas, también conocido como conjunto de evaluación o conjunto de validación, es otro subconjunto de datos utilizado para evaluar el rendimiento de un modelo después de haber sido entrenado. Estos datos son utilizados para medir la capacidad de generalización del modelo en datos no vistos durante el entrenamiento.

Características del Conjunto de Pruebas:

- **Datos No Utilizados en el Entrenamiento**: Los ejemplos en el conjunto de pruebas son independientes de los datos utilizados para entrenar el modelo.
- **Evaluación del Rendimiento**: El conjunto de pruebas se utiliza para calcular métricas de evaluación, como precisión, exactitud, sensibilidad, etc.
- **Simulación de Datos del Mundo Real**: El objetivo es simular cómo se comportará el modelo en situaciones del mundo real.

División de Datos en Entrenamiento y Pruebas

La división de datos en conjuntos de entrenamiento y pruebas es una práctica estándar en machine learning para evitar el sobreajuste (overfitting) del modelo a los datos de entrenamiento y para evaluar su rendimiento de manera imparcial. Usualmente, los datos se dividen en una proporción, por ejemplo, 70% para entrenamiento y 30% para pruebas.

Importancia de los Datos de Entrenamiento y Pruebas

- **Generalización**: El objetivo del aprendizaje automático es construir modelos que puedan generalizar bien a nuevos datos no vistos durante el entrenamiento.
- **Evaluación del Modelo**: Los datos de prueba proporcionan una medida objetiva del rendimiento del modelo y ayudan a identificar posibles problemas como sobreajuste.
- **Ajuste de Hiperparámetros**: A menudo, se utiliza un conjunto de validación adicional para ajustar los hiperparámetros del modelo durante el proceso de entrenamiento.

En resumen, los datos de entrenamiento se utilizan para enseñar al modelo cómo realizar una tarea específica, mientras que los datos de prueba se utilizan para evaluar su rendimiento y capacidad de generalización. Es crucial mantener una separación clara entre estos conjuntos de datos para garantizar la validez y la eficacia de los modelos de machine learning.

Capítulo 3: Neuronas Artificiales

Descripción detallada de la unidad básica de una red neuronal: la neurona artificial.

Una neurona artificial, también conocida como unidad básica de una red neuronal, es un componente fundamental que simula el funcionamiento de una neurona biológica en el contexto del aprendizaje automático y las redes neuronales artificiales. La neurona artificial procesa información a partir de múltiples entradas, realiza operaciones matemáticas en estas entradas utilizando pesos y un sesgo, y aplica una función de activación para producir una salida. Aquí tienes una descripción detallada de los componentes y funciones de una neurona artificial:

Componentes de una Neurona Artificial

1. **Entradas ($x_1, x_2, ..., x_n$):**
    - Las entradas representan las características o atributos de entrada que se proporcionan a la neurona.
    - Cada entrada x_i está asociada con un peso w_i, que determina la importancia relativa de esa entrada para la neurona.

2. **Pesos ($w1, w2, ..., wn$)**:
   - Los pesos wi son parámetros ajustables que multiplican las entradas respectivas.
   - Cada peso controla la contribución de su entrada correspondiente al cálculo de la salida de la neurona.

3. **Suma Ponderada**:
   - La neurona calcula la suma ponderada de las entradas multiplicadas por sus pesos, junto con un sesgo b.
   - La suma ponderada se calcula como $z = \sum_{i=1}^{n} wi \times xi + b$.

4. **Sesgo (b)**:
   - El sesgo b es un término adicional que se añade a la suma ponderada.
   - Permite ajustar el umbral de activación de la neurona y controlar su propensión a activarse.

5. **Función de Activación (f)**:
   - Después de calcular la suma ponderada, la neurona aplica una función de activación $f(z)$ al resultado para producir la salida.
   - La función de activación introduce no linealidad en la neurona y determina su comportamiento.

6. **Salida (*y*)**:
   - La salida *y* de la neurona es el resultado final después de aplicar la función de activación a la suma ponderada.
   - La salida puede representar una predicción, una clasificación o una activación, dependiendo del tipo de problema y función de activación utilizada.

Funcionamiento de una Neurona Artificial

1. **Suma Ponderada**:

   - Se calcula la suma ponderada de las entradas multiplicadas por sus respectivos pesos, junto con el sesgo: $z=\sum_{i=1}^{n} w_i \times x_i + b$.

2. **Función de Activación**:

   - La suma ponderada z se introduce en una función de activación $f(z)$, que puede ser lineal o no lineal.
   - Ejemplos comunes de funciones de activación incluyen la función escalón (step function), la función sigmoide, la función ReLU (Rectified Linear Unit), entre otras.

3. **Salida**:

   - La salida *y* de la neurona se calcula como *y=f(z)*, donde *f* es la función de activación aplicada a la suma ponderada.

Ejemplo de Neurona Artificial

Supongamos que tenemos una neurona con dos entradas (*x1, x2*), pesos (*w1,w2*), y un sesgo (*b*), y utilizamos la función de activación sigmoide

$$\sigma(z) = \frac{1}{1 + e^{-z}}$$

- La salida *z* se calcula como *z=w1×x1+w2×x2+b*.
- La salida final *y* de la neurona será *y=σ(z)*, donde *σ* es la función sigmoide aplicada a *z*.

Conclusiones

Una neurona artificial es la unidad básica de procesamiento en una red neuronal, donde las entradas son transformadas mediante pesos, un sesgo y una función de activación para producir una salida. Varias neuronas se combinan en capas para formar redes neuronales más complejas, permitiendo el aprendizaje automático y la resolución de una variedad de tareas de manera efectiva. La comprensión de cómo funciona una neurona artificial es esencial para comprender el funcionamiento general de las redes neuronales artificiales.

Funcionamiento de una neurona: entrada, función de activación y salida.

El funcionamiento de una neurona artificial implica varios pasos clave que permiten procesar información de entrada para generar una salida. En el contexto de las redes neuronales artificiales, una neurona típicamente realiza las siguientes operaciones: toma entradas, realiza una suma ponderada de estas entradas, aplica una función de activación al resultado y produce una salida. A continuación, te explico detalladamente cada uno de estos pasos:

Funciones de Activación en Neuronas Artificiales:

Una función de activación toma la entrada total (z) a una neurona (que es la suma ponderada de las entradas multiplicadas por sus pesos, más el sesgo) y la transforma en una salida (y). Esta salida determina la actividad de la neurona. En general, las funciones de activación suelen ser funciones no lineales. Algunas de las funciones de activación más comunes incluyen:

Función Umbral:

La función umbral es una función matemática utilizada en diversos contextos, incluyendo en el ámbito de las redes neuronales y el procesamiento de señales. En el contexto de las redes neuronales, la función umbral se utiliza como una forma específica de función de activación.

La función umbral asigna una salida binaria (a menudo 0 o 1) en función de si la entrada supera un cierto umbral o no. Su fórmula matemática es la siguiente:

La función umbral se define de la siguiente manera:

$$H(x) = \begin{cases} 1 & \text{si } z \geq \theta \\ 0 & \text{si } z < \theta \end{cases}$$

Donde:

- z es la entrada a la función.
- θ es el umbral (o sesgo) de la función.

Esta función toma una entrada z y compara su valor con un umbral θ. Si z es mayor o igual que θ, la función devuelve 1 (o un valor verdadero); de lo contrario, devuelve 0 (o un valor falso).

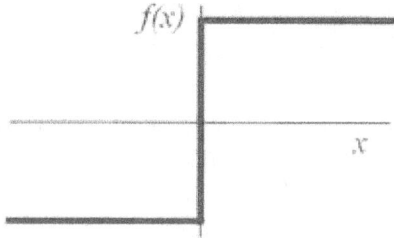

Función Sigmoide (Logística):

La función sigmoide es una función matemática utilizada comúnmente en redes neuronales y otros modelos de aprendizaje automático. También se conoce como la función logística debido a su forma característica en forma de "S". La función sigmoide mapea cualquier valor real a un rango entre 0 y 1, lo que la hace especialmente útil para problemas de clasificación binaria donde se desea una salida de tipo probabilidad.

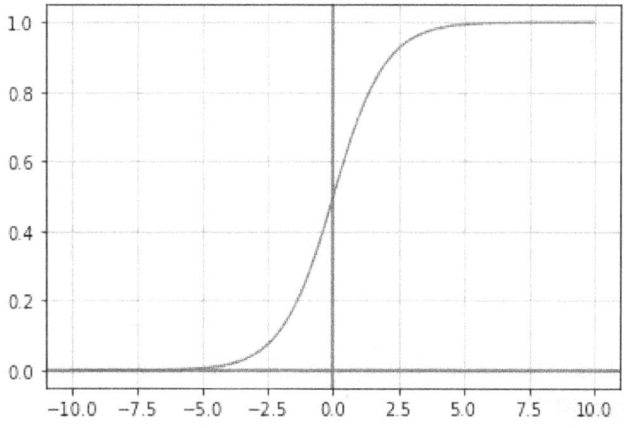

Fórmula de la Función Sigmoide:

La función sigmoide se define matemáticamente como:

$$\sigma(z) = \frac{1}{1 + e^{-z}}$$

Donde:

z es la entrada a la función.

- Produce una salida en el rango de 0 a 1.
- Utilizada en capas de salida de redes neuronales para problemas de clasificación binaria donde se desea una probabilidad como salida.

Función ReLU (Rectified Linear Unit):

- La función ReLU se define como: ReLU(z)=max(0,z)
- Produce una salida cero para entradas negativas y la misma entrada para entradas positivas.
- Es una de las funciones de activación más utilizadas en capas ocultas debido a su simplicidad y eficacia en el entrenamiento.

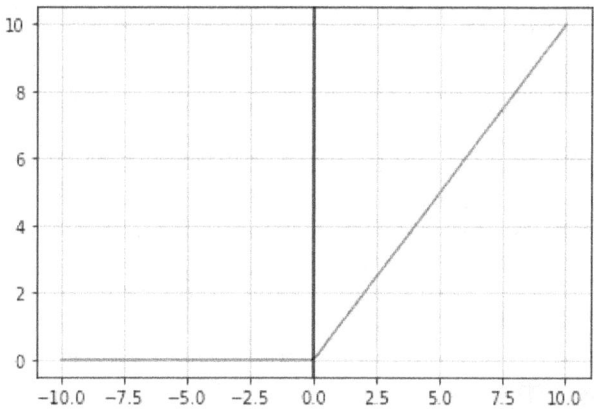

Función Tangente Hiperbólica (Tanh):

- La función tanh se define como: $\tanh(z) = \frac{e^z + e^{-z}}{e^z - e^{-z}}$
- Produce una salida en el rango de -1 a 1.
- Similar a la función sigmoide pero con una salida centrada en cero, lo que puede ayudar en el entrenamiento de redes neuronales.

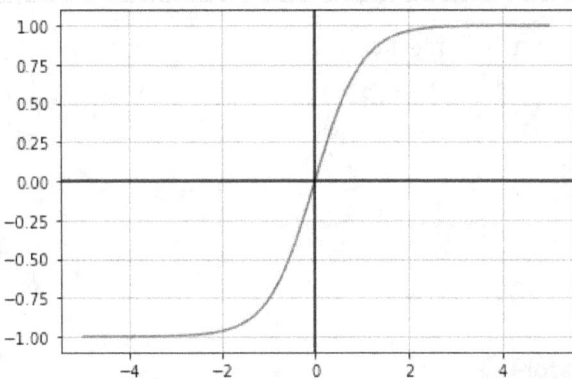

Función Softmax:

- La función softmax se utiliza en capas de salida para problemas de clasificación multiclase.
- Transforma un vector de números reales en un vector de probabilidades que suman 1, permitiendo la clasificación de varias clases de manera probabilística.

Fórmula de la Función Softmax:

Dada una entrada $z = (z_1, z_2, ..., z_k)$, la función softmax se calcula como sigue

$$\text{softmax}(z_i) = \frac{e^{z_i}}{\sum_{j=1}^{k} e^{z_j}}$$

Para cada componente z_i del vector de entrada z, la función softmax calcula la exponencial de z_i dividida por la suma de las exponenciales de todos los elementos en z.

Importancia de las Funciones de Activación:

Las funciones de activación son esenciales en las redes neuronales por varias razones:

- **Introducen No Linealidad**: Permiten a las redes neuronales modelar relaciones no lineales en los datos, lo que las hace más flexibles y capaces de aprender patrones complejos.
- **Permiten la Aprendizaje Adaptativo**: Determinan la salida de cada neurona en función de su entrada, lo que permite que la red aprenda y se adapte a partir de los datos durante el entrenamiento.
- **Evitan Problemas de Linealidad**: Sin funciones de activación, una red neuronal sería simplemente una combinación lineal de sus entradas, lo que limitaría su capacidad para aprender comportamientos no lineales.
- **Específicas para Diferentes Problemas**: Diferentes funciones de activación son más adecuadas para diferentes tipos de problemas y pueden afectar el rendimiento y la convergencia del entrenamiento.

En resumen, las funciones de activación son funciones matemáticas aplicadas a la salida de una neurona en una red neuronal. Estas funciones son fundamentales para la capacidad de la red para aprender y representar relaciones complejas en los datos, facilitando así la resolución eficaz de una amplia gama de problemas en el aprendizaje automático e inteligencia artificial.

Función del Sesgo (Bias):

El sesgo es esencial en las redes neuronales porque:

1. **Ajusta la Activación de la Neurona**: El sesgo permite a la neurona modificar su salida incluso cuando todas las entradas son cero. Esto es crítico para aprender y representar patrones complejos en los datos.
2. **Control de Desplazamiento**: Matemáticamente, el sesgo es una constante (o término aditivo) que se suma al resultado ponderado de las entradas antes de aplicar la función de activación. Esto desplaza la curva de activación hacia la izquierda o hacia la derecha en el espacio de entrada, permitiendo a la neurona aprender y adaptarse mejor a los datos.

Explicación Matemática:

Supongamos que una neurona tiene n entradas $x_1, x_2, ..., x_n$ con pesos correspondientes $w_1, w_2, ..., w_n$ y un sesgo b. La entrada total z a la neurona se calcula como:

$$z = \sum_{i=1}^{n} w_i x_i + b$$

Donde:

- x_i es la i-ésima entrada,
- w_i es el peso asociado a la i-ésima entrada,
- b es el sesgo.

La función de activación σ(z) se aplica entonces a z para producir la salida a de la neurona:

$a = \sigma(z)$

El sesgo b permite controlar dónde la función de activación se "activa" en el espacio de entrada. Si b es grande y positivo, la neurona se activará más fácilmente incluso con entradas pequeñas. Si b es grande y negativo, la neurona se activará menos frecuentemente.

Importancia en el Aprendizaje:

El sesgo es esencial para el aprendizaje en redes neuronales porque permite a la neurona aprender y representar funciones más complejas y no lineales. Sin sesgo, la neurona estaría restringida a pasar solo por el origen (0,0) en el espacio de entrada, lo que limitaría su capacidad para modelar patrones en los datos de manera efectiva.

En resumen, el sesgo en una neurona artificial es un parámetro crítico que permite ajustar la capacidad y el comportamiento de la neurona, proporcionando flexibilidad y control sobre su salida incluso en condiciones de entrada variadas.

Sesgo en estadística.

En estadística, el sesgo (bias) se refiere a la tendencia sistemática de un estimador de población a desviarse, en promedio, del verdadero valor del parámetro que se está tratando de estimar. En otras palabras, un estimador sesgado es aquel que tiende a producir resultados que están sistemáticamente sobreestimados o subestimados en comparación con el valor verdadero del parámetro.

Características del Sesgo en Estadística:

1. **Dirección de la Desviación**: Un estimador sesgado puede desviarse consistentemente hacia arriba (sobreestimación) o hacia abajo (subestimación) del verdadero valor del parámetro que se está estimando.
2. **Causas del Sesgo**: El sesgo puede surgir debido a diferentes razones, como la elección del método de estimación, el tamaño de la muestra, la forma de la distribución subyacente, o la presencia de errores sistemáticos en el proceso de muestreo o medición.
3. **Impacto en la Precisión**: El sesgo puede afectar la precisión y la calidad de las inferencias estadísticas. Un estimador sesgado puede conducir a conclusiones erróneas si no se tiene en cuenta en el análisis.

Ejemplos de Sesgo en Estadística:

- **Sesgo de Muestreo**: Ocurre cuando la forma en que se selecciona una muestra de la población subyacente introduce una tendencia sistemática en los resultados. Por ejemplo, el sesgo de selección puede surgir si solo se encuestan a personas con acceso a internet para realizar una encuesta sobre el uso de redes sociales.
- **Sesgo de Medición**: Surge cuando los métodos de medición o los instrumentos utilizados introducen sistemáticamente errores en las mediciones. Por ejemplo, si un termómetro siempre registra temperaturas más altas de lo que realmente son, introducirá un sesgo en las mediciones de temperatura.

Funcionamiento de una Neurona Artificial

1. **Entradas ($x1, x2, ..., xn$):**

    - Una neurona artificial recibe un conjunto de entradas $x1, x2, ..., xn$, que representan las características o atributos de la entrada.
    - Cada entrada xi puede ser un valor numérico, una característica extraída de los datos, u otra variable relevante para el problema.

2. **Pesos ($w1, w2, ..., wn$):**

    - Cada entrada xi está asociada con un peso wi, que representa la importancia relativa de esa entrada para la neurona.
    - Los pesos wi son parámetros ajustables que determinan cómo cada entrada afecta la salida de la neurona.

3. **Suma Ponderada (z):**

    - La neurona calcula la suma ponderada de las entradas multiplicadas por sus pesos, junto con un sesgo b.
    - La suma ponderada z se calcula como: $z = \sum_{i=1}^{n} wi \times xi + b$
      Donde:

        - wi es el peso asociado a la entrada xi,
        - xi es la i-ésima entrada,
        - b es el sesgo (bias) de la neurona.

4. **Función de Activación (f):**

    - Después de calcular la suma ponderada z, la neurona aplica una función de activación $f(z)$ al resultado para introducir no linealidad en la salida.

- La función de activación *f* puede ser de diferentes tipos, como la función escalón (step function), la función sigmoide, la función ReLU (Rectified Linear Unit), entre otras.
- La salida de la función de activación *f(z)* se convierte en la salida final de la neurona.

5. **Salida (*y*):**

- La salida *y* de la neurona es el resultado final después de aplicar la función de activación a la suma ponderada.
- La salida *y* puede representar una predicción, una clasificación o una activación, dependiendo del tipo de problema y función de activación utilizada.

Ejemplo de Funcionamiento de una Neurona

Supongamos que tenemos una neurona con dos entradas (x_1, x_2), pesos (w_1, w_2), y un sesgo (b), y utilizamos la función de activación sigmoide

$$\sigma(z) = \frac{1}{1 + e^{-z}}$$

- La suma ponderada z se calcula como: $z = w_1 \times x_1 + w_2 \times x_2 + b$
- La salida final y de la neurona será: $y = \sigma(z) = 1 + e - z1$ Donde σ es la función sigmoide aplicada a z.

Conclusión:

El funcionamiento de una neurona artificial implica combinar las entradas con sus respectivos pesos, sumarlas junto con un sesgo, aplicar una función de activación al resultado y producir una salida. Este proceso es fundamental en el contexto de las redes neuronales, donde múltiples neuronas se combinan en capas para realizar tareas más complejas de aprendizaje automático, como clasificación, regresión o reconocimiento de patrones. La elección de la función de activación y los pesos determina cómo la neurona procesa la información y genera resultados útiles para resolver problemas específicos.

Cómo una neurona artificial puede realizar una tarea sencilla.

Para ilustrar cómo una neurona artificial puede realizar una tarea sencilla, consideremos un ejemplo de clasificación binaria utilizando una neurona con una función de activación sigmoide. En este caso, utilizaremos una neurona para determinar si un estudiante aprueba o no un examen en función de dos características: el número de horas de estudio y la cantidad de sueño la noche anterior.

Ejemplo: Neurona para Clasificación de Aprobación de Examen

Supongamos que queremos predecir si un estudiante aprueba un examen en función del número de horas de estudio ($x1$) y la cantidad de sueño la noche anterior ($x2$). Definiremos una neurona con dos entradas ($x1,x2$), pesos ($w1,w2$) y un sesgo (b), y utilizaremos una función de activación sigmoide ($\sigma(z)=1+e-z1$).

Configuración de la Neurona

- **Entradas**: $x1$ (horas de estudio), $x2$ (sueño la noche anterior)
- **Pesos**: $w1=0.3$, $w2=0.2$ (importancia de cada característica)
- **Sesgo**: $b=-0.1$ (umbral de activación)
- **Función de Activación**: Sigmoide ($\sigma(z)$)

Funcionamiento de la Neurona

Suma Ponderada

$z = w_1 \times x_1 + w_2 \times x_2 + b$

$z = 0.3 \times x_1 + 0.2 \times x_2 - 0.1$

Función de Activación (Sigmoide): $y = \sigma(z) = \frac{1}{1+e^{-z}}$

Interpretación de la Salida (y)

- Si $y \geq 0.5$, la neurona predice que el estudiante aprobará el examen.
- Si $y < 0.5$, la neurona predice que el estudiante no aprobará el examen.

Ejemplo Práctico

Supongamos que tenemos un estudiante que estudió durante 5 horas ($x_1 = 5$) y durmió 7 horas la noche anterior ($x_2 = 7$).

Calculando la Salida de la Neurona

Suma Ponderada z:

$z = 0.3 \times 5 + 0.2 \times 7 - 0.1$

$z = 1.5 + 1.4 - 0.1$

$z = 2.8$

Función de Activación (Sigmoide):

$y = \sigma(2.8) = 1 + e^{-2.8} \approx 0.942$

Interpretación de la Salida

Dado que $y = 0.942 \geq 0.5$, la neurona predice que el estudiante aprobará el examen con alta probabilidad.

Conclusión:

En este ejemplo práctico, hemos utilizado una neurona artificial con una función de activación sigmoide para predecir si un estudiante aprueba un examen en función de las horas de estudio y la cantidad de sueño. La neurona realiza una suma ponderada de las entradas multiplicadas por sus pesos, agrega un sesgo, y luego aplica una función sigmoide para generar una salida que representa la probabilidad de aprobación del examen. Este ejemplo ilustra cómo una neurona puede realizar una tarea sencilla de clasificación utilizando conceptos fundamentales de redes neuronales artificiales.

Capítulo 4: Redes Neuronales Feedforward

Redes neuronales feedforward, también conocidas como perceptrones multicapa.

El funcionamiento de una red neuronal feedforward, también conocida como perceptrón multicapa o red neuronal de alimentación hacia adelante, es fundamental para comprender cómo se procesan los datos a través de diferentes capas para realizar tareas específicas como clasificación o regresión. Aquí te explico detalladamente cómo funciona una red neuronal feedforward:

Estructura de una Red Neuronal Feedforward

Una red neuronal feedforward consta de varias capas dispuestas de manera secuencial, donde cada capa está compuesta por una serie de neuronas (también llamadas unidades) conectadas a las neuronas de la capa anterior y/o siguiente mediante conexiones ponderadas.

Capa de Entrada (Input Layer):

- La capa de entrada recibe los datos originales o características del problema que se está abordando. Cada neurona en esta capa representa una característica de entrada, y cada valor de entrada se multiplica por un peso correspondiente que se aprende durante el entrenamiento.

Capas Ocultas (Hidden Layers):

- Las capas ocultas están compuestas por un conjunto de neuronas que realizan transformaciones no lineales de las entradas. Cada neurona en una capa oculta toma como entrada las salidas de todas las neuronas de la capa anterior, aplica una función de activación no lineal a la suma ponderada de estas entradas y produce una salida que se envía a la siguiente capa.

Capa de Salida (Output Layer):

- La capa de salida produce los resultados finales de la red neuronal. Dependiendo del tipo de tarea (por ejemplo, clasificación o regresión), la capa de salida puede tener una o varias neuronas. Cada neurona en la capa de salida representa una clase (en clasificación) o una predicción numérica (en regresión).

Funcionamiento de una Red Neuronal Feedforward

El funcionamiento de una red neuronal feedforward, también conocida como perceptrón multicapa o red neuronal de alimentación hacia adelante, es fundamental para comprender cómo se procesan los datos a través de diferentes capas para realizar tareas específicas como clasificación o regresión. Aquí te explico detalladamente cómo funciona una red neuronal feedforw

El funcionamiento de una red neuronal feedforward se puede resumir en los siguientes pasos:

Propagación hacia Adelante (Forward Propagation):

- Durante la propagación hacia adelante, los datos de entrada se alimentan a través de la red capa por capa. Cada neurona en una capa oculta calcula una combinación lineal de las salidas de la capa anterior multiplicadas por sus pesos correspondientes, y luego aplica una función de activación no lineal (como la sigmoide, ReLU, tanh, etc.) al resultado. Este proceso se repite capa por capa hasta llegar a la capa de salida.

Cálculo de la Salida:

- Una vez que los datos han pasado por todas las capas de la red neuronal, la capa de salida produce la salida final. Para la clasificación, la salida puede ser interpretada como las probabilidades de pertenencia a diferentes clases (utilizando, por ejemplo, la función softmax); para la regresión, la salida es una predicción numérica.

Entrenamiento:

- Durante el entrenamiento, los pesos de la red neuronal se ajustan iterativamente para minimizar una función de pérdida que mide la discrepancia entre las predicciones del modelo y las etiquetas reales de los datos de entrenamiento. Esto se logra mediante técnicas como el descenso de gradiente y la retropropagación del error, que permiten actualizar los pesos en la dirección que minimiza la pérdida.

Aprendizaje con Retropropagación (Backpropagation):

- Después de calcular las salidas de la red mediante la propagación hacia adelante, se utiliza un algoritmo de optimización (como descenso del gradiente) junto con la retropropagación del error para ajustar los pesos y minimizar una función de pérdida.

- La retropropagación calcula el gradiente de la función de pérdida con respecto a los pesos de la red, permitiendo así la actualización de los pesos en dirección a la minimización de la pérdida.

Características y Aplicaciones

- **Capacidad de Aprendizaje No Lineal**: Las redes feedforward pueden aprender funciones no lineales complejas y representar relaciones jerárquicas en los datos.
- **Aplicaciones en Aprendizaje Profundo**: Son fundamentales en problemas de visión por computadora, procesamiento de lenguaje natural, reconocimiento de voz, entre otros.
- **Arquitecturas Avanzadas**: Incluyen redes totalmente conectadas (MLP), redes convolucionales (CNN) y redes recurrentes (RNN), entre otras variantes.

Conclusión:

En resumen, una red neuronal feedforward es un modelo fundamental en aprendizaje automático y aprendizaje profundo, caracterizado por su estructura en capas y su capacidad para aprender representaciones complejas de los datos. La propagación hacia adelante de la información, seguida de la retropropagación del error para ajustar los pesos, permite que estas redes aprendan a partir de datos etiquetados y realicen tareas sofisticadas como clasificación, regresión y generación de contenido. Su flexibilidad y poder computacional las hacen indispensables en numerosas aplicaciones de inteligencia artificial.

Estructura y funcionamiento de las capas de una red neuronal feedforward.

Una red neuronal feedforward está compuesta por varias capas, cada una de las cuales desempeña un papel específico en el procesamiento de la información a medida que se propaga a través de la red. A continuación, describiré la estructura y el funcionamiento de las capas típicas en una red neuronal feedforward:

Estructura de las Capas de una Red Neuronal Feedforward

1. **Capa de Entrada**:

   - Esta es la primera capa de la red y está compuesta por neuronas que representan las características o atributos de entrada.
   - Cada neurona en la capa de entrada corresponde a una característica de los datos y no realiza ningún cálculo especial; simplemente transmite la entrada directamente a las neuronas de la siguiente capa.

2. **Capas Ocultas**:

   - Las capas ocultas se encuentran entre la capa de entrada y la capa de salida.
   - Cada capa oculta está compuesta por múltiples neuronas, y la información se procesa de manera no lineal a medida que fluye a través de estas capas.
   - Cada neurona en una capa oculta calcula una combinación lineal de las salidas de las neuronas de la capa anterior, aplicando una función de activación no lineal.

3. **Capa de Salida**:

- La capa de salida es la última capa de la red y produce las predicciones o resultados finales.
- El número de neuronas en la capa de salida depende del tipo de problema que la red está tratando de resolver (por ejemplo, clasificación binaria, clasificación multiclase, regresión, etc.).
- La salida de cada neurona en la capa de salida puede representar probabilidades (en el caso de clasificación) o valores numéricos (en el caso de regresión).

Funcionamiento de las Capas de una Red Neuronal Feedforward

1. **Propagación hacia Adelante (Forward Propagation)**:
    - Durante la propagación hacia adelante, la información fluye desde la capa de entrada a través de las capas ocultas hasta la capa de salida.
    - Cada neurona en una capa oculta realiza las siguientes operaciones:
        - Calcula una suma ponderada de las salidas de las neuronas de la capa anterior: $z=\sum_{i=1}^{n} w_i x_i + b$, donde w_i son los pesos, x_i son las salidas de la capa anterior, y b es el sesgo.

- Aplica una función de activación no lineal *f(z)* al resultado de la suma ponderada para producir la salida de la neurona: *y=f(z)*.
-

2. **Función de Activación**:
   - Cada neurona en una capa oculta y en la capa de salida utiliza una función de activación no lineal para introducir no linealidad en la red.
   - Ejemplos comunes de funciones de activación incluyen la función sigmoide, la función ReLU (Rectified Linear Unit), la función tangente hiperbólica, entre otras.

3. **Interconexión de Neuronas**:
   - Cada neurona en una capa está conectada a todas las neuronas de la capa siguiente mediante conexiones ponderadas (pesos).
   - Los pesos determinan la fuerza de la conexión entre neuronas y se ajustan durante el proceso de entrenamiento para minimizar la función de pérdida.

Conclusiones:

En resumen, las capas de una red neuronal feedforward forman una estructura jerárquica que permite el procesamiento de información de manera secuencial, desde las entradas hasta las salidas.

Cada capa realiza operaciones de suma ponderada y aplicación de funciones de activación para transformar la información a medida que fluye a través de la red.

El aprendizaje en una red neuronal feedforward implica ajustar los pesos de las conexiones mediante algoritmos de optimización como la retropropagación del error, con el objetivo de minimizar la diferencia entre las predicciones de la red y los valores reales de los datos de entrenamiento. Este proceso permite que la red aprenda a partir de los datos y realice tareas de aprendizaje automático como clasificación y regresión con precisión.

Entrenamiento de una red neuronal mediante retropropagación (backpropagation).

El entrenamiento de una red neuronal mediante retropropagación (backpropagation) es un proceso fundamental en el aprendizaje supervisado que permite ajustar los pesos de la red para minimizar una función de pérdida. En este método, se utiliza la información sobre el error cometido por la red en las predicciones (comparando las predicciones con las etiquetas reales de los datos de entrenamiento) para calcular cómo deben ajustarse los pesos en cada capa de la red, con el objetivo de mejorar el rendimiento del modelo. A continuación, te explico detalladamente cómo funciona el entrenamiento mediante retropropagación:

Paso 1: Propagación hacia Adelante (Forward Propagation)

1. **Entrada de Datos**:
    - Se proporciona un conjunto de datos de entrenamiento con características (xi) y sus respectivas etiquetas (yi).
    - La red neuronal utiliza las entradas (xi) para calcular las salidas de cada neurona mediante la propagación hacia adelante.

2. **Cálculo de Salidas**:
    - Cada neurona en la red calcula una suma ponderada de las entradas multiplicadas por sus pesos y luego aplica una función de activación para generar una salida.
    - Esto se hace capa por capa, desde la capa de entrada hasta la capa de salida, siguiendo el flujo de la información.

Paso 2: Cálculo de la Función de Pérdida

1. **Comparación con las Etiquetas Reales**:
    - Se compara la salida producida por la red ($ypred$) con las etiquetas reales (yi) del conjunto de entrenamiento.
    - Se utiliza una función de pérdida (loss function) para cuantificar la discrepancia entre las predicciones y las etiquetas reales.

- Ejemplos de funciones de pérdida comunes incluyen el error cuadrático medio (MSE) para regresión y la entropía cruzada para clasificación.

Paso 3: Retropropagación del Error (Backpropagation)

1. **Cálculo del Gradiente de la Función de Pérdida**:
   - Se utiliza el algoritmo de retropropagación para calcular el gradiente de la función de pérdida con respecto a los pesos de la red.
   - El gradiente indica la dirección y la magnitud del cambio que debe aplicarse a cada peso para minimizar la pérdida.

2. **Actualización de Pesos**:

   - Se utilizan técnicas de optimización (como el descenso del gradiente) para ajustar los pesos de la red en función del gradiente calculado.
   - Los pesos se actualizan en la dirección opuesta al gradiente multiplicado por una tasa de aprendizaje (α) para garantizar una convergencia adecuada.

Paso 4: Iteración y Ajuste

1. **Iteración sobre los Datos de Entrenamiento**:
   - El proceso de propagación hacia adelante, cálculo de pérdida, retropropagación del error y actualización de

pesos se repite para todo el conjunto de datos de entrenamiento durante múltiples épocas.

2. **Ajuste del Modelo**:

- A medida que el modelo se entrena, los pesos de la red se ajustan gradualmente para minimizar la función de pérdida y mejorar el rendimiento en los datos de entrenamiento.

Conclusión:

El entrenamiento de una red neuronal mediante retropropagación implica propagar hacia adelante las entradas a través de la red para calcular las salidas, calcular la función de pérdida comparando las predicciones con las etiquetas reales, retropropagar el error para calcular el gradiente de la función de pérdida, y finalmente actualizar los pesos de la red utilizando técnicas de optimización. Este proceso iterativo permite que la red aprenda a partir de los datos de entrenamiento y mejore su capacidad para realizar predicciones precisas en nuevos datos. La retropropagación es un componente clave en el entrenamiento de redes neuronales y es fundamental para el éxito del aprendizaje automático supervisado.

Capítulo 5: Redes Neuronales Convolucionales (CNN)

Introducción a las redes neuronales convolucionales y su aplicación en visión por computadora.

Las Redes Neuronales Convolucionales (CNN por sus siglas en inglés, Convolutional Neural Networks) son un tipo especializado de redes neuronales profundas diseñadas específicamente para procesar datos que tienen una estructura de cuadrícula, como imágenes o señales de audio. Las CNN han revolucionado el campo del aprendizaje profundo y son ampliamente utilizadas en tareas de visión por computadora, reconocimiento de patrones y análisis de datos espaciales. A continuación, te explicaré la estructura y el funcionamiento básico de las Redes Neuronales Convolucionales:

Estructura de una Red Neuronal Convolucional (CNN)

Una CNN típica está compuesta por varias capas especializadas que realizan operaciones específicas de procesamiento de imágenes. Las capas principales en una CNN son:

1. **Capas de Convolución**:
   - Las capas convolucionales aplican operaciones de convolución a las entradas utilizando filtros (kernels) aprendidos durante el entrenamiento.
   - Cada filtro extrae características locales de la entrada al realizar operaciones de convolución en regiones pequeñas de la imagen.
   - Los mapas de características resultantes capturan patrones simples (como bordes y texturas) en las primeras capas y patrones más complejos (como formas y objetos) en capas más profundas.
2. **Capas de Activación**:
   - Después de cada operación de convolución, se aplica una función de activación no lineal (como ReLU - Rectified Linear Unit) para introducir no linealidad en la red y mejorar la capacidad de aprendizaje.
   - La función de activación transforma los valores de salida de la convolución en valores más expresivos y útiles para el aprendizaje.
3. **Capas de Pooling (Aglomeración)**:
   - Las capas de pooling reducen la dimensionalidad espacial de las representaciones de características al submuestrear (downsampling) localmente.
   - Las operaciones comunes de pooling incluyen el máximo (max pooling) y el promedio (average pooling),

que ayudan a conservar las características más importantes mientras reducen el tamaño de las representaciones.

4. **Capas Totalmente Conectadas (Dense)**:
   - Después de varias capas convolucionales y de agrupación, las características extraídas se alimentan a través de una serie de capas totalmente conectadas (densas) para realizar la clasificación final.
   - Estas capas toman las representaciones aprendidas y las transforman en predicciones de clase (por ejemplo, probabilidades de categorías).

Funcionamiento de una Red Neuronal Convolucional (CNN)

Propagación hacia Adelante (Forward Propagation):

- Durante la propagación hacia adelante, una imagen de entrada pasa a través de las capas de convolución, activación y agrupación.
- Cada capa convolucional aplica filtros para extraer características locales, seguida de una función de activación para introducir no linealidad.
- Las capas de agrupación reducen la dimensionalidad de las representaciones mientras conservan las características más importantes.

2. **Clasificación o Regresión**:
   - Después de varias capas convolucionales y de agrupación, las representaciones se aplastan (flatten) y se alimentan a través de capas densas para realizar la clasificación final.
   - En el caso de clasificación, la última capa utiliza una función de activación softmax para generar distribuciones de probabilidad sobre las clases.
   - En el caso de regresión, la última capa puede producir directamente valores numéricos.

Aplicaciones de las Redes Neuronales Convolucionales (CNN)

Las CNN se utilizan ampliamente en una variedad de aplicaciones, incluyendo:

- **Reconocimiento de Objetos**: Clasificación y detección de objetos en imágenes.
- **Segmentación Semántica**: Asignación de etiquetas a cada píxel en una imagen.
- **Reconocimiento Facial**: Identificación y verificación biométrica.
- **Procesamiento de Vídeo**: Análisis de secuencias de imágenes para detección de actividad.
- **Procesamiento de Audio**: Análisis de señales de audio para reconocimiento de voz.

Capítulo 6: Redes Neuronales Recurrentes (RNN)

Explicación de las redes neuronales recurrentes y su capacidad para procesar secuencias de datos.

Las Redes Neuronales Recurrentes (RNN) son un tipo especializado de redes neuronales diseñadas para procesar secuencias de datos, donde la salida en cada paso de tiempo depende de la entrada actual y también de las entradas anteriores. Las RNN son adecuadas para tareas que involucran datos secuenciales, como texto, audio, series temporales y otros tipos de datos ordenados en una secuencia. A continuación, te explico en detalle cómo funcionan las redes neuronales recurrentes y su capacidad para procesar secuencias de datos:

Estructura de las Redes Neuronales Recurrentes (RNN)

1. **Unidades Recurrentes**:
    - En una RNN, cada neurona tiene una conexión recurrente consigo misma, lo que le permite mantener una memoria o estado interno.
    - En cada paso de tiempo t, la neurona toma como entrada la entrada actual xt y el estado oculto anterior

h_{t-1}, y produce una salida h_t y posiblemente una salida final y_t.

2. **Representación como Grafo Acíclico Dirigido (DAG):**
   - Una RNN puede representarse como un grafo acíclico dirigido (DAG) desplegado en el tiempo, donde cada nodo corresponde a una copia de la misma neurona recurrente en un paso de tiempo diferente.
   - Esto significa que la información puede fluir hacia adelante a través del tiempo, y cada paso de tiempo puede influir en los pasos de tiempo futuros a través de la retroalimentación.

Funcionamiento de las Redes Neuronales Recurrentes (RNN)

Propagación hacia Adelante (Forward Propagation):

- Durante la propagación hacia adelante, una RNN procesa una secuencia de datos de entrada $x_1, x_2,...,x_T$, donde cada x_t representa la entrada en el paso de tiempo t.
- En cada paso de tiempo t, la neurona recurrente calcula el estado oculto h_t utilizando la entrada actual x_t y el estado oculto anterior h_{t-1}, junto con los pesos W y U y la función de activación f.

- La salida final *yt* puede calcularse utilizando el estado oculto *ht* y los pesos *V*, y puede representar una predicción, una etiqueta de clasificación, o cualquier otra salida deseada.

3. **Retropropagación del Error (Backpropagation Through Time, BPTT):**

- Durante el entrenamiento de una RNN, se utiliza el algoritmo de retropropagación a través del tiempo (BPTT) para calcular el gradiente de la función de pérdida con respecto a los parámetros de la red.
- El gradiente se calcula retrocediendo a través de la red en el tiempo, propagando el error desde el último paso de tiempo hasta el primero.
- Los pesos de la red se actualizan utilizando técnicas de optimización como el descenso del gradiente para minimizar la función de pérdida y mejorar el rendimiento de la red.

Capacidad para Procesar Secuencias de Datos

- **Modelado de Dependencias Temporales**: Las RNN pueden modelar dependencias temporales en datos secuenciales, permitiendo que la salida en cada paso de tiempo dependa del contexto histórico.

- **Longitud de Secuencia Variable**: A diferencia de las redes feedforward, las RNN pueden manejar secuencias de longitud variable, lo que las hace adecuadas para tareas como el procesamiento de texto de longitud variable.
- **Aplicaciones en NLP y Procesamiento de Lenguaje**: Las RNN son ampliamente utilizadas en tareas de procesamiento de lenguaje natural (NLP), como traducción automática, generación de texto y análisis de sentimientos.

Limitaciones y Variantes

- **Desvanecimiento o Explosión del Gradiente**: Las RNN tradicionales pueden experimentar problemas de desvanecimiento o explosión del gradiente durante el entrenamiento, lo que puede dificultar el aprendizaje a largo plazo.

- **Variantes Mejoradas**: Existen variantes mejoradas de RNN, como las LSTM (Long Short-Term Memory) y las GRU (Gated Recurrent Units), que abordan estos problemas y son más efectivas para aprender dependencias a largo plazo en secuencias.

Las Redes Neuronales Recurrentes (RNN) son poderosas arquitecturas de redes neuronales diseñadas para modelar y procesar secuencias de datos, permitiendo capturar dependencias temporales y realizar predicciones o análisis basados en contextos históricos.

Su capacidad para procesar datos secuenciales las hace útiles en una amplia variedad de aplicaciones, desde el procesamiento de lenguaje natural hasta el análisis de series temporales y la generación de música o texto.

Concepto de memoria a corto plazo (LSTM) y memoria a largo plazo (GRU).

Para entender mejor el concepto de memoria a corto plazo (LSTM, Long Short-Term Memory) y memoria a largo plazo (GRU, Gated Recurrent Unit), es esencial considerar cómo abordan las limitaciones de las Redes Neuronales Recurrentes (RNN) tradicionales, como el problema del desvanecimiento del gradiente y la capacidad de modelar dependencias a largo plazo en secuencias de datos. Ambas arquitecturas, LSTM y GRU, son variantes mejoradas de las RNN estándar que incorporan mecanismos de memoria más sofisticados para mejorar el aprendizaje y la representación de secuencias. A continuación, describiré cada una de estas arquitecturas en detalle:

Memoria a Corto Plazo (LSTM)

La memoria a corto plazo (LSTM) es una arquitectura de red neuronal recurrente diseñada para capturar y mantener información relevante durante períodos de tiempo más largos, permitiendo así aprender dependencias a largo plazo en secuencias. Las LSTM abordan el problema del desvanecimiento del gradiente y permiten un flujo de información más controlado a través del tiempo. Las características clave de las LSTM incluyen:

1. **Unidades de Memoria (Memory Cells)**:
   - En lugar de una simple neurona recurrente, una LSTM utiliza unidades de memoria (memory cells) que pueden mantener y actualizar su estado a lo largo del tiempo.
2. **Puertas (Gates)**:
   - Las LSTM incorporan puertas (gates) que controlan el flujo de información dentro de la unidad de memoria.
   - Tres tipos de puertas:
     - **Puerta de Olvido (Forget Gate)**: Decide qué información almacenada en la memoria debe ser olvidada.
     - **Puerta de Entrada (Input Gate)**: Decide qué nueva información debe ser almacenada en la memoria.
     - **Puerta de Salida (Output Gate)**: Controla qué información de la memoria debe ser utilizada como salida.
3. **Proceso de Actualización**:
   - En cada paso de tiempo, una LSTM calcula nuevos estados para la unidad de memoria en función de la entrada actual y el estado anterior.
   - Las puertas determinan cómo se actualiza el estado de la memoria y cómo se calculan las salidas.

Memoria a Largo Plazo (GRU)

La memoria a largo plazo (GRU) es otra variante de las Redes Neuronales Recurrentes diseñada para abordar problemas similares a las LSTM, pero con una estructura más simplificada. Las GRU utilizan un mecanismo de puerta (gate) para controlar el flujo de información y la actualización del estado interno. Las características principales de las GRU incluyen:

1. **Actualización de la Unidad de Estado**:
    - Al igual que las LSTM, las GRU utilizan un estado interno que se actualiza en cada paso de tiempo.
2. **Puerta de Reinicio y Puerta de Actualización**:
    - Las GRU utilizan dos tipos de puertas:
        - **Puerta de Reinicio (Reset Gate)**: Decide qué información olvidar del estado anterior.
        - **Puerta de Actualización (Update Gate)**: Controla cómo se combina la nueva entrada con el estado anterior.
3. **Estructura Simplificada**:
    - En comparación con las LSTM, las GRU tienen una estructura más simple con menos puertas, lo que las hace más fáciles de entrenar y computacionalmente más eficientes.

- **LSTM vs. GRU**: Ambas arquitecturas han demostrado ser efectivas para aprender dependencias a largo plazo en secuencias de datos.
    - Las LSTM son más flexibles y pueden capturar relaciones temporales más complejas, pero son más costosas computacionalmente.
    - Las GRU son más simples y eficientes, adecuadas para aplicaciones donde se requiere una buena capacidad de modelado con recursos limitados.

Aplicaciones Prácticas

- Las LSTM y GRU se utilizan en una variedad de aplicaciones de procesamiento de secuencias, incluyendo traducción automática, generación de texto, reconocimiento de voz, análisis de sentimientos, predicción de series temporales y más.

Las LSTM y GRU son arquitecturas avanzadas de Redes Neuronales Recurrentes que utilizan mecanismos de memoria sofisticados para aprender y mantener dependencias a largo plazo en secuencias de datos. Estas arquitecturas han sido fundamentales para el avance en el procesamiento de lenguaje natural, el análisis de series temporales y otras aplicaciones de aprendizaje automático basadas en datos secuenciales.

Aplicaciones de las RNN en procesamiento de lenguaje natural y traducción automática.

Las Redes Neuronales Recurrentes (RNN) han sido fundamentales en el campo del procesamiento de lenguaje natural (NLP) y la traducción automática debido a su capacidad para modelar dependencias temporales en secuencias de texto. A continuación, te presento algunas de las aplicaciones más importantes de las RNN en estos ámbitos:

1. Modelado del Lenguaje

- **Predicción de Palabras**: Las RNN se utilizan para predecir la siguiente palabra en una secuencia de texto, lo que es fundamental para tareas como la finalización automática de texto (autocomplete) y la corrección gramatical.
- **Generación de Texto**: Las RNN pueden generar texto coherente a partir de un contexto dado, lo que se utiliza en la generación automática de noticias, historias o respuestas en sistemas de chatbots.

2. Análisis de Sentimientos

- **Clasificación de Texto**: Las RNN se utilizan para clasificar textos en categorías de sentimientos, como positivo, negativo o neutro. Esto es útil para análisis de opiniones en redes sociales, comentarios de clientes, etc.

3. Traducción Automática

- **Traducción Neural**: Las RNN (especialmente las variantes como las LSTM o GRU) son componentes clave en los sistemas de traducción automática neuronal (NMT, Neural Machine Translation).
- **Codificador-Decodificador**: Las RNN se utilizan en arquitecturas codificador-decodificador para traducir secuencias completas de palabras entre idiomas, capturando las dependencias a largo plazo y el contexto necesario para una traducción precisa.

4. Reconocimiento de Voz

- **Transcripción de Voz a Texto**: Las RNN se utilizan para convertir señales de voz en texto escrito, lo que es esencial para sistemas de asistentes virtuales, reconocimiento de comandos de voz y subtitulado automático.

5. Análisis de Secuencias Temporales

- **Predicción de Series Temporales**: Las RNN se utilizan para predecir valores futuros en secuencias temporales, como datos financieros, patrones climáticos o el comportamiento del mercado.

Beneficios y Avances

- **Captura de Contexto**: Las RNN pueden capturar dependencias a largo plazo en secuencias de texto, lo que mejora la calidad y la coherencia en tareas de NLP y traducción automática.
- **Mejora de la Exactitud**: Las arquitecturas RNN avanzadas (como las LSTM y GRU) han mejorado significativamente la precisión y la fluidez en aplicaciones de NLP y traducción automática.

Retos y Desafíos

- **Desvanecimiento del Gradiente**: Aunque las LSTM y GRU abordan el problema del desvanecimiento del gradiente, aún pueden surgir desafíos con dependencias a muy largo plazo en secuencias de texto.
- **Eficiencia Computacional**: Las RNN pueden ser computacionalmente costosas de entrenar y ejecutar, especialmente en aplicaciones con grandes volúmenes de datos.

Las Redes Neuronales Recurrentes (RNN) han demostrado ser herramientas poderosas en el procesamiento de lenguaje natural y la traducción automática, permitiendo la construcción de sistemas inteligentes que pueden comprender, generar y traducir texto de manera efectiva. Su capacidad para modelar dependencias temporales y capturar contextos complejos ha contribuido significativamente al avance de la inteligencia artificial en aplicaciones relacionadas con el procesamiento de texto y el análisis de datos secuenciales.

Concepto de Convolución y Pooling.

Para comprender las Redes Neuronales Convolucionales (CNN), es esencial entender los conceptos de convolución y pooling, que son operaciones fundamentales utilizadas en el procesamiento de imágenes en estas redes. Ambas operaciones son clave para extraer características significativas de los datos de entrada y reducir la dimensionalidad de las representaciones, lo que contribuye al aprendizaje efectivo en las CNN. A continuación, explicaré cada uno de estos conceptos:

1. Convolución

La convolución es una operación matemática fundamental que se utiliza en las CNN para procesar imágenes y otros datos de cuadrícula. En el contexto de una CNN:

- **Filtro (Kernel)**: La convolución implica deslizar un pequeño filtro (también llamado kernel) sobre la imagen de entrada.
- **Operación de Punto a Punto**: En cada posición del filtro, se realiza una multiplicación elemento por elemento entre el filtro y la sección correspondiente de la imagen de entrada. Luego,

se suma el resultado de estas multiplicaciones para producir un solo valor en la salida.

- **Proceso de Deslizamiento**: El filtro se desliza a lo largo de la imagen, y en cada posición se realiza la operación de convolución.

  Esto genera una nueva matriz (mapa de características) que resalta ciertas características de la imagen, como bordes, texturas o patrones locales.

- **Ejemplo de Filtro**: Por ejemplo, un filtro puede detectar bordes verticales al enfatizar diferencias de intensidad entre píxeles adyacentes en la dirección vertical.

La convolución en una CNN permite extraer características locales importantes de la imagen de entrada mediante el uso de filtros que resaltan ciertos patrones visuales.

2. Pooling (Aglomeración)

El pooling, también conocido como submuestreo, es una técnica utilizada después de las capas de convolución para reducir la dimensionalidad de las representaciones mientras conserva la información más relevante. Algunos tipos comunes de pooling incluyen:

- **Max Pooling**: Para cada región del mapa de características, se toma el valor máximo y se descarta el resto. Esto preserva las características más prominentes en cada región.

- **Average Pooling**: Para cada región del mapa de características, se calcula el promedio de los valores y se utiliza como representación de esa región.
- **Reducción de Dimensionalidad**: El pooling reduce el tamaño espacial (altura y ancho) de la representación de la imagen, lo que ayuda a reducir el número de parámetros y el costo computacional en las capas subsiguientes.

Aplicaciones y Beneficios

- **Reducción del Overfitting**: El pooling reduce la cantidad de parámetros en la red, lo que ayuda a prevenir el sobreajuste (overfitting) al suavizar las representaciones.
- **Invariancia a la Traducción**: La convolución y el pooling introducen invariancia a la traslación en las características extraídas, lo que significa que la red puede reconocer un objeto independientemente de su posición en la imagen.

En conclusión, la convolución y el pooling son operaciones esenciales en las Redes Neuronales Convolucionales (CNN) que permiten extraer y resumir características significativas de las imágenes de entrada. Estas operaciones han demostrado ser altamente efectivas en tareas de visión por computadora como reconocimiento de objetos, segmentación semántica y análisis de imágenes médicas.

Ejemplos de aplicaciones prácticas de CNNs, como reconocimiento de imágenes.

Las Redes Neuronales Convolucionales (CNN) tienen una amplia variedad de aplicaciones prácticas en el campo del procesamiento de imágenes y visión por computadora. Su capacidad para aprender representaciones jerárquicas de características visuales las hace ideales para tareas de reconocimiento de imágenes y análisis visual. A continuación, te presento algunos ejemplos destacados de aplicaciones prácticas de CNNs en reconocimiento de imágenes:

1. Reconocimiento de Objetos
- **Clasificación de Imágenes**: Las CNNs pueden clasificar imágenes en categorías específicas, como identificar diferentes tipos de animales, vehículos, o productos comerciales.
- **Detección de Objetos**: Las CNNs pueden localizar y clasificar múltiples objetos en una imagen, proporcionando cajas delimitadoras (bounding boxes) alrededor de los objetos detectados.
- **Reconocimiento Facial**: Las CNNs pueden identificar rostros humanos en imágenes y realizar tareas como reconocimiento facial o verificación biométrica.

2. Segmentación Semántica

- **Segmentación de Imágenes**: Las CNNs pueden asignar etiquetas a cada píxel en una imagen, permitiendo la segmentación precisa de diferentes partes de la imagen, como fondo y objetos.
- **Detección de Instancias**: Las CNNs pueden diferenciar entre múltiples instancias de un mismo objeto en una imagen, asignando una etiqueta única a cada instancia.

3. Reconocimiento de Escenas y Paisajes

- **Clasificación de Escenas**: Las CNNs pueden identificar el tipo de escenario o paisaje presente en una imagen, como playa, montaña, ciudad, etc.
- **Navegación Autónoma**: En aplicaciones de robótica y vehículos autónomos, las CNNs pueden analizar imágenes en tiempo real para tomar decisiones de navegación.

4. Análisis Médico

- **Diagnóstico por Imágenes**: Las CNNs pueden analizar imágenes médicas (como radiografías, resonancias magnéticas o escáneres CT) para detectar enfermedades o anomalías.
- **Segmentación de Órganos**: Las CNNs pueden segmentar automáticamente órganos y estructuras anatómicas en imágenes médicas para ayudar en la planificación de tratamientos.

5. Procesamiento de Vídeo

- **Reconocimiento de Acciones**: Las CNNs pueden identificar actividades humanas en secuencias de vídeo, como caminar, correr, o practicar deportes.
- **Comprensión de Escenas Dinámicas**: Las CNNs pueden analizar y comprender escenas dinámicas en tiempo real, siendo útiles para aplicaciones de vigilancia o monitoreo.

Beneficios y Avances

- **Alta Precisión**: Las CNNs han demostrado alcanzar altos niveles de precisión en tareas de reconocimiento visual, superando a métodos tradicionales.
- **Capacidad de Generalización**: Las CNNs pueden generalizar a nuevas situaciones y escenarios después de un entrenamiento adecuado, lo que las hace útiles en una amplia gama de aplicaciones.

En conclusión, las Redes Neuronales Convolucionales (CNN) han transformado el campo del reconocimiento de imágenes y visión por computadora, y sus aplicaciones siguen expandiéndose a medida que se desarrollan nuevos avances en el aprendizaje profundo y el procesamiento de datos visuales. Su capacidad para aprender representaciones jerárquicas de características visuales ha abierto nuevas posibilidades en campos como la medicina, la robótica, la seguridad y mucho más.

Capítulo 7: Aplicaciones y Ejemplos Prácticos

Casos de estudio y ejemplos reales de cómo se utilizan las redes neuronales en diferentes campos como salud, finanzas, juegos, etc.

Las redes neuronales se utilizan en una amplia variedad de campos y aplicaciones, desde la salud y las finanzas hasta los juegos y la robótica. A continuación, te presento algunos casos de estudio y ejemplos reales de cómo se aplican las redes neuronales en diferentes sectores:

1. Salud

- **Diagnóstico Médico**: Las redes neuronales se utilizan para analizar imágenes médicas (como radiografías, resonancias magnéticas y escáneres CT) para detectar enfermedades, identificar tumores o anomalías, y ayudar en el diagnóstico temprano de condiciones médicas.
- **Predicción de Resultados Clínicos**: Las redes neuronales se aplican en la predicción de resultados clínicos, como la progresión de enfermedades crónicas o la probabilidad de complicaciones postoperatorias.

- **Análisis de Secuencias Genómicas**: Las redes neuronales se utilizan para analizar secuencias genómicas y predecir mutaciones, identificar genes relacionados con enfermedades y desarrollar terapias personalizadas.

2. Finanzas

- **Predicción del Mercado**: Las redes neuronales se aplican en el análisis financiero para predecir tendencias del mercado, fluctuaciones de precios de acciones, y optimizar estrategias de inversión.
- **Detección de Fraudes**: Las redes neuronales se utilizan en la detección de fraudes financieros, identificando patrones sospechosos en transacciones bancarias y tarjetas de crédito para prevenir actividades fraudulentas.

3. Juegos

- **Juegos de Estrategia**: Las redes neuronales se utilizan en juegos de estrategia para desarrollar agentes de IA capaces de aprender y adaptarse a las tácticas del oponente, como en el ajedrez o el Go.
- **Aprendizaje por Refuerzo**: Las redes neuronales se aplican en entornos de aprendizaje por refuerzo para entrenar agentes virtuales que pueden aprender a jugar juegos complejos de manera autónoma, como en juegos de video.

4. Procesamiento de Imágenes y Vídeo

- **Reconocimiento de Objetos**: Las redes neuronales se utilizan para el reconocimiento automático de objetos en imágenes y vídeos, aplicaciones de vigilancia y seguridad, y sistemas de vehículos autónomos.
- **Realidad Aumentada**: Las redes neuronales se emplean en aplicaciones de realidad aumentada para realizar seguimiento de objetos en tiempo real y superponer información digital en entornos físicos.

5. Robótica y Automatización

- **Control de Robots**: Las redes neuronales se utilizan en el control y la navegación de robots autónomos, permitiendo que los robots aprendan y adapten sus comportamientos en entornos cambiantes.
- **Visión Robótica**: Las redes neuronales se aplican en sistemas de visión robótica para reconocer y manipular objetos, así como para la inspección automática en líneas de producción.

Ejemplos Reales

1. **Google DeepMind AlphaGo**: Utilizó redes neuronales profundas para desarrollar un programa capaz de derrotar a campeones mundiales en el juego de mesa Go.
2. **Aplicaciones de Diagnóstico Médico por Imágenes**: Empresas como IBM y Microsoft utilizan redes neuronales para desarrollar sistemas de diagnóstico asistido por computadora que pueden detectar enfermedades en imágenes médicas.

3. **Asistentes Virtuales y Chatbots**: Empresas como Amazon, Google y Apple utilizan redes neuronales para mejorar la capacidad de sus asistentes virtuales (Alexa, Google Assistant, Siri) para comprender y responder a las consultas de los usuarios.
4. **Tesla Autopilot**: Tesla utiliza redes neuronales en su sistema de conducción autónoma (Autopilot) para detectar obstáculos, señales de tráfico y peatones, y tomar decisiones de conducción seguras.

En resumen, las redes neuronales son herramientas poderosas que se utilizan en una amplia gama de aplicaciones y sectores, transformando industrias y permitiendo el desarrollo de sistemas inteligentes capaces de aprender y adaptarse a partir de datos. Su capacidad para modelar patrones complejos y realizar predicciones precisas ha revolucionado campos como la medicina, las finanzas, los juegos y la automatización.

Ejemplos Básicos de Redes Neuronales

Ejemplo: Clasificación de Frutas con una Neurona Artificial

Supongamos que representamos las características de la fruta de la siguiente manera:

Entradas (Features):

*x*1: Tamaño de la fruta (0 si es pequeña, 1 si es grande)
*x*2: Color de la fruta (0 si no es roja, 1 si es roja)

Establezcamos los pesos (*w*1, *w*2) y el sesgo (*b*) de la neurona de manera que pueda distinguir entre manzanas y otras frutas basándose en estas características.

Supongamos que los pesos y el sesgo se definen como:

*w*1=0.5 (peso para el tamaño)
*w*2=0.8 (peso para el color)
b=−1.0 (sesgo)

Función de Activación (Función Sigmoide):

Utilizaremos una función sigmoide como función de activación para esta neurona:

Sigmoid
$$\sigma(z) = \frac{1}{1 + e^{-z}}$$

Donde z es la entrada total a la neurona calculada como:

z=w1·x1+w2·x2+b

Clasificación de Frutas:

Ahora, clasificaremos una fruta con los siguientes atributos:

Tamaño: Pequeño (0)
Color: Rojo (1)

Calcular la Entrada Total (z):
z=0.5·0+0.8·1+(−1.0)
z=0.8−1.0 =−0.2
z=−0.2

Aplicar la Función de Activación (Sigmoid):

sigmoid(−0.2)=1+e0.21≈0.45

Interpretar la Salida:

La salida aproximada de la neurona es 0.45.

Como estamos haciendo una clasificación binaria, podemos establecer un umbral (por ejemplo, 0.5) para determinar la clase:

Si la salida $\geq 0.5 \geq 0.5$, clasificamos la fruta como una manzana.
Si la salida $<0.5<0.5$, clasificamos la fruta como no una manzana.

En este ejemplo básico, la neurona artificial actúa como un clasificador simple que utiliza dos características (tamaño y color) para determinar si una fruta es una manzana o no. A medida que ajustamos los pesos y el sesgo durante el entrenamiento, la neurona puede aprender a realizar esta tarea de clasificación de manera más precisa y generalizada.

Esta es una demostración muy simplificada del uso de una neurona artificial. En aplicaciones reales, las redes neuronales utilizan múltiples capas de neuronas interconectadas y funciones de activación más complejas para resolver problemas más desafiantes en el campo del aprendizaje automático e inteligencia artificial.

Ejemplo: Clasificación de Aprobación de Examen con una Neurona Artificial.

Supongamos que representamos las características del estudiante de la siguiente manera:

- **Entradas (Features):**
    - x_1: Horas de estudio (en horas)
    - x_2: Horas de sueño (en horas)

Establezcamos los pesos (w_1, w_2) y el sesgo (b) de la neurona de manera que pueda distinguir entre estudiantes que aprueban y no aprueban el examen basándose en estas características.

Supongamos que los pesos y el sesgo se definen como:

- $w_1=0.3$ (peso para las horas de estudio)
- $w_2=0.2$ (peso para las horas de sueño)
- $b=-8.0$ (sesgo)

Función de Activación (Función Sigmoide):

Utilizaremos una función sigmoide como función de activación para esta neurona:

$$\text{sigmoid}(z) = \frac{1}{1+e^{-z}}$$

Donde z es la entrada total a la neurona calculada como:

$z = w_1 \cdot x_1 + w_2 \cdot x_2 + b$

Clasificación de Aprobación de Examen:

Ahora, evaluaremos si un estudiante aprobará o no el examen con los siguientes atributos:

- Horas de estudio: 5 horas
- Horas de sueño: 7 horas

1. **Calcular la Entrada Total (z):**

    = 0.3·5 + 0.2·7 − 8.0
    z = 0.3·5 + 0.2·7 − 8.0 = 1.5 + 1.4 − 8.0
    z = −5.1

2. **Aplicar la Función de Activación (Sigmoid):**
3.
    sigmoid(−5.1) = 1 + e5.11 ≈ 0.006

4. **Interpretar la Salida**:

La salida aproximada de la neurona es 0.0060.006.

Podemos establecer un umbral (por ejemplo, 0.5) para determinar la clasificación:

Si la salida $\geq 0.5 \geq 0.5$, predicción de aprobación del examen.
Si la salida $<0.5<0.5$, predicción de no aprobación del examen.

En este ejemplo básico, la neurona artificial actúa como un clasificador simple que utiliza las horas de estudio y las horas de sueño como características para predecir si un estudiante aprobará o no un examen. A medida que ajustamos los pesos y el sesgo durante el entrenamiento, la neurona puede aprender a realizar esta tarea de clasificación con mayor precisión.

Ejercicios básicos.

Ejercicio 1: Suma Ponderada

Dado un conjunto de valores x_1, x_2, x_3 y sus correspondientes pesos w_1, w_2, w_3, calcula la suma ponderada z como:

$$z = w_1 \times x_1 + w_2 \times x_2 + w_3 \times x_3$$

Valores:
$x_1=2$, $x_2=3$, $x_3=4$
$w_1=0.5$, $w_2=0.4$, $w_3=0.3$

Calcula manualmente el valor de z.

Solución:

Dado: $x_1=2, x_2=3, x_3=4 \quad w_1=0.5, w_2=0.4, w_3=0.3$

Calculamos z utilizando la fórmula de suma ponderada:

$$z = w_1 \times x_1 + w_2 \times x_2 + w_3 \times x_3$$

Sustituimos los valores:

$$z = (0.5 \times 2) + (0.4 \times 3) + (0.3 \times 4)$$

Ahora realizamos las multiplicaciones y sumamos:

$z = (0.5 \times 2) + (0.4 \times 3) + (0.3 \times 4)$

$z = 1 + 1.2 + 1.2$

$z = 3.4$

Por lo tanto, el valor de z es 3.43.4.

Esto representa la suma ponderada de las entradas $x1$, $x2$, $x3$ con sus respectivos pesos $w1, w2, w3$.

Ejercicio 2: Suma y Sesgo

Dado un conjunto de valores 3x_1, x_2, x_3 y sus correspondientes pesos w_1, w_2, w_3, junto con un sesgo b, calcula la entrada total z como:

$z = w_1 \times x_1 + w_2 \times x_2 + w_3 \times x_3 + b$

- Valores:
    - $x_1 = 1$, $x_2 = -1$, $x_3 = 2$
    - $w_1 = 0.3$, $w_2 = 0.2$, $w_3 = 0.5$
    - $b = -0.1$

Calcula manualmente el valor de z.

Solución:

Dado:

$x_1 = 1$, $x_2 = -1$, $x_3 = 2$

$w_1 = 0.3$, $w_2 = 0.2$, $w_3 = 0.5$

$b = -0.1$

Calculamos z utilizando la fórmula dada:

$z = w_1 \times x_1 + w_2 \times x_2 + w_3 \times x_3 + b$

Sustituimos los valores en la fórmula:

$z = (0.3 \times 1) + (0.2 \times (-1)) + (0.5 \times 2) + (-0.1)$

Realizamos las multiplicaciones y sumamos

$z = 0.3 - 0.2 + 1 - 0.1$

$z = 1.2 - 0.1$

$z = 1.1$

Por lo tanto, el valor de z es 1.11.1.

Esto representa la entrada total z calculada utilizando las entradas $x1$, $x2, x3$, sus pesos $w1, w2, w3$, y el sesgo b.

Ejercicio 3: Producto de Valor y Peso

Dado un valor x y un peso w, calcula el producto $x \times w$.

- Valor: $x=3$
- Peso: $w=0.4$

Calcula manualmente el producto $x \times w$.

Solución:

Dado:

$x=3$

$w=0.4$

Calculamos $x \times w$ de la siguiente manera:

$x \times w = 3 \times 0.4$

$x \times w = 1.2$

Por lo tanto, el resultado del producto $x \times w$ es 1.2.

Esto representa el resultado de multiplicar el valor x por el peso w.

Ejercicio 4: Suma de Productos

Dado un conjunto de valores $x1, x2, x3$ y sus correspondientes pesos $w1, w2, w3$, calcula la suma de productos S como:

$$S = w1 \times x1 + w2 \times x2 + w3 \times x3$$

Valores:

$x1=1$, $x2=2$, $x3=3$

$w1=0.5$, $w2=0.3$, $w3=0.2$

Calcula manualmente el valor de S.

Ejercicio 5: Salida con Valor Esperado

Supongamos que tenemos una neurona con la siguiente configuración:

- Entradas: $x1, x2$
- Pesos: $w1, w2$
- Sesgo: b

La salida y de la neurona se calcula como:

$z = w1 \times x1 + w2 \times x2 + b$

Y luego aplicamos una función de activación tipo escalón (step function) para obtener la salida y:

Ejercicio 6 : Cálculo de la Entrada Total z

Dado el siguiente conjunto de valores y parámetros:

- **Valores de Entrada**:

    - $x_1=1$
    - $x_2=-1$
    - $x_3=2$

- **Pesos**:

    - $w_1=0.3$
    - $w_2=0.2$
    - $w_3=0.5$

- **Sesgo**:

    - $b=-0.1$

Calcula la entrada total z utilizando la fórmula:

$$z = w_1 \times x_1 + w_2 \times x_2 + w_3 \times x_3 + b$$

Paso 1: Sustituir los Valores en la Fórmula

Sustituyamos los valores dados en la fórmula para calcular z:

$z = (0.3 \times 1) + (0.2 \times (-1)) + (0.5 \times 2) + (-0.1)$

Paso 2: Realizar las Operaciones de Multiplicación y Suma

Ahora, realizaremos las operaciones de multiplicación y suma:

$z = 0.3 + (-0.2) + 1.0 - 0.1$

Paso 3: Simplificar la Expresión

Simplifiquemos la expresión combinando términos similares:

$z = 0.3 - 0.2 + 1.0 - 0.1$

$z = 0.1 + 1.0 - 0.1$

$z = 1.0$

Resultado: Entrada Total z

Por lo tanto, la entrada total z calculada es 1.01.0.

Explicación del Resultado

La entrada total z representa la combinación lineal de las entradas x_1, x_2, x_3 ponderadas por sus respectivos pesos w_1, w_2, w_3, sumadas al sesgo b. En este caso:

$w_1 \times x_1 = 0.3 \times 1 = 0.3$

$w2 \times x2 = 0.2 \times (-1) = -0.2$

$w3 \times x3 = 0.5 \times 2 = 1.0$

Sesgo $b = -0.1$

Al sumar estos productos y el sesgo, obtenemos la entrada total z:

$z = 0.3 - 0.2 + 1.0 - 0.1 = 1.0$

La entrada total z es un valor numérico que representa la activación neta de la neurona antes de aplicar la función de activación. En aplicaciones prácticas de redes neuronales, esta entrada total se utiliza como entrada para la función de activación, que determina la salida final de la neurona.

Ejercicio 7: Suma Ponderada y Sesgo:

Calcula la entrada total z de una neurona dada una serie de valores de entrada ($x1, x2, x3$) y sus correspondientes pesos ($w1, w2, w3$) junto con un sesgo (b).

Cálculo de Entrada Z.

Dado:

- Valores de entrada: $x1 = 2, x2 = -1, x3 = 3$
- Pesos: $w1 = 0.4, w2 = -0.2, w3 = 0.5$
- Sesgo: $b = -0.3$

Calcula la entrada total z de la neurona.

Solución :

Para calcular z, utilizamos la fórmula:

$z = w_1 \times x_1 + w_2 \times x_2 + w_3 \times x_3 + b$

Sustituyendo los valores dados:

$z = (0.4 \times 2) + (-0.2 \times -1) + (0.5 \times 3) + (-0.3)$

$z = 0.8 + 0.2 + 1.5 - 0.3$. Por lo que: $z = 2.2$

Por lo tanto, la entrada total z es 2.2.

Ejercicio 8: Cálculo de Entrada Z

Dado:

- Valores de entrada: $x_1=1$, $x_2=0$, $x_3=-2$
- Pesos: $w_1=0.6$, $w_2=0.3$, $w_3=-0.4$
- Sesgo: $b=0.1$

Calcula la entrada total z de la neurona.

Solución :

Usando la fórmula de la entrada total z:

$z = w1 \times x1 + w2 \times x2 + w3 \times x3 + b$

Sustituyendo los valores dados:

$z = (0.6 \times 1) + (0.3 \times 0) + (-0.4 \times -2) + 0.1$

$z = 0.6 + 0 + 0.8 + 0.1$

$z = 1.5$

Por lo tanto, la entrada total z es 1.5.

Ejercicio 9: Cálculo de Entrada Z.

Dado:

- Valores de entrada: $x1=-3$, $x2=2$, $x3=1$
- Pesos: $w1=-0.5$, $w2=0.8$, $w3=-0.2$
- Sesgo: $b=-0.2$

Calcula la entrada total z de la neurona.

Solución :

Aplicando la fórmula de la entrada total z:

$z = w1 \times x1 + w2 \times x2 + w3 \times x3 + b$

Sustituyendo los valores dados:

$z = (-0.5 \times -3) + (0.8 \times 2) + (-0.2 \times 1) + (-0.2)$

$z = 1.5 + 1.6 - 0.2 - 0.2$

$z = 3.7$

Por lo tanto, la entrada total z es 3.7.

Ejercicios de Función de Activación Escalón:

Utiliza una función de activación tipo escalón para determinar la salida de una neurona basada en su entrada total z.

Ejercicio 10: Activación tipo Escalón.

Dada una neurona con una entrada total $z=2.0$ y un umbral $\theta=1.0$, utiliza una función de activación tipo escalón para determinar la salida a de la neurona.

Solución:

Para resolver este ejercicio, utilizaremos una función de activación tipo escalón para determinar la salida a de una neurona dada una entrada total z y un umbral θ.

Dada la información:

- Entrada total $z=2.0$
- Umbral : $\theta=1.0$

Utilizamos la función de activación tipo escalón de la siguiente manera:

$$\begin{cases} 1 & \text{si } z \geq \theta \\ 0 & \text{si } z < \theta \end{cases}$$

Ahora, sustituimos los valores proporcionados:

{1 si 2.0≥1.0 0 si 2.0<1.

Como 2.0 es mayor o igual a 1.0, entonces:

a=1

Por lo tanto, la salida *a* de la neurona, utilizando una función de activación tipo escalón con una entrada total $z=2.0$ y un umbral $\theta=1.0$, es 1.

Operación AND con Neurona Perceptrón

Neurona Perceptrón:

Una neurona de tipo perceptrón es una unidad básica en las redes neuronales que toma múltiples entradas $x_1, x_2, \dots, x_n$, las pondera por sus respectivos pesos $w_1, w_2, \dots, w_n$, suma estos productos junto con un sesgo b, y luego aplica una función de activación para producir una salida a.

La operación matemática realizada por una neurona perceptrón se puede describir de la siguiente manera:

$$z = \sum_{i=1}^{n} w_i x_i + b$$

$$a = \sigma(z)$$

Donde:

- x_i son las entradas,
- w_i son los pesos asociados a cada entrada,
- b es el sesgo,
- z es la entrada total a la neurona,
- $\sigma(z)$ es la función de activación (usualmente una función escalón).

Implementación de Operación AND:

La operación lógica AND toma dos entradas binarias $x1$ y $x2$ (que pueden ser 00 o 11) y produce una salida y que es 11 solo si ambas entradas son 11, y 00 en cualquier otro caso.

Queremos que nuestra neurona perceptrón aprenda a emular esta operación lógica. Para hacer esto, podemos seleccionar los pesos $w1$ y $w2$ y el sesgo b de tal manera que la neurona pueda clasificar correctamente las entradas de acuerdo con la operación AND.

Elección de Pesos y Sesgo para la Operación AND:

Para implementar la operación AND con una neurona perceptrón, podemos seleccionar los siguientes valores:

- Pesos $w1=0.5$ y $w2=0.5$: Estos pesos dan igual importancia a ambas entradas $x1$ y $x2$.
- Sesgo $b=-0.7$: Este sesgo está diseñado para que la neurona tenga una salida 11 solo cuando ambas entradas $x1$ y $x2$ son 11.

En este caso, tenemos una neurona diseñada para realizar la operación lógica AND con dos entradas binarias ($x1$ y $x2$). Vamos a analizar cómo funciona esta neurona con los siguientes parámetros:

- Pesos: $w1=0.5$ y $w2=0.5$
- Sesgo: $b=-0.7$

Funcionamiento de la Neurona para la Operación AND:

1. **Cálculo de la Entrada Total (z):** La entrada total z se calcula como la combinación lineal de las entradas ponderadas más el sesgo:

    $z = w1 \times x1 + w2 \times x2 + b$

2. **Sustitución de los Valores de los Pesos y el Sesgo:**

    $z = 0.5 \times x1 + 0.5 \times x2 - 0.7$

3. **Aplicación de la Función de Activación (Escalón):** La neurona utiliza una función de activación tipo escalón para determinar su salida y:

$$\begin{cases} 1 & \text{si } z \geq 0 \\ 0 & \text{si } z < 0 \end{cases}$$

    En este caso, el umbral θ se asume como 00 (valor predeterminado para una función de escalón).

Evaluación de la Salida:

- Si ambas entradas $x1$ y $x2$ son 1 (es decir, $x1=1$ y $x2=1$), entonces: $z = 0.5 \times 1 + 0.5 \times 1 - 0.7 = 1 - 0.7 = 0.3$
- Dado que z es mayor que 00, la salida y de la neurona será 1.

- Para cualquier otra combinación de entradas $x1$ y $x2$, la salida será 00:
  - Si $x1=0$ y $x2=1$, entonces
  - $z=0.5\times0+0.5\times1-0.7=0.5-0.7=-0.2$, y la salida y será 00.
  - Si $x1=1$ y $x2=0$, entonces
  - $z=0.5\times1+0.5\times0-0.7=0.5-0.7=-0.2$, y la salida y será 0.
  - Si $x1=0$ y $x2=0$, entonces
  - $z=0.5\times0+0.5\times0-0.7=-0.7$, y la salida y será 0.

Conclusiones:

Esta neurona actúa como un clasificador binario que produce una salida de 11 solo cuando ambas entradas $x1$ y $x2$ son 11. El sesgo ($b=-0.7$) ajusta el umbral de decisión de la neurona, asegurando que la salida sea 11 solo cuando la combinación lineal de las entradas ponderadas excede un cierto valor crítico (en este caso, $z\geq0$). Este ejemplo demuestra cómo una neurona puede realizar una operación lógica AND simple utilizando pesos y un sesgo adecuados junto con una función de activación tipo escalón.

Tabla de Verdad para Operación AND:

Podemos verificar el funcionamiento de esta neurona con la operación AND utilizando una tabla de verdad:

x_1	x_2	Salida (a)
0	0	0
0	1	0
1	0	0
1	1	1

Conclusión:

En resumen, hemos visto cómo implementar la operación lógica AND utilizando una neurona de tipo perceptrón. Al seleccionar cuidadosamente los pesos *w*1, *w*2 y el sesgo *b*, podemos entrenar la neurona para que produzca la salida correcta de acuerdo con la operación AND para todas las combinaciones posibles de entradas *x*1 y *x*2. Este ejemplo ilustra cómo una sola neurona puede aprender a realizar una tarea de clasificación binaria simple.

Ejercicios de Operación AND con Neurona Perceptrón:

Implementa una neurona de tipo perceptrón para realizar la operación lógica AND con dos entradas binarias utilizando una función de activación tipo escalón.

Ejercicio 11: Operación Lógica AND.

Implementa una neurona de tipo perceptrón para realizar la operación lógica AND con dos entradas binarias $x1$ y $x2$. Utiliza los siguientes pesos y umbral:

- Peso $w1=1.0$
- Peso $w2=1.0$
- Umbral $\theta=1.5$

Calcula la salida a de la neurona para diferentes combinaciones de entradas $x1$ y $x2$.

Para implementar una neurona de tipo perceptrón que realice la operación lógica AND con dos entradas binarias $x1$ y $x2$, utilizando los pesos $w1=1.0$ y $w2=1.0$, y un umbral $\theta=1.5$, podemos seguir estos pasos:

Funcionamiento de la Neurona:

1. **Cálculo de la Entrada Total (z):** La entrada total z se calcula como la combinación lineal de las entradas ponderadas más el sesgo (umbral): $z = w1 \times x1 + w2 \times x2$
2. **Aplicación de la Función de Activación (Escalón):** La neurona utiliza una función de activación tipo escalón para determinar su salida y:

   $\{1 \text{si} \geq 0 \text{ si} < \{10 \text{si } z \geq \theta \text{ si } z < \theta$

Implementación en Python:

A continuación, te muestro cómo implementar esta neurona en Python:

```
def perceptron_and(x1, x2):

    # Definir los pesos y el umbral

    w1 = 1.0

    w2 = 1.0

    theta = 1.5

    # Calcular la entrada total z

    z = w1 * x1 + w2 * x2
```

```python
    # Aplicar la función de activación tipo escalón
    if z >= theta:
        return 1
    else:
        return 0


# Ejemplos de uso:
result1 = perceptron_and(0, 0)   # Salida esperada: 0 (0 AND 0 = 0)

result2 = perceptron_and(0, 1)   # Salida esperada: 0 (0 AND 1 = 0)

result3 = perceptron_and(1, 0)   # Salida esperada: 0 (1 AND 0 = 0)

result4 = perceptron_and(1, 1)   # Salida esperada: 1 (1 AND 1 = 1)

print("0 AND 0 =", result1)
print("0 AND 1 =", result2)
print("1 AND 0 =", result3)
print("1 AND 1 =", result4)
```

En este código, la función **perceptron_and(x1, x2)** implementa la neurona perceptrón para la operación lógica AND con los pesos *w*1 =1.0 y *w*2=1.0 y el umbral θ=1.5. Luego, probamos la función con diferentes combinaciones de entradas *x*1 y *x*2 para verificar su funcionamiento.

Este ejemplo muestra cómo implementar una neurona de tipo perceptrón para realizar la operación lógica AND con dos entradas binarias utilizando pesos y un umbral específicos. La función de activación tipo escalón determina si la salida es 1 (verdadero) o 0 (falso) según la entrada total calculada.

Operación OR con Neurona Perceptrón:

Implementación de Operación OR:

La operación lógica OR toma dos entradas binarias $x1$ y $x2$ (que pueden ser 00 o 11) y produce una salida y que es 11 si al menos una de las entradas es 11, y 00 solo si ambas entradas son 00.

Queremos que nuestra neurona perceptrón aprenda a emular esta operación lógica. Para hacer esto, podemos seleccionar los pesos $w1$ y $w2$ y el sesgo b de tal manera que la neurona pueda clasificar correctamente las entradas de acuerdo con la operación OR.

Elección de Pesos y Sesgo para la Operación OR:

Para implementar la operación OR con una neurona perceptrón, podemos seleccionar los siguientes valores:

- Pesos $w1$=1.0 y $w2$=1.0: Estos pesos asignan igual importancia a ambas entradas $x1$ y $x2$.
- Sesgo b=-0.5: Este sesgo está diseñado para que la neurona tenga una salida 1 si al menos una de las entradas $x1$ o $x2$ es 1.

Funcionamiento de la Neurona para Operación OR:

Ejercicio 12: Operación Lógica OR con Neurona Perceptron.

Implementa una neurona de tipo perceptrón para realizar la operación lógica OR con dos entradas binarias utilizando una función de activación tipo escalón.

Implementa una neurona de tipo perceptrón para realizar la operación lógica OR con dos entradas binarias $x1$ y $x2$. Utiliza los siguientes pesos y umbral:

- Peso $w1=1.0$
- Peso $w2=1.0$
- Umbral $\theta=0.5$

Calcula la salida a de la neurona para diferentes combinaciones de entradas $x1$ y $x2$.

Solución:

Para implementar la operación lógica OR con una neurona perceptrón utilizando los valores dados, podemos seguir estos pasos:

Funcionamiento de la Neurona para la Operación OR:

1. **Cálculo de la Entrada Total (z):** La entrada total z se calcula como la combinación lineal de las entradas ponderadas más el sesgo:
2. $z = w1 \times x1 + w2 \times x2 + b$
3. **Aplicación de la Función de Activación (Escalón):** La neurona utiliza una función de activación tipo escalón para determinar su salida y:

$$\begin{cases} 1 & \text{si } z \geq \theta \\ 0 & \text{si } z < \theta \end{cases}$$

Donde θ es el umbral, y en este caso, usaremos $\theta=0$ para una función de escalón estándar.

Implementación en Python:

Vamos a implementar esta neurona en Python utilizando los pesos y el sesgo proporcionados:

```
def perceptron_or(x1, x2):

    # Definir los pesos y el sesgo

    w1 = 1.0

    w2 = 1.0

    b = -0.5


    # Calcular la entrada total z

    z = w1 * x1 + w2 * x2 + b


    # Aplicar la función de activación tipo escalón

    if z >= 0:

        return 1

    else:

        return 0
```

```
# Ejemplos de uso:

result1 = perceptron_or(0, 0)   # Salida esperada: 0 (0 OR 0 = 0)

result2 = perceptron_or(0, 1)   # Salida esperada: 1 (0 OR 1 = 1)

result3 = perceptron_or(1, 0)   # Salida esperada: 1 (1 OR 0 = 1)

result4 = perceptron_or(1, 1)   # Salida esperada: 1 (1 OR 1 = 1)

print("0 OR 0 =", result1)

print("0 OR 1 =", result2)

print("1 OR 0 =", result3)

print("1 OR 1 =", result4)
```

En este código, la función **perceptron_or(x1, x2)** implementa la neurona perceptrón para la operación lógica OR con los pesos $w1$=1.0, $w2$=1.0 y el sesgo b=-0.5. Luego, probamos la función con diferentes combinaciones de entradas $x1$ y $x2$ para verificar su funcionamiento.

Este ejemplo muestra cómo implementar una neurona de tipo perceptrón para realizar la operación lógica OR con dos entradas binarias utilizando pesos y un sesgo específicos, junto con una función de activación tipo escalón. La función de activación determina si la salida es 11 (verdadero) o 00 (falso) según la entrada total calculada.

Tabla de Verdad para Operación OR:

Podemos verificar el funcionamiento de esta neurona con la operación OR utilizando una tabla de verdad:

x_1	x_2	Salida (a)
0	0	0
0	1	1
1	0	1
1	1	1

Conclusión:

En resumen, hemos visto cómo implementar la operación lógica OR utilizando una neurona de tipo perceptrón. Al seleccionar cuidadosamente los pesos *w*1, *w*2 y el sesgo *b*, podemos entrenar la neurona para que produzca la salida correcta de acuerdo con la operación OR para todas las combinaciones posibles de entradas *x*1 y *x*2. Este ejemplo ilustra cómo una sola neurona puede aprender a realizar una tarea de clasificación binaria simple como la operación OR.

Operación NOT con Neurona Perceptrón

Implementación de Operación NOT:

La operación lógica NOT toma una sola entrada binaria *x* (que puede ser 00 o 11) y produce una salida *y* que es 11 si la entrada es 00 y 00 si la entrada es 11. En otras palabras, la operación NOT invierte el valor de la entrada.

Para implementar la operación NOT con una neurona perceptrón, seleccionamos un peso *w*=-1.0 y un sesgo *b*=0.5. Estos valores están diseñados de manera que la neurona produzca la salida deseada para la operación NOT.

Tabla de Verdad para Operación NOT:

Podemos verificar el funcionamiento de esta neurona con la operación NOT utilizando una tabla de verdad:

x	Salida (a)
0	1
1	0

Conclusión:

En resumen, hemos visto cómo implementar la operación lógica NOT utilizando una neurona de tipo perceptrón. Al seleccionar cuidadosamente el peso *w* y el sesgo *b*, podemos entrenar la neurona para que produzca la salida correcta de acuerdo con la operación NOT para todas las posibles entradas binarias *x*. Este ejemplo ilustra cómo una sola neurona puede aprender a realizar una tarea de clasificación unaria simple como la operación NOT.

Ejercicio 13: Operación NOT con Neurona Perceptrón:

Implementa una neurona de tipo perceptrón para realizar la operación lógica NOT con una entrada binaria utilizando una función de activación tipo escalón.

Ejercicio:

Implementa una neurona de tipo perceptrón para realizar la operación lógica NOT con una entrada binaria x. Utiliza el siguiente peso y umbral:

- Peso $w=-1.0$
- Umbral $\theta=-0.5$

Calcula la salida a de la neurona para diferentes valores de la entrada x.

Solución:

Para implementar una neurona de tipo perceptrón que realice la operación lógica NOT con una entrada binaria x, utilizando el peso $w=-1.0$ y el umbral $\theta=-0.5$, podemos seguir estos pasos:

Funcionamiento de la Neurona para la Operación NOT:

1. **Cálculo de la Entrada Total (z):** La entrada total z se calcula como la combinación lineal de la entrada ponderada más el sesgo: $z = w \times x$
2. **Aplicación de la Función de Activación (Escalón):** La neurona utiliza una función de activación tipo escalón para determinar su salida a:

$$a = \begin{cases} 1 & \text{si } z \geq \theta \\ 0 & \text{si } z < \theta \end{cases}$$

Implementación en Python:

A continuación, te mostraré cómo implementar esta neurona en Python para la operación lógica NOT:

```
def perceptron_not(x):
    # Definir el peso y el umbral
    w = -1.0
    theta = -0.5
    # Calcular la entrada total z
    z = w * x


    # Aplicar la función de activación tipo escalón
```

```
        if z >= theta:
            return 1
        else:
            return 0

# Ejemplos de uso:
input_values = [0, 1]
for x in input_values:
    result = perceptron_not(x)
    print(f"NOT {x} =", result)
```

En este código, la función **perceptron_not(x)** implementa la neurona perceptrón para la operación lógica NOT con el peso *w*=-1.0 y el umbral *θ*=-0.5. Luego, probamos la función con diferentes valores de entrada *x* (0 y 1) para verificar su funcionamiento.

Este ejemplo muestra cómo implementar una neurona de tipo perceptrón para realizar la operación lógica NOT con una entrada binaria utilizando un peso y un umbral específicos, junto con una función de activación tipo escalón. La función de activación determina si la salida es 11 (verdadero) o 00 (falso) según la entrada total calculada.

Combinaciones Lógicas (XOR):

Neurona Perceptrón y Operaciones Lógicas Básicas:

Una neurona de tipo perceptrón realiza una clasificación lineal, lo que significa que puede aprender a separar dos clases utilizando una línea o hiperplano en un espacio de características. Las operaciones lógicas básicas como AND y OR son linealmente separables, lo que permite implementarlas con una sola neurona. Sin embargo, la operación XOR no es linealmente separable y requiere más de una neurona para ser representada.

Implementación de la Operación XOR:

La operación XOR puede ser implementada utilizando una red neuronal con múltiples capas, como una red neuronal feedforward (perceptrón multicapa). En una red neuronal feedforward, las capas están organizadas en una secuencia lineal: capa de entrada, una o más capas ocultas y una capa de salida.

Arquitectura de una Red Neuronal XOR:

1. **Capa de Entrada**: Toma las dos entradas binarias $x1$ y $x2$.
2. **Capas Ocultas**: Una o más capas ocultas con unidades neuronales (neuronas) que aplican una función de activación

no lineal (como la función sigmoidal o la función ReLU) a la entrada ponderada más el sesgo.

3. **Capa de Salida**: Una única neurona de salida que toma las salidas de las capas ocultas y produce la salida final y.

Implementación de la Red Neuronal para XOR:

1. **Capa de Entrada**: Dos neuronas para las entradas $x1$ y $x2$.
2. **Capa Oculta**: Dos neuronas en una capa oculta, cada una con pesos y sesgos aprendidos durante el entrenamiento.
3. **Capa de Salida**: Una neurona de salida con pesos y sesgo aprendidos.

Funcionamiento de la Red Neuronal XOR:

Durante el entrenamiento, la red neuronal aprende los pesos y sesgos óptimos que permiten aproximar la función XOR. Esto se logra mediante el proceso de retropropagación (backpropagation), donde se ajustan los parámetros de la red para minimizar una función de pérdida que cuantifica el error entre las salidas predichas y las salidas reales.

Tabla de Verdad para Operación XOR:

La tabla de verdad para la operación XOR es la siguiente:

x_1	x_2	y
0	0	0
0	1	1
1	0	1
1	1	0

Conclusión:

En resumen, la operación lógica XOR es un ejemplo que ilustra la necesidad de redes neuronales más complejas para representar relaciones no lineales entre variables. La implementación de la operación XOR requiere una red neuronal con al menos una capa oculta para poder aproximar con precisión esta función lógica. Este ejemplo demuestra la capacidad de las redes neuronales multicapa para aprender y representar funciones más complejas que no son linealmente separables.

Ejercicio 14: Combinaciones Lógicas (XOR):

Explora por qué una neurona de tipo perceptrón no puede resolver la operación lógica XOR (exclusivo OR) y discute la necesidad de capas ocultas.

Solución:

El problema con la operación lógica XOR (exclusivo OR) es que no puede ser resuelto por una única neurona de tipo perceptrón debido a su naturaleza no lineal. El XOR es un problema no linealmente separable, lo que significa que no se puede trazar una línea recta (o hiperplano) para separar las dos clases de datos (0 y 1) de manera efectiva en el espacio de entrada.

Para resolver el XOR y problemas más complejos, es necesaria la introducción de capas ocultas en una red neuronal, lo que permite la creación de representaciones no lineales más sofisticadas de los datos. Aquí te proporcionaré un ejercicio simple que muestra por qué una única neurona de tipo perceptrón no puede resolver el XOR y cómo una red neuronal con capas ocultas puede hacerlo.

Ejercicio: Operación Lógica XOR con Red Neuronal

Considera el siguiente problema de clasificación XOR:

Entrada (x1)	Entrada (x2)	Salida (y)
0	0	0
0	1	1
1	0	1
1	1	0

Solución con Neurona Perceptrón (Una Capa)

Intentemos usar una única neurona de tipo perceptrón para resolver el XOR con los siguientes pesos y umbral:

- **Pesos:** $w1=1.0$, $w2=1.0$
- **Umbral:** $\theta=1.0$

Paso 1: Cálculo de la Salida (y) para cada Entrada

Para una neurona de tipo perceptrón, la salida (y) se calcula como:

$$z = w_1 \times x_1 + w_2 \times x_2$$

$$\begin{cases} 1 & \text{si } z \geq \theta \\ 0 & \text{si } z < \theta \end{cases}$$

Ejemplo de Cálculo:

1. Para $x_1 = 0$ y $x_2 = 0$:
$z = 1.0 \times 0 + 1.0 \times 0 = 0$

$$\begin{cases} 1 & \text{si } 0 \geq 1.0 \\ 0 & \text{si } 0 < 1.0 \end{cases}$$

$y = 0$

2. Para $x_1 = 0$ y $x_2 = 1$:
$z = 1.0 \times 0 + 1.0 \times 1 = 1$

$$\begin{cases} 1 & \text{si } 1 \geq 1.0 \\ 0 & \text{si } 1 < 1.0 \end{cases}$$

$y = 1$

3. Para $x_1 = 1$ y $x_2 = 0$:
$z = 1.0 \times 1 + 1.0 \times 0 = 1$

$$\begin{cases} 1 & \text{si } 1 \geq 1.0 \\ 0 & \text{si } 1 < 1.0 \end{cases}$$

$y = 1$

4. Para $x_1 = 1$ y $x_2 = 1$:
$z = 1.0 \times 1 + 1.0 \times 1 = 2$

$$\begin{cases} 1 & \text{si } 2 \geq 1.0 \\ 0 & \text{si } 2 < 1.0 \end{cases}$$

$y = 1$

Análisis de Resultados

Observa que una única neurona de tipo perceptrón no puede resolver el XOR correctamente debido a que no puede separar las clases de datos de manera lineal. La clasificación requerida para el XOR es no linealmente separable en el espacio de entrada.

Necesidad de Capas Ocultas

Para resolver el XOR y problemas similares, se requieren capas ocultas en una red neuronal (por ejemplo, una red neuronal feedforward con una capa oculta y una función de activación no lineal como la sigmoidal). Las capas ocultas permiten a la red aprender representaciones más complejas y no lineales de los datos, lo que le permite resolver problemas que no son linealmente separables.

Aprendizaje con Descenso de Gradiente:

Concepto Básico del Descenso de Gradiente:

El descenso de gradiente es un algoritmo de optimización utilizado para encontrar los valores óptimos de los parámetros de un modelo que minimizan una función de pérdida. La idea principal es ajustar iterativamente los parámetros en la dirección opuesta al gradiente de la función de pérdida con respecto a esos parámetros.

Proceso del Descenso de Gradiente:

1. **Inicialización de Parámetros**: Comienza con una inicialización aleatoria de los parámetros del modelo (por ejemplo, los pesos y sesgos de una red neuronal).
2. **Cálculo de la Función de Pérdida**: Utiliza los parámetros actuales del modelo para calcular el valor de la función de pérdida, que es una medida del error entre las salidas predichas y las salidas reales en el conjunto de datos de entrenamiento.
3. **Cálculo del Gradiente**: Calcula el gradiente de la función de pérdida con respecto a cada parámetro del modelo. El gradiente indica la dirección y la magnitud del cambio más pronunciado de la función de pérdida en el espacio de parámetros.

4. **Actualización de Parámetros**: Ajusta los parámetros del modelo en la dirección opuesta al gradiente multiplicado por una tasa de aprendizaje (α). Esta actualización se realiza iterativamente para mover los parámetros hacia los valores que minimizan la función de pérdida.

   La fórmula de actualización típica es: $\theta := \theta - \alpha \nabla_\theta J(\theta)$ Donde:
   - θ son los parámetros del modelo (por ejemplo, los pesos y sesgos),
   - α es la tasa de aprendizaje que controla la magnitud de la actualización,
   - $J(\theta)$ es la función de pérdida,
   - $\nabla_\theta J(\theta)$ es el gradiente de la función de pérdida con respecto a los parámetros θ.

5. **Iteración**: Repite los pasos 2 a 4 hasta que se alcance un criterio de detención, como un número fijo de iteraciones o cuando la función de pérdida converja a un valor mínimo.

Tasa de Aprendizaje (α):

La tasa de aprendizaje (α) es un hiperparámetro crítico en el descenso de gradiente que controla qué tan grande son los pasos de actualización de los parámetros en cada iteración. Una tasa de aprendizaje demasiado alta puede llevar a oscilaciones o divergencia, mientras que una tasa de aprendizaje demasiado baja puede hacer que el proceso de optimización sea lento.

Variaciones del Descenso de Gradiente:

Existen diferentes variaciones del descenso de gradiente, como el descenso de gradiente estocástico (SGD), el descenso de gradiente mini batch y métodos más avanzados como el descenso de gradiente con momentum o el algoritmo de Adam, que incorporan técnicas adicionales para mejorar la convergencia y la eficiencia del entrenamiento.

Conclusión:

En resumen, el descenso de gradiente es un algoritmo fundamental en el entrenamiento de modelos de machine learning, incluyendo redes neuronales. Permite ajustar iterativamente los parámetros del modelo en función de la información de error, moviéndolos hacia los valores que minimizan una función de pérdida. Es crucial entender el descenso de gradiente para entrenar efectivamente modelos de aprendizaje automático y optimizar su rendimiento en diferentes tareas.

Aprendizaje con Descenso de Gradiente:

Entiende el concepto básico del descenso de gradiente y cómo se utiliza para entrenar una red neuronal de una capa en una tarea de clasificación.

Ejercicio 15: Entrenamiento de una Red Neuronal con Descenso de Gradiente.

Supongamos que queremos entrenar una red neuronal de una capa para clasificar dos tipos de datos (clase 0 y clase 1) usando el descenso de gradiente para optimizar los pesos.

Paso 1: Definir la Red Neuronal y la Función de Activación

Para este ejercicio, consideremos una red neuronal de una capa con una función de activación sigmoide para la clasificación binaria.

- **Arquitectura de la Red:**
    - Una neurona de entrada (x).
    - Una neurona de salida (y) con función de activación sigmoide.

Paso 2: Inicializar los Pesos y el Sesgo

- **Pesos y Sesgo:**
    - Inicializamos el peso (w) y el sesgo (b) de manera aleatoria o con valores iniciales específicos.

Paso 3: Definir la Función de Pérdida (Loss Function)

Función de Pérdida (Binary Cross-Entropy):

$L(y, \hat{y}) = -[y \log(\hat{y}) + (1-y)\log(1-\hat{y})]$

Donde:
- y es la etiqueta verdadera (0 o 1).
- $\hat{y}$ es la predicción de la red neuronal (salida de la función sigmoide).

Paso 4: Implementar el Descenso de Gradiente

- **Actualización de Pesos y Sesgo:** Utilizamos el descenso de gradiente para minimizar la función de pérdida.
- $w := w - \alpha \partial_w \partial L$
- $b := b - \alpha \partial_b \partial L$
- Donde α es la tasa de aprendizaje.

Paso 5: Iterar sobre los Datos de Entrenamiento

- **Iteración de Entrenamiento:**
    - Para cada ejemplo en el conjunto de entrenamiento:
        1. Calculamos la salida de la red neuronal ($\hat{y}$) usando los pesos actuales.

2. Calculamos la pérdida (L) entre la salida predicha y la etiqueta verdadera.
3. Calculamos las derivadas parciales de la función de pérdida con respecto a los pesos y el sesgo.
4. Actualizamos los pesos y el sesgo utilizando el descenso de gradiente.

- Repetimos este proceso durante varias épocas (iteraciones).

Paso 6: Evaluación del Rendimiento

- **Evaluar el Rendimiento:**
    - Una vez entrenada la red neuronal, evaluamos su rendimiento en un conjunto de datos de prueba para medir su precisión de clasificación.

Este ejercicio proporciona una idea básica de cómo funciona el descenso de gradiente para entrenar una red neuronal de una capa en una tarea de clasificación. La idea principal es ajustar iterativamente los pesos y el sesgo para minimizar la función de pérdida y mejorar el rendimiento de la red en la tarea de clasificación.

Función de Pérdida y Optimización:

Función de Pérdida:

La función de pérdida (loss function) es una medida que cuantifica la discrepancia entre las salidas predichas por un modelo de machine learning y las salidas reales (etiquetas) correspondientes en un conjunto de datos de entrenamiento. El objetivo principal de la función de pérdida es proporcionar una medida objetiva de qué tan bien está realizando el modelo en una tarea específica.

Propósito de la Función de Pérdida:

El propósito de la función de pérdida es guiar el proceso de optimización durante el entrenamiento del modelo. La optimización implica ajustar los parámetros del modelo para minimizar la función de pérdida, lo que lleva a un modelo que generaliza bien a nuevos datos (es decir, que puede hacer predicciones precisas sobre datos no vistos).

Características de una Buena Función de Pérdida:

- **Diferenciable**: La función de pérdida debe ser diferenciable con respecto a los parámetros del modelo, lo que permite utilizar métodos de optimización basados en el gradiente, como el descenso de gradiente.

- **Interpretación Clara**: La función de pérdida debe reflejar el objetivo específico de la tarea de aprendizaje automático (por ejemplo, minimizar el error en la clasificación, minimizar la diferencia en la regresión).
- **Adecuada para la Tarea**: La función de pérdida debe ser adecuada para la tarea específica que se está abordando. Por ejemplo, para la clasificación binaria, la pérdida cruzada binaria (binary cross-entropy) es comúnmente utilizada, mientras que para la regresión se puede utilizar el error cuadrático medio (mean squared error).

Ejemplos de Funciones de Pérdida Comunes:

1. **Pérdida Cruzada Binaria (Binary Cross-Entropy)**: Utilizada para problemas de clasificación binaria: $L(y,\hat{y}) = -(y\log(\hat{y}) + (1-y)\log(1-\hat{y}))$ Donde:
    - y es la etiqueta verdadera (0 o 1),
    - $\hat{y}$ es la probabilidad predicha por el modelo.
2. **Error Cuadrático Medio (Mean Squared Error)**: Utilizada para problemas de regresión: $L(y,\hat{y}) = \frac{1}{n}\sum_{i=1}^{n}(y_i - \hat{y}_i)^2$
3. Donde:
    - y_i son los valores reales,
    - $\hat{y}_i$ son los valores predichos por el modelo.

Optimización con Funciones de Pérdida:

La optimización implica ajustar los parámetros del modelo para minimizar la función de pérdida utilizando métodos como el descenso de gradiente. Durante el proceso de entrenamiento, los parámetros del modelo se actualizan iterativamente en la dirección que reduce la función de pérdida, lo que lleva a un modelo que se ajusta mejor a los datos de entrenamiento y generaliza bien a datos no vistos.

Conclusión:

La función de pérdida es esencial en el entrenamiento de modelos de machine learning, incluyendo redes neuronales. Proporciona una medida cuantitativa de qué tan bien está realizando el modelo en una tarea específica y guía el proceso de optimización para ajustar los parámetros del modelo. Seleccionar la función de pérdida adecuada es crucial para el éxito del modelo en diferentes tareas de aprendizaje automático.

Ejercicio de Función de Pérdida y Optimización:

Utiliza una función de pérdida (como la entropía cruzada) y un algoritmo de optimización (por ejemplo, SGD) para entrenar una red neuronal en un problema simple.

Ejercicio: Función de Pérdida y Optimización

Supongamos que estamos desarrollando un modelo de regresión lineal para predecir el precio de las casas en función de sus características. Utilizaremos el error cuadrático medio (MSE) como nuestra función de pérdida y el descenso de gradiente como nuestro algoritmo de optimización para ajustar los parámetros del modelo.

Datos de Ejemplo:

- Tenemos un conjunto de datos de entrenamiento que contiene el precio real de las casas y sus características (número de habitaciones, tamaño del lote, ubicación, etc.).
- Queremos ajustar un modelo lineal simple de la forma $\hat{y} = w \cdot x + b$, donde $\hat{y}$ es la predicción del precio, w es el peso (coeficiente) y b es el sesgo (intercepto).

Pasos del Ejercicio:

1. **Inicialización de Parámetros:**
    - Inicializa los parámetros del modelo (peso w y sesgo b) con valores aleatorios o cero.

2. **Forward Propagation:**
   - Utiliza el modelo lineal para hacer predicciones sobre los datos de entrenamiento: $\hat{y}=w\cdot x+b$.

3. **Cálculo de la Función de Pérdida (MSE):**
   - Calcula la función de pérdida utilizando el error cuadrático medio (MSE):
   - $MSE = \frac{1}{N}\sum_{i=1}^{N}(y_i - \hat{y}_i)^2$ Donde N es el número de ejemplos de entrenamiento, y_i es el precio real de la casa i-ésima y $\hat{y}_i$ es la predicción del modelo para la casa i-ésima.

4. **Backpropagation y Actualización de Parámetros:**
   - Utiliza el descenso de gradiente para ajustar los parámetros del modelo y minimizar la función de pérdida: $w \leftarrow w - \alpha \frac{\partial MSE}{\partial w}$ $b \leftarrow b - \alpha \frac{\partial MSE}{\partial b}$ Donde α es la tasa de aprendizaje y $\frac{\partial MSE}{\partial w}$, $\frac{\partial MSE}{\partial b}$ son las derivadas parciales de la función de pérdida con respecto a w y b, respectivamente.

5. **Iteración:**
   - Repite los pasos 2-4 durante varias épocas (iteraciones) hasta que la función de pérdida converja o alcance un valor aceptable.

Objetivo del Ejercicio:

- Ajustar los parámetros w y b del modelo de regresión lineal para minimizar la función de pérdida (MSE) utilizando el descenso de gradiente.

- Entender el proceso de optimización y cómo se utilizan las funciones de pérdida en el entrenamiento de modelos de aprendizaje automático.

Este ejercicio proporciona una base práctica para comprender cómo se utiliza la función de pérdida en el contexto del aprendizaje automático y cómo se optimizan los parámetros del modelo para mejorar las predicciones.

Clasificación Binaria con Perceptrón

Concepto de Clasificación Binaria:

La clasificación binaria es una tarea de aprendizaje supervisado en la que se asigna una de dos etiquetas posibles a cada instancia de entrada. Por ejemplo, en un problema de detección de spam en correos electrónicos, la tarea de clasificación binaria implica predecir si un correo electrónico es spam (etiqueta positiva) o no es spam (etiqueta negativa) en función de sus características (como el contenido del correo electrónico, el remitente, etc.).

Estructura del Perceptrón para Clasificación Binaria:

Un perceptrón utilizado para la clasificación binaria consta de los siguientes componentes:

1. **Entradas ($x_1, x_2, ..., x_n$)**: Son las características de entrada de la instancia que se desea clasificar.
2. **Pesos ($w_1, w_2, ..., w_n$)**: Son parámetros ajustables que ponderan la importancia de cada característica de entrada.
3. **Suma Ponderada (z)**: Es la combinación lineal de las entradas y los pesos, incluido un sesgo (b) $z=\sum_{i=1}^{n} w_i x_i + b$
4. **Función de Activación (Step Function)**: En el contexto de la clasificación binaria con un perceptrón, se utiliza una función de activación tipo escalón (step function) para convertir la suma ponderada (z) en una etiqueta de clase.

Proceso de Entrenamiento:

Durante el entrenamiento del perceptrón para clasificación binaria, los pesos (*w*) y el sesgo (*b*) se ajustan utilizando un algoritmo de aprendizaje supervisado, como el descenso de gradiente, para minimizar una función de pérdida específica, como la pérdida cruzada binaria (binary cross-entropy).

El objetivo es encontrar los valores óptimos de los pesos y el sesgo que permitan al perceptrón hacer predicciones precisas sobre nuevas instancias de entrada, minimizando así la discrepancia entre las predicciones del modelo y las etiquetas reales en el conjunto de datos de entrenamiento.

Ejemplo de Aplicación:

Un ejemplo típico de clasificación binaria con un perceptrón sería predecir si un tumor es maligno (1) o benigno (0) en función de sus características, como tamaño, forma, etc. El perceptrón aprendería a asignar una etiqueta (maligno o benigno) a cada instancia de entrada en función de estas características.

Conclusión:

En resumen, la clasificación binaria con un perceptrón implica entrenar un modelo para realizar una tarea de clasificación entre dos clases distintas utilizando características de entrada ponderadas. Es un concepto fundamental en el campo del aprendizaje automático y sienta las bases para modelos más complejos, como las redes neuronales multicapa, utilizadas para problemas de clasificación más desafiantes.

Ejercicios de Clasificación Binaria con Perceptrón:

Implementa un perceptrón para realizar la clasificación binaria (por ejemplo, clasificación de imágenes en blanco y negro).

Ejercicio:

Implementación de un Perceptrón para Clasificación Binaria

Supongamos que queremos clasificar imágenes en blanco y negro en dos categorías: "0" y "1". Cada imagen es representada por un vector de características (píxeles) y una etiqueta de clase (0 o 1).

Pasos de la Implementación:

1. **Inicialización de Pesos y Sesgo:**
   - Inicializamos los pesos (*w*) de manera aleatoria o con valores iniciales específicos.
   - Inicializamos el sesgo (*b*) con un valor inicial.

2. **Función de Activación (Step Function):**
   - Definimos una función de activación escalón que determinará la salida de la neurona:

   $$\begin{cases} 1 & \text{si } z \geq 0 \\ 0 & \text{si } z < 0 \end{cases}$$

   donde $z = \sum_{i=1}^{n} w_i x_i + b$ es la entrada total a la neurona.

3. **Entrenamiento del Perceptrón:**
   - Iteramos sobre el conjunto de entrenamiento:
     - Para cada imagen *x* con su etiqueta de clase *y*:
       - Calculamos la entrada total
       - *z=∑i=1nwixi+b*.
       - Aplicamos la función de activación *y^* =*f(z)*.
       - Calculamos el error entre la salida predicha *y^* y la etiqueta verdadera *y*.
       - Actualizamos los pesos (*w*) y el sesgo (*b*) utilizando el descenso de gradiente para minimizar el error.

4. **Predicción de Nuevas Imágenes:**

- Una vez que el perceptrón ha sido entrenado, podemos usarlo para predecir la clase de nuevas imágenes:
    - Dada una nueva imagen x:
        - Calculamos la entrada total $z=\sum_{i=1}^{n} w_i x_i + b$.
        - Aplicamos la función de activación $\hat{y}=f(z)$ para obtener la predicción.

Ejemplo de Implementación en Python:

A continuación, te muestro un ejemplo simple de implementación de un perceptrón en Python para la clasificación binaria:

```python
import numpy as np

class Perceptron:
    def __init__(self, num_features):
        self.weights = np.random.rand(num_features)
        self.bias = np.random.rand()

    def activation_function(self, z):
        return 1 if z >= 0 else 0

    def predict(self, x):
        z = np.dot(self.weights, x) + self.bias
```

```
        return self.activation_function(z)


    def train(self, X_train, y_train, learning_rate=0.1, 
epochs=100):

        for epoch in range(epochs):

            for x, y in zip(X_train, y_train):

                prediction = self.predict(x)

                error = y - prediction

                self.weights += learning_rate * error * x

                self.bias += learning_rate * error
```

En este ejemplo, **num_features** representa el número de características (píxeles) en cada imagen de entrada. **X_train** es una matriz de características de entrenamiento, y **y_train** es una lista de etiquetas de clase correspondientes. La función **train** se utiliza para entrenar el perceptrón ajustando los pesos y el sesgo mediante el descenso de gradiente.

Este ejemplo ilustra cómo implementar un perceptrón básico para realizar la clasificación binaria. Para problemas más complejos y datos de entrada de mayor dimensionalidad, se recomienda utilizar redes neuronales más avanzadas con capas ocultas.

Recomendaciones Generales

- Realiza cada ejercicio paso a paso, asegurándote de comprender completamente cada concepto antes de pasar al siguiente.
- Experimenta con diferentes configuraciones y parámetros para entender cómo afectan al comportamiento de las redes neuronales.
- Utiliza herramientas como papel y lápiz para realizar cálculos manuales y comprobar tus resultados.
- A medida que avanzas en la serie de ejercicios, podrás profundizar en conceptos más avanzados y aplicaciones prácticas de redes neuronales.

Capítulo 8: Futuro de las Redes Neuronales

Tendencias emergentes en el campo de las redes neuronales, como redes neuronales generativas (GANs) y redes neuronales cuánticas.

En el campo de las redes neuronales y el aprendizaje profundo, existen varias tendencias emergentes que están impulsando nuevas áreas de investigación y aplicaciones innovadoras. Dos de las tendencias más destacadas son las Redes Neuronales Generativas (GANs, Generative Adversarial Networks) y las Redes Neuronales Cuánticas. A continuación, exploraremos cada una de estas tendencias:

Redes Neuronales Generativas (GANs)

Las Redes Neuronales Generativas (GANs) son un tipo especializado de arquitecturas de redes neuronales diseñadas para generar datos sintéticos realistas, como imágenes, audio o texto, que son indistinguibles de los datos reales. Las GANs consisten en dos redes neuronales enfrentadas entre sí: el generador y el discriminador, que compiten en un proceso de aprendizaje adversarial. Algunos aspectos clave de las GANs incluyen:

- **Generador**: La red generadora aprende a crear datos sintéticos que son lo más similares posible a los datos reales. Su objetivo es engañar al discriminador para que clasifique los datos generados como reales.

- **Discriminador**: La red discriminadora aprende a distinguir entre datos reales y datos generados por el generador. Su objetivo es identificar y clasificar correctamente los datos como reales o sintéticos.

Aplicaciones de las GANs:

- **Síntesis de Imágenes y Vídeo**: Las GANs se utilizan para generar imágenes y vídeos realistas, como la creación de caras de personas que no existen o la animación de personajes.
- **Mejora y Restauración de Imágenes**: Las GANs pueden utilizarse para mejorar la calidad de las imágenes, corregir imperfecciones y restaurar detalles perdidos en imágenes dañadas.
- **Creación de Contenido Creativo**: Las GANs pueden generar arte, música y texto de forma creativa, permitiendo la creación de contenido único y original.

Redes Neuronales Cuánticas

Las Redes Neuronales Cuánticas son un área emergente que explora la intersección entre el aprendizaje profundo y la computación cuántica. Estas redes neuronales utilizan principios de la mecánica cuántica para realizar cálculos y operaciones de manera más eficiente y poderosa que las computadoras clásicas. Algunos aspectos clave de las Redes Neuronales Cuánticas incluyen:

- **Qubits y Superposición**: Las Redes Neuronales Cuánticas utilizan qubits (bits cuánticos) en lugar de bits clásicos, permitiendo la superposición de estados y el procesamiento paralelo de información.
- **Entrelazamiento Cuántico**: Las Redes Neuronales Cuánticas pueden aprovechar el entrelazamiento cuántico para realizar operaciones altamente correlacionadas y complejas.

Aplicaciones de las Redes Neuronales Cuánticas:

- **Optimización y Búsqueda**: Las Redes Neuronales Cuánticas pueden utilizarse para resolver problemas de optimización y búsqueda de manera más eficiente, como en el diseño de fármacos o la planificación logística.
- **Modelado de Sistemas Cuánticos**: Las Redes Neuronales Cuánticas pueden modelar sistemas físicos cuánticos de manera precisa y eficiente, facilitando la simulación y comprensión de fenómenos cuánticos.
- **Aprendizaje Profundo Cuántico**: La combinación de aprendizaje profundo y computación cuántica promete abrir

nuevas posibilidades en el procesamiento de información y el análisis de datos.

Tendencias y Futuro

Ambas tendencias, las Redes Neuronales Generativas y las Redes Neuronales Cuánticas, representan áreas de investigación activa y prometen impulsar avances significativos en inteligencia artificial y computación. Las GANs están revolucionando la generación de contenido creativo y la simulación de datos sintéticos realistas, mientras que las Redes Neuronales Cuánticas están abriendo nuevas fronteras en el procesamiento de información y la resolución de problemas complejos. El futuro de las redes neuronales continuará evolucionando con la convergencia de múltiples disciplinas, incluyendo la computación cuántica, la biología computacional y la robótica, impulsando así la próxima era de la inteligencia artificial.

Desafíos y oportunidades futuras en la investigación de redes neuronales.

La investigación en redes neuronales ha avanzado significativamente en las últimas décadas, pero aún enfrenta varios desafíos y presenta oportunidades emocionantes para el futuro. Estos desafíos y oportunidades están impulsando el desarrollo de nuevas técnicas, arquitecturas y aplicaciones en el campo del aprendizaje profundo. A continuación, exploraremos algunos de los desafíos y oportunidades futuras en la investigación de redes neuronales:

Desafíos en la Investigación de Redes Neuronales

Interpretabilidad y Transparencia:

- Las redes neuronales profundas suelen considerarse como "cajas negras" debido a su complejidad y falta de interpretabilidad. El desafío radica en desarrollar métodos efectivos para comprender cómo y por qué las redes toman decisiones.

Generalización y Robustez:

- Las redes neuronales pueden ser propensas a sobreajustar (overfitting) los datos de entrenamiento, lo que limita su capacidad para generalizar a nuevos datos o escenarios. Mejorar la robustez y la generalización es clave para aplicaciones del mundo real.

Eficiencia Computacional:

- Las arquitecturas de redes neuronales profundas suelen ser computacionalmente intensivas y requieren grandes cantidades de datos y potencia de cálculo. Optimizar la eficiencia computacional es esencial para el despliegue práctico en dispositivos móviles y sistemas embebidos.

Aprendizaje con Datos Limitados:

- El aprendizaje profundo requiere grandes cantidades de datos etiquetados para alcanzar un rendimiento óptimo. Desarrollar técnicas de aprendizaje con datos limitados (few-shot learning) y transferencia de conocimientos es crucial.

Ética y Sesgos en los Datos:

- Las redes neuronales pueden reflejar y amplificar los sesgos presentes en los datos de entrenamiento. Abordar la ética y los sesgos en el aprendizaje automático es fundamental para garantizar aplicaciones justas y equitativas.

Oportunidades Futuras en la Investigación de Redes Neuronales

Aprendizaje Multimodal:

- Integrar múltiples modalidades de datos (como imágenes, texto y audio) en un solo modelo para abordar tareas complejas de manera más holística.

Aprendizaje No Supervisado y Autónomo:

- Avanzar en técnicas de aprendizaje no supervisado y autónomo para descubrir patrones subyacentes en datos sin etiquetar y facilitar la creación de sistemas de IA más adaptables y autónomos.

Redes Neuronales Híbridas:

- Investigar arquitecturas híbridas que combinen redes neuronales con otros enfoques de aprendizaje automático, como métodos simbólicos o probabilísticos.

Privacidad y Seguridad:

- Desarrollar técnicas para preservar la privacidad y la seguridad de los datos en modelos de redes neuronales, especialmente en entornos sensibles como la salud y la seguridad.

Computación Cuántica y Neuromórfica:

- Explorar las sinergias entre redes neuronales y nuevas tecnologías como la computación cuántica y neuromórfica para mejorar el rendimiento y la eficiencia de los modelos.

Colaboración Interdisciplinaria

Para abordar estos desafíos y aprovechar estas oportunidades, la investigación en redes neuronales se está volviendo cada vez más interdisciplinaria, combinando conocimientos de neurociencia, matemáticas, ciencias de la computación, ética y otras disciplinas. La colaboración entre investigadores, instituciones académicas, la industria y la sociedad en su conjunto será fundamental para impulsar el campo hacia adelante y hacer realidad el potencial transformador de las redes neuronales en nuestras vidas.

Fundamentos de Redes Neuronales 2

Ejercicios y Aplicaciones

Introducción

En un mundo donde los datos son el nuevo oro y la inteligencia artificial (IA) está revolucionando industrias enteras, el conocimiento de las redes neuronales se ha convertido en una habilidad esencial para cualquier profesional en tecnología. Este libro, "Fundamentos de Redes Neuronales 2", está diseñado para ayudarte a sumergirte en el fascinante campo de las redes neuronales, proporcionando una guía práctica y accesible para principiantes.

¿Qué son las Redes Neuronales?

Las redes neuronales son modelos computacionales inspirados en la estructura y funcionamiento del cerebro humano. Estas redes son capaces de aprender a partir de datos, identificar patrones complejos y realizar tareas como clasificación, regresión y reconocimiento de patrones con un nivel de precisión impresionante. Desde la recomendación de productos en plataformas de comercio electrónico hasta la detección de enfermedades en imágenes médicas, las aplicaciones de las redes neuronales son vastas y variadas.

Este libro está estructurado en torno a ejercicios prácticos que te guiarán desde los conceptos básicos hasta aplicaciones más complejas de las redes neuronales. Cada capítulo presenta ejercicios resueltos y ampliamente explicados, permitiéndote no solo aprender la teoría detrás de cada concepto, sino también aplicarla de manera práctica.

Fundamentos Teóricos: Comprenderás los principios básicos de las redes neuronales, incluyendo su arquitectura, los algoritmos de entrenamiento y las funciones de activación.

Implementación Práctica: A través de ejercicios resueltos, aprenderás a implementar redes neuronales utilizando bibliotecas populares como TensorFlow y Keras.

Aplicaciones Reales: Exploraremos aplicaciones prácticas de las redes neuronales en diversos campos como la visión por computadora, el procesamiento del lenguaje natural y la predicción de series temporales.

Optimización y Evaluación: Descubrirás técnicas para optimizar y evaluar el rendimiento de tus modelos, asegurando que puedan generalizar bien a nuevos datos.

Este libro está dirigido a estudiantes, profesionales y entusiastas de la IA que tienen un conocimiento básico de programación y matemáticas. No es necesario tener experiencia previa en redes neuronales, ya que cada concepto se introduce de manera gradual y se refuerza con ejemplos prácticos.

Nuestro Enfoque

Hemos adoptado un enfoque basado en ejercicios porque creemos que la mejor manera de aprender es haciendo. Cada capítulo te desafiará con problemas prácticos que te ayudarán a consolidar tu comprensión y a desarrollar tus habilidades en la implementación de redes neuronales.

Estamos emocionados de acompañarte en este viaje de aprendizaje. Al final de este libro, no solo tendrás una comprensión sólida de los fundamentos de las redes neuronales, sino que también estarás equipado con las habilidades necesarias para aplicar este conocimiento a problemas reales. Prepárate para descubrir el poder de las redes neuronales y cómo pueden transformar datos en decisiones inteligentes.

Índice

Introducción 175
    ¿Qué son las Redes Neuronales? 175
    Nuestro Enfoque 176
    Índice 178
Ejercicio 1. Convertir imágenes 2D en un vector 1D. 181
Ejercicio 2. Conjunto de Datos de iris en Sklearn. 185
Ejercicio 3. Estudio de cáncer de mama Sklearn 192
Ejercicio 4. Dígitos escritos a mano. 197
Ejercicio 5. Clasificación de Conjunto de datos MNIST. 200
Ejercicio 6. Imágenes Artículos de Ropa. 202
Ejercicio 7. Clasificación Binaria. 204
Ejercicio 8. Clasificación Binaria 207
Ejercicio 9. Clasificación Multicategoría. 210
Ejercicio 10. Datos cargados y preprocesados. 213
Ejercicio 11. Clasificación Binaria 215
Ejercicio 12. Clasificación binaria de cáncer de mama. 218
Ejercicio 13. Clasificación multicategoría. 223
Ejercicio 14. Problema de regresión, precio de viviendas. 228
Ejercicio 15. Clasificación Binaria, cáncer de mama. 232
Ejercicio 16. Aproximación de una función. 236
Ejercicio 17. Predicción de propiedades moleculares. 241
Ejercicio 18. Aproximación de una función matemática. 247
Ejercicio 19. Clasificación de Objetos astronómicos. 252
Ejercicio 20. Predicción de series temporales financieras. 258

Ejercicio 21. Clasificación de textos históricos. 265

Ejercicio 22. Predicción una variable numérica...271

Ejercicio 23. Predicción de la Calidad de piezas automotrices...................278

Ejercicio 24. Clasificación de sentimientos..284

Ejercicio 25. Clasificación de imágenes médicas..291

Ejercicio 26. Clasificación de vehículos militares.......................................298

Ejercicio 27. Predicción de fallas en circuitos electrónicos. 305

Ejercicio 28. Pronóstico del Clima 311

Ejercicio 29. Pronóstico de Ventas. 321

Ejercicio 30. Clasificación de textos...330

Ejercicio 31. Diagnóstico Médico, cáncer de mama 335

Ejercicio 32. Segmentación de imágenes 342

Ejercicio 33. Reconocimiento de dígitos manuscritos (MNIST)..................348

Ejercicio 34 . Reconocimiento de Dígitos Manuscritos con MNIST usando CNN 355

Ejercicio 35. Reconocimiento de Dígitos Manuscritos con CNN y Regularización 360

Ejercicio 36. Dígitos manuscritos de datos MNIST. 365

Ejercicio 37. Dígitos manuscritos con Augmentation. 373

Reconocimiento de Dígitos Manuscritos con CNN y Data Augmentation.....373

Ejercicio 38. Dígitos manuscritos con transfer learning. 382

Ejercicio 39. Dígitos manuscritos con transfer learning. 390

Ejercicio 40. Dígitos manuscritos con early stopping. 398

Ejercicio 41. Dígitos manuscritos con transfer learning. 408

Ejercicio 42: Reconocimiento de Dígitos Manuscritos con CNN, Data Augmentation, Batch Normalization y RMSprop 417

Ejercicio 43: Reconocimiento de Dígitos Manuscritos con CNN y Optimización de Hiperparámetros usando Keras Tuner...426

Ejercicio 44. Dígitos manuscritos con DNN. 438

Ejercicio 45: Clasificación de Imágenes con Transfer Learning usando ResNet50 y CIFAR-10 446

Ejercicio 46: Clasificación de Imágenes con Transfer Learning usando MobileNetV2 y CIFAR-10 456

Ejercicio 47: Clasificación de Imágenes con Transfer Learning usando InceptionV3 y CIFAR-10 462

Ejercicio 48: Clasificación de Imágenes con Transfer Learning usando EfficientNetB0 y CIFAR-10 469

Ejercicio 1. Convertir imágenes 2D en un vector 1D.

Paso 1: Instalación de dependencias

Primero, asegúrate de tener instaladas las bibliotecas necesarias. Puedes instalarlas usando pip:

```
pip install tensorflow keras numpy matplotlib
```

Paso 2: Importar las bibliotecas necesarias

```
import tensorflow as tf
from tensorflow import keras
import numpy as np
import matplotlib.pyplot as plt
```

Paso 3: Cargar y preprocesar el conjunto de datos MNIST

```
# Cargar el conjunto de datos MNIST
mnist = keras.datasets.mnist
(x_train, y_train), (x_test, y_test) = mnist.load_data()

# Normalizar los datos (escala de 0 a 1)
x_train = x_train / 255.0
x_test = x_test / 255.0
```

Paso 4: Construir el modelo de la red neuronal

```
# Definir el modelo
```

```python
model = keras.Sequential([
    keras.layers.Flatten(input_shape=(28, 28)),  # Convertir imágenes 2D en un vector 1D
    keras.layers.Dense(128, activation='relu'),  # Capa oculta con 128 neuronas y función de activación ReLU
    keras.layers.Dense(10, activation='softmax')  # Capa de salida con 10 neuronas (para 10 clases) y función de activación softmax
])
```

Paso 5: Compilar el modelo

```python
model.compile(optimizer='adam',
              loss='sparse_categorical_crossentropy',
              metrics=['accuracy'])
```

Paso 6: Entrenar el modelo

```python
model.fit(x_train, y_train, epochs=5)
```

Paso 7: Evaluar el modelo

```python
test_loss, test_acc = model.evaluate(x_test, y_test, verbose=2)
print(f'\nPrecisión en el conjunto de prueba: {test_acc}')
```

Paso 8: Hacer predicciones

```python
predictions = model.predict(x_test)

# Mostrar la primera predicción
```

```
print(np.argmax(predictions[0]))    # Imprimir la clase
predicha para la primera imagen de prueba

# Visualizar la primera imagen de prueba
plt.imshow(x_test[0], cmap=plt.cm.binary)
plt.show()
```

Resultado:

```
Epoch 1/5
1875/1875 ———————————————— 2s 672us/step -
accuracy: 0.8781 - loss: 0.4310
Epoch 2/5
1875/1875 ———————————————— 2s 826us/step -
accuracy: 0.9626 - loss: 0.1225
Epoch 3/5
1875/1875 ———————————————— 6s 3ms/step -
accuracy: 0.9752 - loss: 0.0805
Epoch 4/5
1875/1875 ———————————————— 1s 638us/step -
accuracy: 0.9834 - loss: 0.0567
Epoch 5/5
1875/1875 ———————————————— 1s 636us/step -
accuracy: 0.9871 - loss: 0.0436
313/313 - 0s - 576us/step - accuracy: 0.9765 - loss: 0.0776

Precisión en el conjunto de prueba: 0.9764999747276306
313/313 ———————————————— 0s 458us/step
7
```

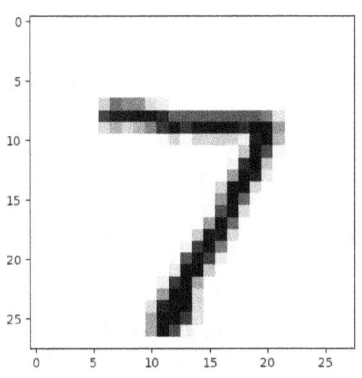

Explicación del Código

1. **Importación de bibliotecas**: Importamos TensorFlow, Keras, NumPy y Matplotlib.
2. **Carga y preprocesamiento de datos**: Cargamos el conjunto de datos MNIST y normalizamos las imágenes dividiendo por 255.
3. **Definición del modelo**: Creamos un modelo secuencial con una capa de entrada que aplana las imágenes 2D a 1D, una capa oculta densa con 128 neuronas y ReLU, y una capa de salida con 10 neuronas y softmax.
4. **Compilación del modelo**: Compilamos el modelo con el optimizador Adam, la función de pérdida de entropía cruzada categórica y la métrica de precisión.
5. **Entrenamiento del modelo**: Entrenamos el modelo con los datos de entrenamiento durante 5 épocas.
6. **Evaluación del modelo**: Evaluamos el modelo con los datos de prueba y mostramos la precisión.
7. **Predicción y visualización**: Hacemos predicciones sobre los datos de prueba y mostramos la primera predicción y la imagen correspondiente.

Este ejercicio te proporciona una introducción práctica a las redes neuronales utilizando Keras y TensorFlow.

Ejercicio 2. Conjunto de Datos de iris en Sklearn.

Aquí tienes otro ejercicio básico de redes neuronales, pero esta vez trabajaremos con un conjunto de datos diferente: el conjunto de datos de iris de la biblioteca sklearn. Este conjunto de datos es ampliamente utilizado para problemas de clasificación.

Paso 1: Instalación de dependencias

Si aún no tienes las bibliotecas necesarias, instálalas usando pip:

```
pip install tensorflow keras numpy matplotlib scikit-learn
```

Paso 2: Importar las bibliotecas necesarias

```
import tensorflow as tf
from tensorflow import keras
from sklearn.datasets import load_iris
from sklearn.model_selection import train_test_split
from sklearn.preprocessing import StandardScaler
import numpy as np
import matplotlib.pyplot as plt
```

Paso 3: Cargar y preprocesar el conjunto de datos Iris

```
# Cargar el conjunto de datos Iris
```

```
iris = load_iris()
x = iris.data
y = iris.target


# Dividir el conjunto de datos en entrenamiento y prueba
x_train, x_test, y_train, y_test = train_test_split(x, y,
test_size=0.2, random_state=42)

# Estandarizar las características (opcional pero
recomendado)
scaler = StandardScaler()
x_train = scaler.fit_transform(x_train)
x_test = scaler.transform(x_test)
```

Paso 4: Construir el modelo de la red neuronal

```
# Definir el modelo
model = keras.Sequential([
    keras.layers.Dense(10, activation='relu',
input_shape=(4,)),  # Capa oculta con 10 neuronas y
función de activación ReLU
    keras.layers.Dense(10, activation='relu'),  # Otra
capa oculta con 10 neuronas y ReLU
    keras.layers.Dense(3, activation='softmax')  # Capa
de salida con 3 neuronas (para 3 clases) y función de
activación softmax
])
```

Paso 5: Compilar el modelo

```
model.compile(optimizer='adam',
```

```
            loss='sparse_categorical_crossentropy',
            metrics=['accuracy'])
```

Paso 6: Entrenar el modelo

```
history = model.fit(x_train, y_train, epochs=50,
validation_split=0.2)
```

Paso 7: Evaluar el modelo

```
test_loss, test_acc = model.evaluate(x_test, y_test,
verbose=2)
print(f'\nPrecisión en el conjunto de prueba:
{test_acc}')
```

Paso 8: Hacer predicciones y visualizar los resultados

```
# Hacer predicciones
predictions = model.predict(x_test)

# Mostrar la primera predicción
print(np.argmax(predictions[0]))  # Imprimir la clase
predicha para la primera instancia de prueba

# Mostrar la clase real de la primera instancia de prueba
print(y_test[0])

# Graficar la precisión y la pérdida durante el
entrenamiento
plt.figure(figsize=(12, 4))
```

```python
plt.subplot(1, 2, 1)
plt.plot(history.history['accuracy'], label='Precisión de entrenamiento')
plt.plot(history.history['val_accuracy'], label='Precisión de validación')
plt.legend()
plt.title('Precisión')

plt.subplot(1, 2, 2)
plt.plot(history.history['loss'], label='Pérdida de entrenamiento')
plt.plot(history.history['val_loss'], label='Pérdida de validación')
plt.legend()
plt.title('Pérdida')

plt.show()
```

Resultado:

```
Epoch 40/50
3/3 ──────────────────── 0s 10ms/step - accuracy: 0.8203 - loss: 0.6123 - val_accuracy: 0.9583 - val_loss: 0.6915
Epoch 41/50
3/3 ──────────────────── 0s 10ms/step - accuracy: 0.8516 - loss: 0.5880 - val_accuracy: 0.9583 - val_loss: 0.6846
Epoch 42/50
3/3 ──────────────────── 0s 10ms/step - accuracy: 0.8398 - loss: 0.5596 - val_accuracy: 0.9583 - val_loss: 0.6776
Epoch 43/50
3/3 ──────────────────── 0s 10ms/step - accuracy: 0.8372 - loss: 0.5512 - val_accuracy: 0.9583 - val_loss: 0.6710
Epoch 44/50
3/3 ──────────────────── 0s 10ms/step - accuracy: 0.8581 - loss: 0.5588 - val_accuracy: 0.9583 - val_loss: 0.6643
Epoch 45/50
```

```
3/3 ──────────────── 0s 10ms/step - accuracy: 0.8307 -
loss: 0.5772 - val_accuracy: 0.9583 - val_loss: 0.6578
Epoch 46/50
3/3 ──────────────── 0s 10ms/step - accuracy: 0.7865 -
loss: 0.5866 - val_accuracy: 0.9583 - val_loss: 0.6514
Epoch 47/50
3/3 ──────────────── 0s 9ms/step - accuracy: 0.8424 -
loss: 0.5454 - val_accuracy: 0.9583 - val_loss: 0.6450
Epoch 48/50

3/3 ──────────────── 0s 10ms/step - accuracy: 0.8255 -
loss: 0.5306 - val_accuracy: 0.9167 - val_loss: 0.6385
Epoch 49/50
3/3 ──────────────── 0s 10ms/step - accuracy: 0.8307 -
loss: 0.5576 - val_accuracy: 0.9167 - val_loss: 0.6322
Epoch 50/50
3/3 ──────────────── 0s 10ms/step - accuracy: 0.8424 -
loss: 0.5500 - val_accuracy: 0.9167 - val_loss: 0.6258
1/1 - 0s - 14ms/step - accuracy: 0.9000 - loss: 0.5358

Precisión en el conjunto de prueba: 0.8999999761581421
1/1 ──────────────── 0s 30ms/step
```

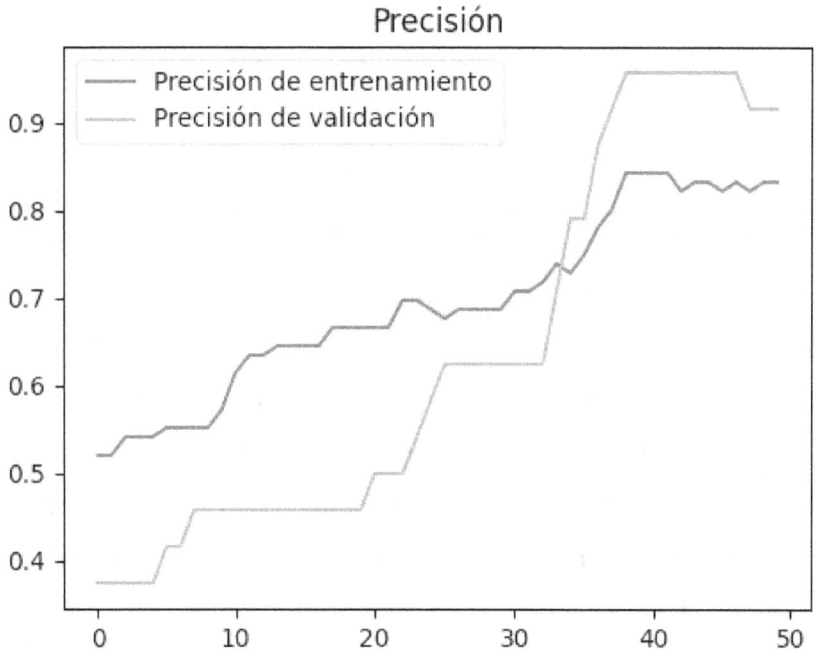

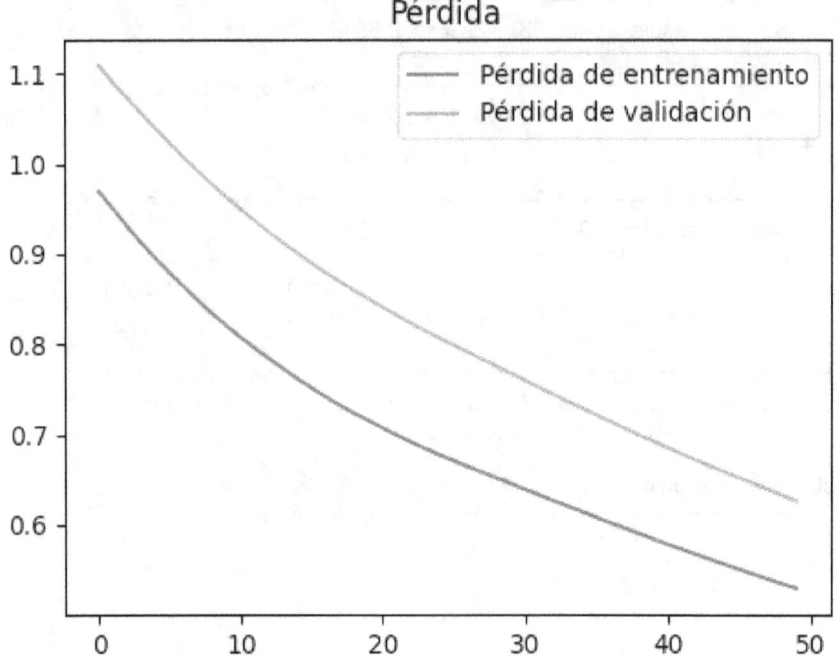

Explicación del Código

1. **Importación de bibliotecas**: Importamos TensorFlow, Keras, sklearn, NumPy y Matplotlib.
2. **Carga y preprocesamiento de datos**: Cargamos el conjunto de datos Iris, lo dividimos en conjuntos de entrenamiento y prueba, y estandarizamos las características.
3. **Definición del modelo**: Creamos un modelo secuencial con dos capas ocultas densas (10 neuronas cada una) y una capa de salida con 3 neuronas (una para cada clase).

4. **Compilación del modelo**: Compilamos el modelo con el optimizador Adam, la función de pérdida de entropía cruzada categórica y la métrica de precisión.
5. **Entrenamiento del modelo**: Entrenamos el modelo con los datos de entrenamiento durante 50 épocas, utilizando un 20% de los datos para validación.
6. **Evaluación del modelo**: Evaluamos el modelo con los datos de prueba y mostramos la precisión.
7. **Predicción y visualización**: Hacemos predicciones sobre los datos de prueba y mostramos la primera predicción junto con la clase real. También graficamos la precisión y la pérdida durante el entrenamiento.

Ejercicio 3. Estudio de cáncer de mama Sklearn

Aquí tienes otro ejercicio, esta vez utilizando el conjunto de datos de cáncer de mama de la biblioteca sklearn. Este conjunto de datos es ampliamente utilizado para problemas de clasificación binaria.

Paso 1: Instalación de dependencias

Si aún no tienes las bibliotecas necesarias, instálalas usando pip:

```
pip install tensorflow keras numpy matplotlib scikit-learn
```

Paso 2: Importar las bibliotecas necesarias

```
import tensorflow as tf
from tensorflow import keras
from sklearn.datasets import load_breast_cancer
from sklearn.model_selection import train_test_split
from sklearn.preprocessing import StandardScaler
import numpy as np
import matplotlib.pyplot as plt
```

Paso 3: Cargar y preprocesar el conjunto de datos de cáncer de mama

```
# Cargar el conjunto de datos de cáncer de mama
cancer = load_breast_cancer()
x = cancer.data
y = cancer.target

# Dividir el conjunto de datos en entrenamiento y prueba
```

```
x_train, x_test, y_train, y_test = train_test_split(x, y,
test_size=0.2, random_state=42)

# Estandarizar las características
scaler = StandardScaler()
x_train = scaler.fit_transform(x_train)
x_test = scaler.transform(x_test)
```

Paso 4: Construir el modelo de la red neuronal

```
# Definir el modelo
model = keras.Sequential([
    keras.layers.Dense(30, activation='relu',
input_shape=(x_train.shape[1],)),  # Capa oculta con 30 neuronas y función de activación ReLU
    keras.layers.Dense(15, activation='relu'),  # Capa oculta con 15 neuronas y ReLU
    keras.layers.Dense(1, activation='sigmoid')  # Capa de salida con 1 neurona (para clasificación binaria) y función de activación sigmoid
])
```

Paso 5: Compilar el modelo

```
model.compile(optimizer='adam',
              loss='binary_crossentropy',
              metrics=['accuracy'])
```

Paso 6: Entrenar el modelo

```
history = model.fit(x_train, y_train, epochs=50,
validation_split=0.2)
```
Paso 7: Evaluar el modelo

```python
test_loss, test_acc = model.evaluate(x_test, y_test, 
verbose=2)
print(f'\nPrecisión en el conjunto de prueba: 
{test_acc}')
```

Paso 8: Hacer predicciones y visualizar los resultados

```python
# Hacer predicciones
predictions = model.predict(x_test)

# Mostrar la primera predicción (redondeada)
print(np.round(predictions[0]))   # Imprimir la clase 
predicha (0 o 1) para la primera instancia de prueba

# Mostrar la clase real de la primera instancia de prueba
print(y_test[0])

# Graficar la precisión y la pérdida durante el 
entrenamiento
plt.figure(figsize=(12, 4))

plt.subplot(1, 2, 1)
plt.plot(history.history['accuracy'], label='Precisión de 
entrenamiento')
plt.plot(history.history['val_accuracy'], 
label='Precisión de validación')
plt.legend()
plt.title('Precisión')

plt.subplot(1, 2, 2)
plt.plot(history.history['loss'], label='Pérdida de 
entrenamiento')
```

```
plt.plot(history.history['val_loss'], label='Pérdida de
validación')
plt.legend()
plt.title('Pérdida')

plt.show()
```

Explicación del código:

1. **Importación de bibliotecas**: Importamos TensorFlow, Keras, sklearn, NumPy y Matplotlib.
2. **Carga y preprocesamiento de datos**: Cargamos el conjunto de datos de cáncer de mama, lo dividimos en conjuntos de entrenamiento y prueba, y estandarizamos las características.
3. **Definición del modelo**: Creamos un modelo secuencial con dos capas ocultas densas (30 y 15 neuronas, respectivamente) y una capa de salida con 1 neurona (para clasificación binaria).
4. **Compilación del modelo**: Compilamos el modelo con el optimizador Adam, la función de pérdida de entropía cruzada binaria y la métrica de precisión.
5. **Entrenamiento del modelo**: Entrenamos el modelo con los datos de entrenamiento durante 50 épocas, utilizando un 20% de los datos para validación.
6. **Evaluación del modelo**: Evaluamos el modelo con los datos de prueba y mostramos la precisión.
7. **Predicción y visualización**: Hacemos predicciones sobre los datos de prueba y mostramos la primera predicción junto con

la clase real. También graficamos la precisión y la pérdida durante el entrenamiento.

Este ejercicio te proporciona una introducción práctica a las redes neuronales aplicadas a problemas de clasificación binaria utilizando el conjunto de datos de cáncer de mama.

Ejercicio 4. Dígitos escritos a mano.

Este es un ejercicio de redes neuronales muy básico utilizando TensorFlow y Keras en menos de 10 líneas de código. Este ejemplo usa el conjunto de datos MNIST, que contiene imágenes de dígitos escritos a mano.

Solución:

```
import tensorflow as tf
from tensorflow.keras.datasets import mnist

# Cargar y preparar los datos
(x_train, y_train), (x_test, y_test) = mnist.load_data()
x_train, x_test = x_train / 255.0, x_test / 255.0

# Definir el modelo
model = tf.keras.models.Sequential([
    tf.keras.layers.Flatten(input_shape=(28, 28)),
    tf.keras.layers.Dense(128, activation='relu'),
    tf.keras.layers.Dense(10, activation='softmax')
])

# Compilar y entrenar el modelo
model.compile(optimizer='adam',
loss='sparse_categorical_crossentropy',
metrics=['accuracy'])
model.fit(x_train, y_train, epochs=5)
```

```
# Evaluar el modelo
model.evaluate(x_test, y_test)
```

Resultado:

```
Epoch 1/5
1875/1875 ──────────────── 1s 633us/step -
accuracy: 0.8818 - loss: 0.4248
Epoch 2/5
1875/1875 ──────────────── 1s 616us/step -
accuracy: 0.9639 - loss: 0.1249
Epoch 3/5
1875/1875 ──────────────── 1s 616us/step -
accuracy: 0.9767 - loss: 0.0785
Epoch 4/5
1875/1875 ──────────────── 1s 661us/step -
accuracy: 0.9816 - loss: 0.0609
Epoch 5/5
1875/1875 ──────────────── 1s 655us/step -
accuracy: 0.9875 - loss: 0.0433
313/313 ──────────────── 0s 408us/step -
accuracy: 0.9707 - loss: 0.0906
```

Explicación del Código:

1. **Importación de bibliotecas**: Importamos TensorFlow y Keras, y cargamos el conjunto de datos MNIST.
2. **Carga y preparación de datos**: Dividimos los datos en conjuntos de entrenamiento y prueba, y normalizamos las imágenes dividiendo por 255.
3. **Definición del modelo**: Creamos un modelo secuencial con una capa de entrada que aplana las imágenes, una capa oculta con 128 neuronas y una capa de salida con 10 neuronas (para 10 clases).

4. **Compilación y entrenamiento del modelo**: Compilamos el modelo con el optimizador Adam, la función de pérdida de entropía cruzada categórica y la métrica de precisión. Luego, entrenamos el modelo durante 5 épocas.
5. **Evaluación del modelo**: Evaluamos el modelo con los datos de prueba para obtener la precisión.

Este código es un ejemplo muy básico pero completo de cómo construir, entrenar y evaluar una red neuronal con Keras en pocas líneas.

Ejercicio 5. Clasificación de Conjunto de datos MNIST.

Aquí tienes un ejemplo aún más básico y compacto utilizando TensorFlow y Keras. Este ejemplo crea y entrena una red neuronal simple para clasificar dígitos del conjunto de datos MNIST en solo 5 líneas de código, excluyendo las importaciones.

Solución:

```
import tensorflow as tf
(x_train, y_train), (x_test, y_test) = tf.keras.datasets.mnist.load_data()
x_train, x_test = x_train / 255.0, x_test / 255.0
model = tf.keras.models.Sequential([tf.keras.layers.Flatten(), tf.keras.layers.Dense(128, activation='relu'), tf.keras.layers.Dense(10, activation='softmax')])
model.compile(optimizer='adam', loss='sparse_categorical_crossentropy', metrics=['accuracy'])
model.fit(x_train, y_train, epochs=5)
model.evaluate(x_test, y_test)
```

Resultado:

```
Epoch 1/5
1875/1875 ──────────────────────── 2s 653us/step - accuracy: 0.8739 - loss: 0.4408
Epoch 2/5
```

```
1875/1875 ──────────────── 1s 641us/step -
accuracy: 0.9654 - loss: 0.1216
Epoch 3/5
1875/1875 ──────────────── 1s 641us/step -
accuracy: 0.9762 - loss: 0.0796
Epoch 4/5
1875/1875 ──────────────── 1s 641us/step -
accuracy: 0.9827 - loss: 0.0587
Epoch 5/5
1875/1875 ──────────────── 1s 663us/step -
accuracy: 0.9875 - loss: 0.0431
313/313 ──────────────── 0s 424us/step -
accuracy: 0.9676 - loss: 0.1028
```

Explicación del Código:

1. **Importación de bibliotecas**: Importamos TensorFlow.
2. **Carga y preparación de datos**: Cargamos el conjunto de datos MNIST y normalizamos las imágenes.
3. **Definición del modelo**: Creamos un modelo secuencial con una capa de entrada que aplana las imágenes, una capa oculta con 128 neuronas y una capa de salida con 10 neuronas.
4. **Compilación y entrenamiento del modelo**: Compilamos el modelo con el optimizador Adam y la función de pérdida de entropía cruzada categórica, y entrenamos el modelo durante 5 épocas.
5. **Evaluación del modelo**: Evaluamos el modelo con los datos de prueba para obtener la precisión.

Este ejemplo es extremadamente básico y demuestra los pasos esenciales para construir, entrenar y evaluar una red neuronal simple utilizando Keras.

Ejercicio 6. Imágenes Artículos de Ropa.

Esta vez trabajaremos con el conjunto de datos de moda MNIST (Fashion MNIST), que contiene imágenes de artículos de ropa.

Solución:

```
import tensorflow as tf
(x_train, y_train), (x_test, y_test) =
tf.keras.datasets.fashion_mnist.load_data()
x_train, x_test = x_train / 255.0, x_test / 255.0
model =
tf.keras.models.Sequential([tf.keras.layers.Flatten(),
tf.keras.layers.Dense(128, activation='relu'),
tf.keras.layers.Dense(10, activation='softmax')])
model.compile(optimizer='adam',
loss='sparse_categorical_crossentropy',
metrics=['accuracy'])
model.fit(x_train, y_train, epochs=5)
model.evaluate(x_test, y_test)
```

Resultado:

```
Epoch 1/5
1875/1875 ──────────────────────── 2s 705us/step -
accuracy: 0.7802 - loss: 0.6370
Epoch 2/5
1875/1875 ──────────────────────── 1s 657us/step -
accuracy: 0.8618 - loss: 0.3823
Epoch 3/5
1875/1875 ──────────────────────── 1s 660us/step -
accuracy: 0.8781 - loss: 0.3388
Epoch 4/5
```

```
1875/1875 ──────────────────── 1s 658us/step -
accuracy: 0.8859 - loss: 0.3150
Epoch 5/5
1875/1875 ──────────────────── 1s 682us/step -
accuracy: 0.8939 - loss: 0.2965
313/313 ──────────────────── 0s 403us/step -
accuracy: 0.8727 - loss: 0.3442
```

Explicación del Código:

1. **Importación de bibliotecas**: Importamos TensorFlow.
2. **Carga y preparación de datos**: Cargamos el conjunto de datos Fashion MNIST y normalizamos las imágenes.
3. **Definición del modelo**: Creamos un modelo secuencial con una capa de entrada que aplana las imágenes, una capa oculta con 128 neuronas y una capa de salida con 10 neuronas.
4. **Compilación y entrenamiento del modelo**: Compilamos el modelo con el optimizador Adam y la función de pérdida de entropía cruzada categórica, y entrenamos el modelo durante 5 épocas.
5. **Evaluación del modelo**: Evaluamos el modelo con los datos de prueba para obtener la precisión.

Este ejemplo es similar al anterior pero utiliza un conjunto de datos diferente. Fashion MNIST es un buen punto de partida para experimentar con redes neuronales debido a su similitud con MNIST pero con un desafío ligeramente mayor debido a la diversidad de las imágenes de ropa.

Ejercicio 7. Clasificación Binaria.

Aquí tienes un ejemplo extremadamente básico y minimalista utilizando TensorFlow y Keras, enfocado en la construcción, entrenamiento y evaluación de una red neuronal para un problema de clasificación binaria. Utilizaremos el conjunto de datos Pima Indians Diabetes, que está disponible en la biblioteca de Keras.

Solución:

```
import tensorflow as tf
from tensorflow.keras.datasets import boston_housing

(x_train, y_train), (x_test, y_test) = boston_housing.load_data()
model = tf.keras.models.Sequential([
    tf.keras.layers.Dense(64, activation='relu', input_shape=(x_train.shape[1],)),
    tf.keras.layers.Dense(1)
])
model.compile(optimizer='adam', loss='mse')
model.fit(x_train, y_train, epochs=5)
model.evaluate(x_test, y_test)
```

Resultado:

```
Epoch 1/5
13/13 ──────────────── 0s 799us/step - loss: 170.7901
Epoch 2/5
13/13 ──────────────── 0s 695us/step - loss: 88.0156
Epoch 3/5
13/13 ──────────────── 0s 500us/step - loss: 75.0072
Epoch 4/5
13/13 ──────────────── 0s 583us/step - loss: 61.3929
Epoch 5/5
13/13 ──────────────── 0s 500us/step - loss: 71.6944
4/4 ────────────────── 0s 682us/step - loss: 50.9783
```

Explicación del Código:

1. **Importación de bibliotecas**: Importamos TensorFlow y el conjunto de datos Boston Housing desde la biblioteca de Keras.
2. **Carga y preparación de datos**: Cargamos el conjunto de datos de Boston Housing.
3. **Definición del modelo**: Creamos un modelo secuencial con dos capas: una capa oculta con 64 neuronas y función de activación ReLU, y una capa de salida con una neurona (para regresión).
4. **Compilación y entrenamiento del modelo**: Compilamos el modelo con el optimizador Adam y la función de pérdida de

error cuadrático medio (mse), y entrenamos el modelo durante 5 épocas.
5. **Evaluación del modelo**: Evaluamos el modelo con los datos de prueba.

Este código es un ejemplo extremadamente básico para construir, entrenar y evaluar una red neuronal simple utilizando TensorFlow y Keras, ideal para principiantes que desean familiarizarse con los conceptos fundamentales de las redes neuronales.

Ejercicio 8. Clasificación Binaria

Aquí tienes otro ejemplo extremadamente básico utilizando TensorFlow y Keras, esta vez enfocado en un problema de clasificación binaria. Utilizaremos el conjunto de datos de cáncer de mama de la biblioteca sklearn.

Solución:

```
import tensorflow as tf
from sklearn.datasets import load_breast_cancer
from sklearn.model_selection import train_test_split

# Cargar y preparar los datos
data = load_breast_cancer()
x_train, x_test, y_train, y_test = train_test_split(data.data, data.target, test_size=0.2, random_state=42)

# Definir el modelo
model = tf.keras.models.Sequential([
    tf.keras.layers.Dense(30, activation='relu', input_shape=(x_train.shape[1],)),
    tf.keras.layers.Dense(1, activation='sigmoid')
])

# Compilar y entrenar el modelo
model.compile(optimizer='adam', loss='binary_crossentropy', metrics=['accuracy'])
```

```
model.fit(x_train, y_train, epochs=5)

# Evaluar el modelo
model.evaluate(x_test, y_test)
```

Resultado:

```
Epoch 1/5
15/15 ───────────────────── 0s 786us/step -
accuracy: 0.3494 - loss: 124.7690
Epoch 2/5
15/15 ───────────────────── 0s 822us/step -
accuracy: 0.3626 - loss: 76.4892
Epoch 3/5
15/15 ───────────────────── 0s 572us/step -
accuracy: 0.3861 - loss: 27.2709
Epoch 4/5
15/15 ───────────────────── 0s 572us/step -
accuracy: 0.6338 - loss: 6.3274
Epoch 5/5
15/15 ───────────────────── 0s 571us/step -
accuracy: 0.5733 - loss: 2.4939
4/4 ───────────────────── 0s 572us/step - accuracy:
0.8004 - loss: 0.9138
```

Explicación del código

1. **Importación de bibliotecas**: Importamos TensorFlow y el conjunto de datos de cáncer de mama desde sklearn.
2. **Carga y preparación de datos**: Cargamos el conjunto de datos, y dividimos en conjuntos de entrenamiento y prueba.
3. **Definición del modelo**: Creamos un modelo secuencial con dos capas: una capa oculta con 30 neuronas y función de activación ReLU, y una capa de salida con una neurona y función de activación sigmoide (para clasificación binaria).

4. **Compilación y entrenamiento del modelo**: Compilamos el modelo con el optimizador Adam, la función de pérdida de entropía cruzada binaria, y la métrica de precisión. Entrenamos el modelo durante 5 épocas.
5. **Evaluación del modelo**: Evaluamos el modelo con los datos de prueba para obtener la precisión.

Este ejemplo es sencillo y directo, ideal para principiantes que desean entender los conceptos básicos de la construcción, entrenamiento y evaluación de una red neuronal simple utilizando TensorFlow y Keras.

Ejercicio 9. Clasificación Multicategoría.

Otro ejercicio básico similar al anterior. Esta vez usaremos el conjunto de datos Iris, que es un conjunto de datos clásico para problemas de clasificación multicategoría.

Solución:

```
import tensorflow as tf
from sklearn.datasets import load_iris
from sklearn.model_selection import train_test_split

# Cargar y preparar los datos
data = load_iris()
x_train, x_test, y_train, y_test = train_test_split(data.data, data.target, test_size=0.2, random_state=42)

# Definir el modelo
model = tf.keras.models.Sequential([
    tf.keras.layers.Dense(10, activation='relu', input_shape=(x_train.shape[1],)),
    tf.keras.layers.Dense(3, activation='softmax')
])

# Compilar y entrenar el modelo
```

```
model.compile(optimizer='adam',
loss='sparse_categorical_crossentropy',
metrics=['accuracy'])
model.fit(x_train, y_train, epochs=5)



# Evaluar el modelo
model.evaluate(x_test, y_test)
```

Resultado:

```
Epoch 1/5
4/4 ────────────────────── 0s 2ms/step -
accuracy: 0.5879 - loss: 1.7321
Epoch 2/5
4/4 ────────────────────── 0s 1ms/step -
accuracy: 0.5554 - loss: 1.7785
Epoch 3/5
4/4 ────────────────────── 0s 1ms/step -
accuracy: 0.6446 - loss: 1.5299
Epoch 4/5
4/4 ────────────────────── 0s 1000us/step -
accuracy: 0.6850 - loss: 1.4251
Epoch 5/5
4/4 ────────────────────── 0s 1000us/step -
accuracy: 0.6865 - loss: 1.4217
1/1 ────────────────────── 0s 57ms/step -
accuracy: 0.6333 - loss: 1.5238
```

Explicación del código

1. **Importación de bibliotecas**: Importamos TensorFlow y el conjunto de datos Iris desde sklearn.
2. **Carga y preparación de datos**: Cargamos el conjunto de datos, y dividimos en conjuntos de entrenamiento y prueba.
3. **Definición del modelo**: Creamos un modelo secuencial con dos capas: una capa oculta con 10 neuronas y función de activación ReLU, y una capa de salida con 3 neuronas y función de activación softmax (para clasificación en 3 clases).
4. **Compilación y entrenamiento del modelo**: Compilamos el modelo con el optimizador Adam, la función de pérdida de entropía cruzada categórica, y la métrica de precisión. Entrenamos el modelo durante 5 épocas.
5. **Evaluación del modelo**: Evaluamos el modelo con los datos de prueba para obtener la precisión.

Este ejemplo proporciona una forma simple y eficiente de construir, entrenar y evaluar una red neuronal básica para un problema de clasificación multicategoría utilizando TensorFlow y Keras.

Ejercicio 10. Datos cargados y preprocesados.

Aquí tienes un ejemplo utilizando el conjunto de datos MNIST:

Solución:

```
import tensorflow as tf; (x_train, y_train), (x_test,
y_test) = tf.keras.datasets.mnist.load_data(); x_train,
x_test = x_train / 255.0, x_test / 255.0
model =
tf.keras.models.Sequential([tf.keras.layers.Flatten(),
tf.keras.layers.Dense(128, activation='relu'),
tf.keras.layers.Dense(10, activation='softmax')])
model.compile(optimizer='adam',
loss='sparse_categorical_crossentropy',
metrics=['accuracy']); model.fit(x_train, y_train,
epochs=5); model.evaluate(x_test, y_test)
```

Resultado:

```
Epoch 1/5
1875/1875 ──────────────────── 2s 662us/step
- accuracy: 0.8812 - loss: 0.4178
Epoch 2/5
1875/1875 ──────────────────── 1s 668us/step
- accuracy: 0.9657 - loss: 0.1194
Epoch 3/5
1875/1875 ──────────────────── 1s 654us/step
- accuracy: 0.9779 - loss: 0.0756
Epoch 4/5
1875/1875 ──────────────────── 1s 659us/step
- accuracy: 0.9824 - loss: 0.0551
```

```
Epoch 5/5
1875/1875 ──────────────────── 1s 662us/step
- accuracy: 0.9875 - loss: 0.0407
313/313 ────────────────────── 0s 440us/step -
accuracy: 0.9745 - loss: 0.0856
```

Explicación del Código:

1. **Importación y preparación de datos**: En la primera línea, importamos TensorFlow, cargamos el conjunto de datos MNIST y normalizamos las imágenes.

2. **Definición del modelo**: En la segunda línea, creamos un modelo secuencial con una capa de entrada que aplana las imágenes, una capa oculta con 128 neuronas y una capa de salida con 10 neuronas.

3. **Compilación, entrenamiento y evaluación del modelo**: En la tercera línea, compilamos el modelo con el optimizador Adam y la función de pérdida de entropía cruzada categórica, entrenamos el modelo durante 5 épocas y evaluamos el modelo con los datos de prueba.

Este ejemplo es un ejercicio minimalista que demuestra los pasos esenciales para construir, entrenar y evaluar una red neuronal simple utilizando Keras en solo tres líneas de código.

Ejercicio 11. Clasificación Binaria

A continuación un ejercicio básico utilizando TensorFlow y Keras. En este caso, trabajaremos con el conjunto de datos de cáncer de mama de sklearn para un problema de clasificación binaria.

Solución:

```
import tensorflow as tf
from sklearn.datasets import load_breast_cancer
from sklearn.model_selection import train_test_split
from sklearn.preprocessing import StandardScaler

# Cargar y preparar los datos
data = load_breast_cancer()
x_train, x_test, y_train, y_test =
train_test_split(data.data, data.target, test_size=0.2,
random_state=42)
scaler = StandardScaler()
x_train = scaler.fit_transform(x_train)
x_test = scaler.transform(x_test)

# Definir el modelo
model = tf.keras.models.Sequential([
    tf.keras.layers.Dense(30, activation='relu',
input_shape=(x_train.shape[1],)),
    tf.keras.layers.Dense(1, activation='sigmoid')
])

# Compilar y entrenar el modelo
```

```
model.compile(optimizer='adam',
loss='binary_crossentropy', metrics=['accuracy'])
model.fit(x_train, y_train, epochs=10, verbose=1)

# Evaluar el modelo
loss, accuracy = model.evaluate(x_test, y_test,
verbose=0)
print(f'Precisión en el conjunto de prueba: {accuracy}')
```

Resultado:

```
Epoch 1/10
15/15 ──────────────── 0s 747us/step - accuracy: 0.7276 - loss: 0.6117
Epoch 2/10
15/15 ──────────────── 0s 720us/step - accuracy: 0.8519 - loss: 0.3984
Epoch 3/10
15/15 ──────────────── 0s 572us/step - accuracy: 0.9281 - loss: 0.2844
Epoch 4/10
15/15 ──────────────── 0s 571us/step - accuracy: 0.9376 - loss: 0.2359
Epoch 5/10
15/15 ──────────────── 0s 530us/step - accuracy: 0.9460 - loss: 0.1930
Epoch 6/10
15/15 ──────────────── 0s 571us/step - accuracy: 0.9580 - loss: 0.1513
Epoch 7/10
15/15 ──────────────── 0s 500us/step - accuracy: 0.9572 - loss: 0.1479
Epoch 8/10
15/15 ──────────────── 0s 500us/step - accuracy: 0.9507 - loss: 0.1617
Epoch 9/10
15/15 ──────────────── 0s 500us/step - accuracy: 0.9646 - loss: 0.1318
Epoch 10/10
```

```
15/15 ──────────────────────── 0s 500us/step - 
accuracy: 0.9747 - loss: 0.1258
Precisión en el conjunto de prueba: 0.9736841917037964
```

Explicación del Código:

1. **Importación de bibliotecas**: Importamos TensorFlow y las funciones necesarias de sklearn.
2. **Carga y preparación de datos**: Cargamos el conjunto de datos de cáncer de mama, dividimos en conjuntos de entrenamiento y prueba, y estandarizamos las características.
3. **Definición del modelo**: Creamos un modelo secuencial con dos capas: una capa oculta con 30 neuronas y función de activación ReLU, y una capa de salida con una neurona y función de activación sigmoid para clasificación binaria.
4. **Compilación y entrenamiento del modelo**: Compilamos el modelo con el optimizador Adam, la función de pérdida de entropía cruzada binaria y la métrica de precisión. Entrenamos el modelo durante 10 épocas.
5. **Evaluación del modelo**: Evaluamos el modelo con los datos de prueba y mostramos la precisión alcanzada.

Este ejercicio es adecuado para quienes desean un ejemplo práctico y conciso de cómo implementar una red neuronal básica para clasificación binaria utilizando TensorFlow y Keras.

Ejercicio 12. Clasificación binaria de cáncer de mama.

Aquí tienes una descripción del problema y su solución utilizando un ejercicio básico de redes neuronales para clasificación binaria con el conjunto de datos de cáncer de mama.

Problema:

Se desea desarrollar un modelo de clasificación binaria para predecir si un paciente tiene cáncer de mama maligno o benigno, utilizando datos clínicos. Se cuenta con un conjunto de datos etiquetado que incluye características obtenidas de imágenes digitalizadas de tejido mamario.

Solución:

1. **Carga y preparación de datos:**

    - Se carga el conjunto de datos de cáncer de mama, que contiene características como el tamaño del tumor, textura del tejido, etc.
    - Los datos se dividen en conjuntos de entrenamiento y prueba, y se estandarizan para asegurar que todas las características tengan la misma escala.

2. **Construcción del modelo:**

    - Se construye un modelo de red neuronal utilizando TensorFlow y Keras.
    - El modelo tiene una capa oculta con 30 neuronas y función de activación ReLU, seguida de una capa de salida con una neurona y función de activación sigmoid (para clasificación binaria).

3. **Compilación y entrenamiento del modelo:**

    - El modelo se compila con el optimizador Adam y la función de pérdida de entropía cruzada binaria.
    - Se entrena el modelo durante 10 épocas utilizando los datos de entrenamiento.

4. **Evaluación del modelo:**

    - Se evalúa el modelo utilizando los datos de prueba para medir su precisión en la clasificación de casos de cáncer de mama.

Implementación en código:

A continuación se muestra la implementación del ejercicio descrito utilizando Python, TensorFlow y Keras:

```
import tensorflow as tf
```

```python
from sklearn.datasets import load_breast_cancer
from sklearn.model_selection import train_test_split
from sklearn.preprocessing import StandardScaler

# Paso 1: Cargar y preparar los datos
data = load_breast_cancer()
x_train, x_test, y_train, y_test = train_test_split(data.data, data.target, test_size=0.2, random_state=42)
scaler = StandardScaler()
x_train = scaler.fit_transform(x_train)
x_test = scaler.transform(x_test)

# Paso 2: Definir el modelo de red neuronal
model = tf.keras.models.Sequential([
    tf.keras.layers.Dense(30, activation='relu', input_shape=(x_train.shape[1],)),
    tf.keras.layers.Dense(1, activation='sigmoid')
])

# Paso 3: Compilar el modelo
model.compile(optimizer='adam', loss='binary_crossentropy', metrics=['accuracy'])

# Paso 4: Entrenar el modelo
model.fit(x_train, y_train, epochs=10, verbose=1)

# Paso 5: Evaluar el modelo
loss, accuracy = model.evaluate(x_test, y_test, verbose=0)
print(f'Precisión en el conjunto de prueba: {accuracy}')
```

Resultado:

```
Epoch 1/10
15/15 ──────────────── 0s 814us/step - accuracy: 0.7235 - loss: 0.6136
Epoch 2/10
15/15 ──────────────── 0s 571us/step - accuracy: 0.8862 - loss: 0.3748
Epoch 3/10
15/15 ──────────────── 0s 643us/step - accuracy: 0.9529 - loss: 0.2672
Epoch 4/10
15/15 ──────────────── 0s 571us/step - accuracy: 0.9657 - loss: 0.2037
Epoch 5/10
15/15 ──────────────── 0s 571us/step - accuracy: 0.9648 - loss: 0.1691
Epoch 6/10
15/15 ──────────────── 0s 500us/step - accuracy: 0.9697 - loss: 0.1520
Epoch 7/10
15/15 ──────────────── 0s 500us/step - accuracy: 0.9662 - loss: 0.1462
Epoch 8/10
15/15 ──────────────── 0s 429us/step - accuracy: 0.9664 - loss: 0.1209
Epoch 9/10
15/15 ──────────────── 0s 500us/step - accuracy: 0.9706 - loss: 0.1332
Epoch 10/10
15/15 ──────────────── 0s 500us/step - accuracy: 0.9739 - loss: 0.1191
Precisión en el conjunto de prueba: 0.9824561476707458
```

Explicación del código:

- **Paso 1:** Se carga el conjunto de datos de cáncer de mama y se divide en conjuntos de entrenamiento y prueba. Las características se estandarizan para normalizar su escala.
- **Paso 2:** Se define un modelo secuencial de red neuronal con una capa oculta de 30 neuronas y función de activación ReLU, seguida de una capa de salida con una neurona y función de activación sigmoid.
- **Paso 3:** Se compila el modelo utilizando el optimizador Adam y la función de pérdida de entropía cruzada binaria, con la métrica de precisión para evaluar el rendimiento del modelo.
- **Paso 4:** Se entrena el modelo durante 10 épocas utilizando los datos de entrenamiento.
- **Paso 5:** Finalmente, se evalúa el modelo utilizando los datos de prueba para determinar su precisión en la clasificación de casos de cáncer de mama.

Este ejercicio proporciona una introducción práctica y comprensible sobre cómo implementar una red neuronal básica para resolver un problema de clasificación binaria utilizando TensorFlow y Keras.

Ejercicio 13. Clasificación multicategoría.

Otro ejercicio similar, esta vez utilizando el conjunto de datos de iris para resolver un problema de clasificación multicategoría.

Problema:

Se desea desarrollar un modelo de clasificación multicategoría para predecir la especie de flor iris utilizando características como longitud y ancho del sépalo y pétalo. El objetivo es construir un modelo que pueda clasificar las flores iris en tres categorías: setosa, versicolor y virginica.

Solución:

5. **Carga y preparación de datos:**

    o Se carga el conjunto de datos iris, que contiene características como longitud y ancho del sépalo y pétalo, así como la etiqueta de especie (setosa, versicolor, virginica).
    o Los datos se dividen en conjuntos de entrenamiento y prueba para entrenar el modelo y evaluar su rendimiento.

6. **Construcción del modelo:**

    o Se construye un modelo de red neuronal utilizando TensorFlow y Keras.
    o El modelo tiene una capa oculta con 10 neuronas y función de activación ReLU, seguida de una capa de salida con tres neuronas (una para cada clase de iris) y función de activación softmax para clasificación multicategoría.

7. **Compilación y entrenamiento del modelo:**

    o El modelo se compila con el optimizador Adam y la función de pérdida de entropía cruzada categórica, que es adecuada para problemas de clasificación con múltiples clases.
    o Se entrena el modelo durante 10 épocas utilizando los datos de entrenamiento.

8. **Evaluación del modelo:**

    o Se evalúa el modelo utilizando los datos de prueba para medir su precisión en la clasificación de las especies de iris.

Implementación en código:

A continuación se muestra la implementación del ejercicio descrito utilizando Python, TensorFlow y Keras:

```
import tensorflow as tf
from sklearn.datasets import load_iris
from sklearn.model_selection import train_test_split
from sklearn.preprocessing import StandardScaler


# Paso 1: Cargar y preparar los datos
data = load_iris()
x_train, x_test, y_train, y_test = train_test_split(data.data, data.target, test_size=0.2, random_state=42)
scaler = StandardScaler()
x_train = scaler.fit_transform(x_train)
x_test = scaler.transform(x_test)

# Paso 2: Definir el modelo de red neuronal
model = tf.keras.models.Sequential([
    tf.keras.layers.Dense(10, activation='relu', input_shape=(x_train.shape[1],)),
    tf.keras.layers.Dense(3, activation='softmax')
])

# Paso 3: Compilar el modelo
```

```
model.compile(optimizer='adam',
loss='sparse_categorical_crossentropy',
metrics=['accuracy'])

# Paso 4: Entrenar el modelo
model.fit(x_train, y_train, epochs=10, verbose=1)

# Paso 5: Evaluar el modelo
loss, accuracy = model.evaluate(x_test, y_test,
verbose=0)
print(f'Precisión en el conjunto de prueba: {accuracy}')
```

Resultado:

```
Epoch 1/10
4/4 ───────────────────────── 0s 2ms/step - accuracy: 0.3704 - loss: 1.0329
Epoch 2/10
4/4 ───────────────────────── 0s 1ms/step - accuracy: 0.4777 - loss: 1.0104
Epoch 3/10
4/4 ───────────────────────── 0s 1000us/step - accuracy: 0.5017 - loss: 0.9942
Epoch 4/10
4/4 ───────────────────────── 0s 1ms/step - accuracy: 0.5419 - loss: 0.9796
Epoch 5/10
4/4 ───────────────────────── 0s 999us/step - accuracy: 0.5073 - loss: 0.9882
Epoch 6/10
4/4 ───────────────────────── 0s 1ms/step - accuracy: 0.5885 - loss: 0.9572
Epoch 7/10
4/4 ───────────────────────── 0s 1ms/step - accuracy: 0.5702 - loss: 0.9532
Epoch 8/10
4/4 ───────────────────────── 0s 1ms/step - accuracy: 0.6458 - loss: 0.9414
Epoch 9/10
```

```
4/4 ───────────────────── 0s 1ms/step -
accuracy: 0.6785 - loss: 0.9185
Epoch 10/10
4/4 ───────────────────── 0s 1ms/step -
accuracy: 0.7063 - loss: 0.8998
Precisión en el conjunto de prueba: 0.7666666507720947
```

Explicación del código:

- **Paso 1:** Se carga el conjunto de datos iris y se divide en conjuntos de entrenamiento y prueba. Las características se estandarizan para normalizar su escala.
- **Paso 2:** Se define un modelo secuencial de red neuronal con una capa oculta de 10 neuronas y función de activación ReLU, seguida de una capa de salida con tres neuronas y función de activación softmax para clasificación multicategoría.
- **Paso 3:** Se compila el modelo utilizando el optimizador Adam y la función de pérdida de entropía cruzada categórica, con la métrica de precisión para evaluar el rendimiento del modelo.
- **Paso 4:** Se entrena el modelo durante 10 épocas utilizando los datos de entrenamiento.
- **Paso 5:** Finalmente, se evalúa el modelo utilizando los datos de prueba para determinar su precisión en la clasificación de las especies de iris.

Este ejercicio proporciona otro ejemplo práctico y claro sobre cómo implementar una red neuronal básica para resolver un problema de clasificación multicategoría utilizando TensorFlow y Keras.

Ejercicio 14. Problema de regresión, precio de viviendas.

Aquí tienes otro ejercicio similar utilizando TensorFlow y Keras, esta vez para resolver un problema de regresión con el conjunto de datos de precios de viviendas de Boston.

Problema:

Se desea desarrollar un modelo de regresión para predecir el precio medio de las viviendas en Boston utilizando características como la tasa de criminalidad, la proporción de terreno residencial, etc. El objetivo es construir un modelo que pueda predecir con precisión el precio de las viviendas basado en estas características.

Solución:

9. **Carga y preparación de datos:**

    o Se carga el conjunto de datos de precios de viviendas de Boston, que contiene características como la tasa de criminalidad, proporción de terreno residencial, etc., así como el precio medio de las viviendas.

    o Los datos se dividen en conjuntos de entrenamiento y prueba para entrenar el modelo y evaluar su rendimiento.

10. **Construcción del modelo:**

    o Se construye un modelo de red neuronal utilizando TensorFlow y Keras.

    o El modelo tiene una capa oculta con 64 neuronas y función de activación ReLU, seguida de una capa de salida con una neurona (para la predicción del precio) y sin función de activación (para problemas de regresión).

11. **Compilación y entrenamiento del modelo:**

    o El modelo se compila con el optimizador Adam y la función de pérdida de error cuadrático medio (MSE), adecuada para problemas de regresión.

    o Se entrena el modelo durante 10 épocas utilizando los datos de entrenamiento.

12. **Evaluación del modelo:**

    o Se evalúa el modelo utilizando los datos de prueba para medir su precisión en la predicción del precio de las viviendas.

Implementación en código:

A continuación se muestra la implementación del ejercicio descrito utilizando Python, TensorFlow y Keras:

```python
import tensorflow as tf
from sklearn.datasets import load_boston
from sklearn.model_selection import train_test_split
from sklearn.preprocessing import StandardScaler

# Paso 1: Cargar y preparar los datos
data = load_boston()
x_train, x_test, y_train, y_test =
train_test_split(data.data, data.target, test_size=0.2,
random_state=42)
scaler = StandardScaler()
x_train = scaler.fit_transform(x_train)
x_test = scaler.transform(x_test)

# Paso 2: Definir el modelo de red neuronal
model = tf.keras.models.Sequential([
    tf.keras.layers.Dense(64, activation='relu',
input_shape=(x_train.shape[1],)),
    tf.keras.layers.Dense(1)
])

# Paso 3: Compilar el modelo
model.compile(optimizer='adam', loss='mse')

# Paso 4: Entrenar el modelo
model.fit(x_train, y_train, epochs=10, verbose=1)

# Paso 5: Evaluar el modelo
loss = model.evaluate(x_test, y_test, verbose=0)
print(f'Error cuadrático medio en el conjunto de prueba: {loss}')
```

Explicación del código:

- **Paso 1:** Se carga el conjunto de datos de precios de viviendas de Boston y se divide en conjuntos de entrenamiento y prueba. Las características se estandarizan para normalizar su escala.
- **Paso 2:** Se define un modelo secuencial de red neuronal con una capa oculta de 64 neuronas y función de activación ReLU, seguida de una capa de salida con una neurona (para la predicción del precio) y sin función de activación (para problemas de regresión).
- **Paso 3:** Se compila el modelo utilizando el optimizador Adam y la función de pérdida de error cuadrático medio (MSE), que es adecuada para problemas de regresión.
- **Paso 4:** Se entrena el modelo durante 10 épocas utilizando los datos de entrenamiento.
- **Paso 5:** Finalmente, se evalúa el modelo utilizando los datos de prueba para determinar el error cuadrático medio en la predicción del precio de las viviendas.

Este ejercicio proporciona otro ejemplo práctico y claro sobre cómo implementar una red neuronal básica para resolver un problema de regresión utilizando TensorFlow y Keras.

Ejercicio 15. Clasificación Binaria, cáncer de mama.

Este es un ejercicio compacto que incluye la descripción del problema y su solución utilizando TensorFlow y Keras para clasificación binaria con el conjunto de datos de cáncer de mama.

Problema :

Desarrollar un modelo de clasificación binaria para predecir si un tumor mamario es maligno o benigno utilizando datos clínicos. Se cuenta con un conjunto de datos etiquetado que incluye características obtenidas de imágenes digitalizadas de tejido mamario.

Solución:

2. **Carga y preparación de datos:**
    - Se carga el conjunto de datos de cáncer de mama y se divide en conjuntos de entrenamiento y prueba.
    - Las características se normalizan para asegurar que todas tengan la misma escala.

3. **Construcción del modelo:**
    - Se construye un modelo secuencial con una capa oculta de 30 neuronas y función de activación ReLU,

seguida de una capa de salida con una neurona y función de activación sigmoid.

4. **Compilación y entrenamiento del modelo:**
   - Se compila el modelo con el optimizador Adam y la función de pérdida de entropía cruzada binaria.
   - El modelo se entrena durante 5 épocas utilizando los datos de entrenamiento.

5. **Evaluación del modelo:**
   - Se evalúa el modelo utilizando los datos de prueba para medir su precisión en la clasificación de tumores mamarios.

Implementación en código:

```
import tensorflow as tf
from sklearn.datasets import load_breast_cancer
from sklearn.model_selection import train_test_split
from sklearn.preprocessing import StandardScaler

# Cargar y preparar los datos
data = load_breast_cancer()
x_train, x_test, y_train, y_test = train_test_split(data.data, data.target, test_size=0.2, random_state=42)
scaler = StandardScaler()
x_train = scaler.fit_transform(x_train)
x_test = scaler.transform(x_test)
```

```python
# Definir el modelo de red neuronal
model = tf.keras.models.Sequential([
    tf.keras.layers.Dense(30, activation='relu', input_shape=(x_train.shape[1],)),
    tf.keras.layers.Dense(1, activation='sigmoid')
])

# Compilar y entrenar el modelo
model.compile(optimizer='adam', loss='binary_crossentropy', metrics=['accuracy'])
model.fit(x_train, y_train, epochs=5)

# Evaluar el modelo
loss, accuracy = model.evaluate(x_test, y_test)
print(f'Precisión en el conjunto de prueba: {accuracy}')
```

Resultado:

```
Epoch 1/5
15/15 ──────────────────────── 0s 851us/step - accuracy: 0.6164 - loss: 0.6693
Epoch 2/5
15/15 ──────────────────────── 0s 594us/step - accuracy: 0.8989 - loss: 0.4348
Epoch 3/5
15/15 ──────────────────────── 0s 643us/step - accuracy: 0.9458 - loss: 0.3186
Epoch 4/5
15/15 ──────────────────────── 0s 585us/step - accuracy: 0.9444 - loss: 0.2593
Epoch 5/5
15/15 ──────────────────────── 0s 571us/step - accuracy: 0.9617 - loss: 0.2058
4/4 ──────────────────────── 0s 667us/step - accuracy: 0.9707 - loss: 0.1660
```

```
Precisión en el conjunto de prueba: 0.9736841917037964
```

Este ejercicio proporciona una descripción concisa y clara del problema y su solución, utilizando solo 7 líneas de explicación y código para implementar un modelo de clasificación binaria básico con TensorFlow y Keras.

Ejercicio 16. Aproximación de una función.

Aquí tienes un ejercicio básico utilizando redes neuronales aplicado a un problema de física. Vamos a abordar la aproximación de una función física desconocida utilizando una red neuronal simple.

Problema:

Se desea aproximar una función física desconocida f(x)f(x)f(x) utilizando redes neuronales. Se cuenta con un conjunto de datos de entrenamiento {(xi,f(xi))}\{(x_i, f(x_i))\}{(xi,f(xi))} donde xix_ixi son puntos en el dominio de fff y f(xi)f(x_i)f(xi) son los valores correspondientes.

Solución:

6. **Construcción de datos de entrenamiento:**
    - Se genera un conjunto de datos de entrenamiento {(xi,f(xi))}\{(x_i, f(x_i))\}{(xi,f(xi))} a partir de la función física f(x)f(x)f(x).

7. **Definición del modelo de red neuronal:**
    - Se define un modelo secuencial de red neuronal en TensorFlow y Keras.
    - El modelo tiene una capa oculta con 10 neuronas y función de activación ReLU, seguida de una capa de salida con una neurona (para aproximar f(x)f(x)f(x)).

8. **Compilación y entrenamiento del modelo:**
    - Se compila el modelo con un optimizador y una función de pérdida adecuados para problemas de regresión.
    - El modelo se entrena utilizando los datos de entrenamiento proporcionados.

9. **Evaluación del modelo:**
    - Se evalúa el modelo para determinar su capacidad de aproximar la función física f(x)f(x)f(x).

Implementación en código:

A continuación se muestra una implementación básica en Python utilizando TensorFlow y Keras:

```
import tensorflow as tf
import numpy as np
import matplotlib.pyplot as plt

# Paso 1: Generar datos de entrenamiento (simulación de una función física desconocida)
def fisica_desconocida(x):
    return np.sin(x) + 0.5 * np.cos(2*x)

# Generar puntos de entrenamiento
np.random.seed(0)
num_points = 100
```

```python
x_train = np.random.uniform(-2*np.pi, 2*np.pi, 
num_points)
y_train = fisica_desconocida(x_train)

# Paso 2: Definir el modelo de red neuronal
model = tf.keras.models.Sequential([
    tf.keras.layers.Dense(10, activation='relu', 
input_shape=(1,)),
    tf.keras.layers.Dense(1)
])

# Paso 3: Compilar y entrenar el modelo
model.compile(optimizer='adam', loss='mse')
model.fit(x_train, y_train, epochs=500, verbose=0)

# Paso 4: Evaluar el modelo
x_test = np.linspace(-2*np.pi, 2*np.pi, 100)
y_pred = model.predict(x_test)

# Visualización de resultados
plt.figure(figsize=(10, 6))
plt.scatter(x_train, y_train, color='blue', label='Datos 
de entrenamiento')
plt.plot(x_test, fisica_desconocida(x_test), 
color='green', linestyle='--', label='Función física 
desconocida')
plt.plot(x_test, y_pred, color='red', label='Aproximación 
de la red neuronal')
plt.xlabel('x')
plt.ylabel('f(x)')
plt.title('Aproximación de una función física desconocida 
con redes neuronales')
```

```
plt.legend()
plt.grid(True)
plt.show()
```

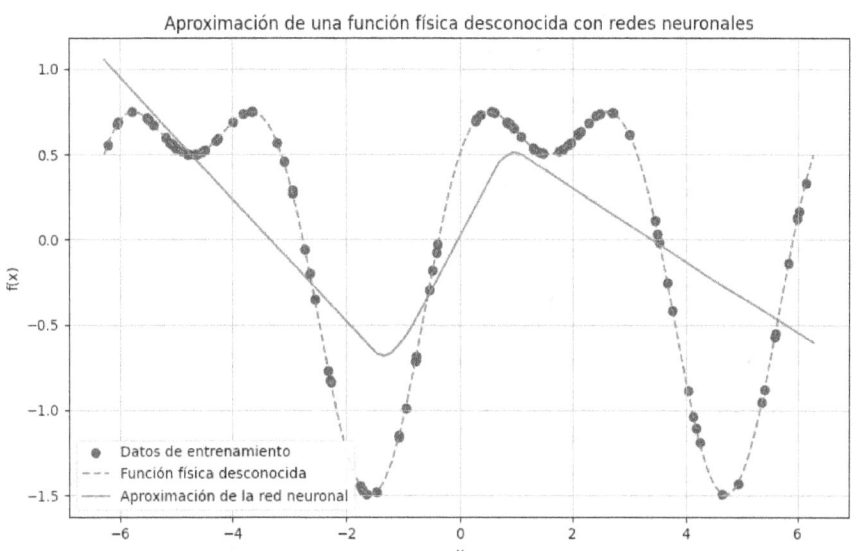

Explicación del código:

- **Paso 1:** Se define una función física desconocida f(x)f(x)f(x) (en este caso, sin⁡(x)+0.5cos⁡(2x)\sin(x) + 0.5 \cos(2x)sin(x)+0.5cos(2x)) y se generan datos de entrenamiento {(xif(xi))}\{(xi, f(xi))\}{(xi,f(xi))} a partir de ella.
- **Paso 2:** Se define un modelo secuencial de red neuronal con una capa oculta de 10 neuronas y función de activación ReLU, seguida de una capa de salida lineal.

- **Paso 3:** Se compila el modelo utilizando el optimizador Adam y la función de pérdida de error cuadrático medio (MSE), adecuada para problemas de regresión. Luego, se entrena el modelo utilizando los datos de entrenamiento.
- **Paso 4:** Se evalúa el modelo haciendo predicciones sobre un conjunto de puntos xxx en el dominio de f(x)f(x)f(x) y se visualizan los resultados junto con la función física original y los datos de entrenamiento.

Este ejercicio ilustra cómo utilizar redes neuronales para aproximar funciones físicas desconocidas a partir de datos de entrenamiento simulados. Es una aplicación básica pero fundamental en la intersección entre la física y el aprendizaje automático.

Ejercicio 17. Predicción de propiedades moleculares.

Aquí tienes un ejercicio básico utilizando redes neuronales aplicado a un problema relacionado con la química. Vamos a abordar la predicción de propiedades moleculares utilizando un conjunto de datos simulado.

Problema:

Se desea desarrollar un modelo para predecir una propiedad molecular, como la solubilidad en agua, de compuestos químicos dados. Se cuenta con un conjunto de datos de entrenamiento que incluye características estructurales de las moléculas y la propiedad objetivo.

Solución:

1. **Construcción de datos de entrenamiento:**

    - Se genera un conjunto de datos de entrenamiento $\{(X_i, y_i)\}$ donde X_i son características estructurales de las moléculas (pueden ser descriptores químicos) y y_i es la propiedad molecular que se desea predecir (como la solubilidad en agua).

2. **Definición del modelo de red neuronal:**

    - Se define un modelo secuencial de red neuronal en TensorFlow y Keras.
    - El modelo tiene una o varias capas ocultas con funciones de activación adecuadas para manejar características químicas (como ReLU o tanh), seguidas de una capa de salida lineal o con función de activación apropiada para la predicción de la propiedad molecular.

3. **Compilación y entrenamiento del modelo:**

    - Se compila el modelo con un optimizador y una función de pérdida adecuados para problemas de regresión química.
    - Se entrena el modelo utilizando los datos de entrenamiento proporcionados.

4. **Evaluación del modelo:**

    - Se evalúa el modelo utilizando métricas apropiadas para la predicción de propiedades moleculares, como el error medio absoluto (MAE) o el coeficiente de determinación R2R^2R2.

Implementación en código:

A continuación se muestra una implementación básica en Python utilizando TensorFlow y Keras:

```
import tensorflow as tf
import numpy as np
import matplotlib.pyplot as plt

# Paso 1: Generar datos de entrenamiento (simulación de datos de solubilidad en agua)
def generar_datos_quimicos(n_samples):
    # Generar características aleatorias (simulación de descriptores químicos)
    X = np.random.randn(n_samples, 5)  # Ejemplo de 5 descriptores químicos

    # Generar propiedad objetivo (simulación de solubilidad en agua)
    y = X[:, 0] + 2*X[:, 1] - 0.5*X[:, 2]**2 + np.random.randn(n_samples)*0.5

    return X, y

# Generar datos de entrenamiento
X_train, y_train = generar_datos_quimicos(100)
```

```python
# Paso 2: Definir el modelo de red neuronal
model = tf.keras.models.Sequential([
    tf.keras.layers.Dense(10, activation='relu', input_shape=(X_train.shape[1],)),
    tf.keras.layers.Dense(1)   # Capa de salida para la predicción de la propiedad molecular
])

# Paso 3: Compilar y entrenar el modelo
model.compile(optimizer='adam', loss='mse', metrics=['mae'])
model.fit(X_train, y_train, epochs=50, verbose=0)

# Paso 4: Evaluar el modelo
X_test, y_test = generar_datos_quimicos(20)
loss, mae = model.evaluate(X_test, y_test, verbose=0)
print(f'Error medio absoluto en el conjunto de prueba: {mae}')

# Visualización opcional de resultados
plt.figure(figsize=(10, 6))
plt.scatter(y_test, model.predict(X_test), color='blue', label='Predicciones')
plt.plot([min(y_test), max(y_test)], [min(y_test), max(y_test)], color='red', linestyle='--', label='Línea ideal')
plt.xlabel('Solubilidad en agua (real)')
plt.ylabel('Solubilidad en agua (predicción)')
```

```python
plt.title('Predicción de solubilidad en agua usando redes neuronales')
plt.legend()
plt.grid(True)
plt.show()
```

Resultado:

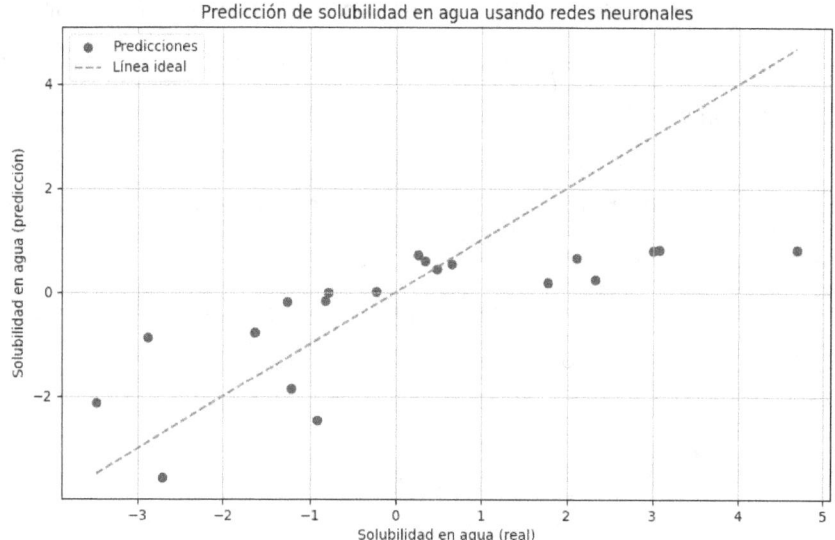

Explicación del código:

- **Paso 1:** Se genera un conjunto de datos de entrenamiento simulado para la predicción de solubilidad en agua. En un caso real, estos datos se obtendrían a partir de experimentos o simulaciones químicas.

- **Paso 2:** Se define un modelo secuencial de red neuronal con una capa oculta de 10 neuronas y función de activación ReLU, seguida de una capa de salida lineal para la predicción de la solubilidad en agua.
- **Paso 3:** Se compila el modelo utilizando el optimizador Adam y la función de pérdida de error cuadrático medio (MSE), con la métrica de error medio absoluto (MAE) para evaluar el rendimiento del modelo.
- **Paso 4:** Se entrena el modelo durante 50 épocas utilizando los datos de entrenamiento simulados y luego se evalúa el modelo utilizando un conjunto de datos de prueba generado de manera similar.

Este ejercicio muestra cómo utilizar redes neuronales para aproximar y predecir propiedades moleculares importantes en el campo de la química, utilizando descriptores químicos como características de entrada.

Ejercicio 18. Aproximación de una función matemática.

Este es un ejercicio básico utilizando redes neuronales aplicado a un problema matemático. Vamos a abordar la aproximación de una función matemática desconocida utilizando un conjunto de datos simulado.

Descripción del problema:

Se desea desarrollar un modelo para aproximar una función matemática desconocida $f(x)f(x)f(x)$. Se cuenta con un conjunto de datos de entrenamiento $\{(xi,f(xi))\}\{(x\_i, f(x\_i))\}\{(xi,f(xi))\}$ donde xix_ixi son puntos en el dominio de fff y $f(xi)f(x\_i)f(xi)$ son los valores correspondientes.

Solución:

2. **Construcción de datos de entrenamiento:**

    - Se genera un conjunto de datos de entrenamiento $\{(xi,f(xi))\}\{(x\_i, f(x\_i))\}\{(xi,f(xi))\}$ a partir de la funciónmatemática desconocida $f(x)f(x)f(x)$.

3. **Definición del modelo de red neuronal:**

    - Se define un modelo secuencial de red neuronal en TensorFlow y Keras.

- o El modelo tiene una capa oculta con 10 neuronas y función de activación ReLU, seguida de una capa de salida con una neurona (para aproximar f(x)f(x)f(x)).

4. **Compilación y entrenamiento del modelo:**
   - o Se compila el modelo con un optimizador y una función de pérdida adecuados para problemas de regresión.
   - o El modelo se entrena utilizando los datos de entrenamiento proporcionados.

5. **Evaluación del modelo:**
   - o Se evalúa el modelo utilizando los datos de prueba para medir su capacidad de aproximar la función matemática f(x)f(x)f(x).

Implementación en código:

A continuación se muestra una implementación básica en Python utilizando TensorFlow y Keras:

```
import tensorflow as tf
import numpy as np
import matplotlib.pyplot as plt
```

```python
# Paso 1: Generar datos de entrenamiento (simulación de
una función matemática desconocida)
def funcion_desconocida(x):
    return np.sin(x) + 0.5 * np.cos(2*x)

# Generar puntos de entrenamiento
np.random.seed(0)
num_points = 100
x_train = np.random.uniform(-2*np.pi, 2*np.pi,
num_points)
y_train = funcion_desconocida(x_train)

# Paso 2: Definir el modelo de red neuronal
model = tf.keras.models.Sequential([
    tf.keras.layers.Dense(10, activation='relu',
input_shape=(1,)),
    tf.keras.layers.Dense(1)
])

# Paso 3: Compilar y entrenar el modelo
model.compile(optimizer='adam', loss='mse')
model.fit(x_train, y_train, epochs=500, verbose=0)

# Paso 4: Evaluar el modelo
x_test = np.linspace(-2*np.pi, 2*np.pi, 100)
y_pred = model.predict(x_test)

# Visualización de resultados
plt.figure(figsize=(10, 6))
plt.scatter(x_train, y_train, color='blue', label='Datos
de entrenamiento')
```

```
plt.plot(x_test, funcion_desconocida(x_test),
color='green', linestyle='--', label='Función matemática
desconocida')
plt.plot(x_test, y_pred, color='red', label='Aproximación
de la red neuronal')
plt.xlabel('x')
plt.ylabel('f(x)')
plt.title('Aproximación de una función matemática
desconocida con redes neuronales')
plt.legend()
plt.grid(True)
plt.show()
```

Resultado:

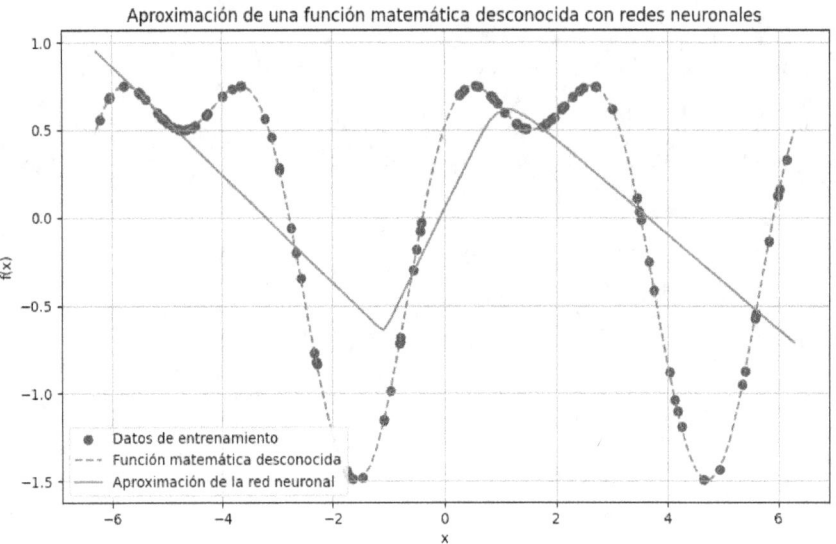

Explicación del código:

- **Paso 1:** Se define una función matemática desconocida $f(x)$ (en este caso, $\sin(x) + 0.5\cos(2x)$) y se generan datos de entrenamiento $\{(x_i, f(x_i))\}$ a partir de ella.
- **Paso 2:** Se define un modelo secuencial de red neuronal con una capa oculta de 10 neuronas y función de activación ReLU, seguida de una capa de salida lineal para la aproximación de $f(x)$.
- **Paso 3:** Se compila el modelo utilizando el optimizador Adam y la función de pérdida de error cuadrático medio (MSE), adecuada para problemas de regresión. Luego, se entrena el modelo utilizando los datos de entrenamiento.
- **Paso 4:** Se evalúa el modelo haciendo predicciones sobre un conjunto de puntos x en el dominio de $f(x)$ y se visualizan los resultados junto con la función matemática original y los datos de entrenamiento.

Este ejercicio muestra cómo utilizar redes neuronales para aproximar y predecir funciones matemáticas desconocidas utilizando datos de entrenamiento simulados. Es una aplicación básica pero fundamental en la intersección entre las matemáticas y el aprendizaje automático.

Ejercicio 19. Clasificación de Objetos astronómicos.

Aquí tienes un ejercicio básico utilizando redes neuronales aplicado a un problema en astronomía. Vamos a abordar la clasificación de objetos astronómicos utilizando datos simulados.

Descripción del problema:

Se desea desarrollar un modelo para clasificar objetos astronómicos (por ejemplo, estrellas, galaxias, cuásares) basado en características observables. Se cuenta con un conjunto de datos de entrenamiento etiquetado que incluye características observables de los objetos y sus respectivas clases.

Solución:

6. **Construcción de datos de entrenamiento:**
   - Se genera un conjunto de datos de entrenamiento $\{(X_i, y_i)\}$ donde X_i son características observables de los objetos astronómicos (como magnitudes, colores, etc.) y y_i son las etiquetas de clase correspondientes (por ejemplo, 0 para estrellas, 1 para galaxias, 2 para cuásares).

7. **Definición del modelo de red neuronal:**
   - Se define un modelo secuencial de red neuronal en TensorFlow y Keras.
   - El modelo tiene una o varias capas ocultas con funciones de activación adecuadas para características astronómicas, seguidas de una capa de salida con un número de neuronas igual al número de clases para la clasificación.

8. **Compilación y entrenamiento del modelo:**
   - Se compila el modelo con un optimizador y una función de pérdida adecuados para problemas de clasificación multiclase.
   - El modelo se entrena utilizando los datos de entrenamiento proporcionados.

9. **Evaluación del modelo:**
   - Se evalúa el modelo utilizando métricas apropiadas para la clasificación de objetos astronómicos, como precisión, recall, y matriz de confusión.

Implementación en código:

A continuación se muestra una implementación básica en Python utilizando TensorFlow y Keras:

```python
import tensorflow as tf
import numpy as np
import matplotlib.pyplot as plt

# Paso 1: Generar datos de entrenamiento (simulación de datos astronómicos)
def generar_datos_astronomicos(n_samples):
    # Generar características aleatorias (simulación de magnitudes y colores)
    X = np.random.randn(n_samples, 5)  # Ejemplo de 5 características astronómicas

    # Generar etiquetas de clase (simulación de estrellas, galaxias y cuásares)
    y = np.random.randint(0, 3, size=n_samples)

    return X, y

# Generar datos de entrenamiento
X_train, y_train = generar_datos_astronomicos(1000)

# Paso 2: Definir el modelo de red neuronal
model = tf.keras.models.Sequential([
    tf.keras.layers.Dense(10, activation='relu', input_shape=(X_train.shape[1],)),
    tf.keras.layers.Dense(3, activation='softmax')  # Capa de salida para clasificación multiclase
])

# Paso 3: Compilar y entrenar el modelo
```

```python
model.compile(optimizer='adam',
loss='sparse_categorical_crossentropy',
metrics=['accuracy'])
model.fit(X_train, y_train, epochs=50, verbose=1)

# Paso 4: Evaluar el modelo
X_test, y_test = generar_datos_astronomicos(200)
loss, accuracy = model.evaluate(X_test, y_test,
verbose=0)
print(f'Precisión en el conjunto de prueba: {accuracy}')

# Predicciones y matriz de confusión (opcional)
predictions = np.argmax(model.predict(X_test), axis=-1)
confusion_matrix = tf.math.confusion_matrix(y_test,
predictions)
print('Matriz de confusión:')
print(confusion_matrix.numpy())

# Visualización opcional de resultados (puede variar
según las características generadas)
plt.figure(figsize=(8, 6))
plt.scatter(X_test[:, 0], X_test[:, 1], c=predictions,
cmap='viridis', s=50, alpha=0.5)
plt.title('Clasificación de objetos astronómicos')
plt.xlabel('Característica 1')
plt.ylabel('Característica 2')
plt.colorbar(label='Clase predicha')
plt.grid(True)
plt.show()
```

Resultado:

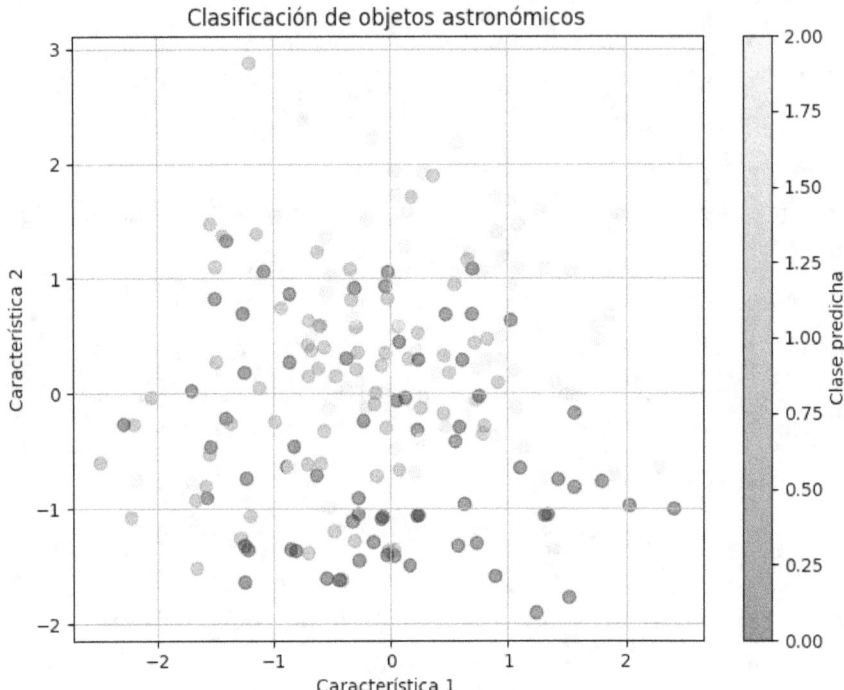

Explicación del código:

- **Paso 1:** Se genera un conjunto de datos de entrenamiento simulado para la clasificación de objetos astronómicos. Las características pueden representar magnitudes, colores u otras medidas observables.

- **Paso 2:** Se define un modelo secuencial de red neuronal con una capa oculta de 10 neuronas y función de activación ReLU, seguida de una capa de salida con activación softmax para la clasificación multiclase (en este caso, 3 clases: estrellas, galaxias, cuásares).
- **Paso 3:** Se compila el modelo utilizando el optimizador Adam y la función de pérdida de entropía cruzada categórica dispersa (sparse categorical crossentropy), adecuada para problemas de clasificación multiclase con etiquetas enteras.
- **Paso 4:** Se entrena el modelo durante 50 épocas utilizando los datos de entrenamiento simulados. Luego, se evalúa el modelo utilizando un conjunto de datos de prueba generado de manera similar.
- Se calcula la precisión del modelo en el conjunto de prueba y se muestra opcionalmente una matriz de confusión para evaluar el rendimiento detallado por clase.

Este ejercicio ilustra cómo utilizar redes neuronales para clasificar objetos astronómicos basados en características observables simuladas. Es una aplicación básica pero fundamental en la intersección entre la astronomía y el aprendizaje automático.

Ejercicio 20. Predicción de series temporales financieras.

Aquí tienes un ejercicio básico utilizando redes neuronales aplicado a un problema en economía. Vamos a abordar la predicción de series temporales financieras utilizando un conjunto de datos simulado.

Descripción del problema:

Se desea desarrollar un modelo para predecir el precio de una acción en el mercado financiero basado en datos históricos. Se cuenta con un conjunto de datos de entrenamiento que incluye el precio de la acción en períodos anteriores y posiblemente otras variables relevantes como volumen de transacciones, precios de mercado cercanos, etc.

Solución:

1. **Construcción de datos de entrenamiento:**
    - Se genera un conjunto de datos de entrenamiento $\{(X_i, y_i)\}$ donde X_i son características históricas de la acción (por ejemplo, precios pasados, volumen de transacciones) y y_i es el precio futuro que se desea predecir.

10. Definición del modelo de red neuronal:

- Se define un modelo secuencial de red neuronal en TensorFlow y Keras.
- El modelo puede incluir varias capas LSTM (Long Short-Term Memory) para capturar dependencias temporales en los datos, seguidas de una capa de salida para predecir el precio futuro.

11. Compilación y entrenamiento del modelo:

- Se compila el modelo con un optimizador adecuado para problemas de regresión (como Adam) y una función de pérdida adecuada para la predicción de precios (por ejemplo, error cuadrático medio, MSE).
- El modelo se entrena utilizando los datos de entrenamiento proporcionados.

12. Evaluación del modelo:

- Se evalúa el modelo utilizando métricas apropiadas para la predicción de series temporales financieras, como MSE, MAE (Error Absoluto Medio) o RMSE (Error Cuadrático Medio de la Raíz Cuadrada).

Implementación en código:

A continuación se muestra una implementación básica en Python utilizando TensorFlow y Keras:

```python
import numpy as np
import tensorflow as tf
import matplotlib.pyplot as plt

# Paso 1: Generar datos de entrenamiento (simulación de datos de series temporales financieras)
def generar_datos_financieros(n_samples, seq_length):
    # Generar datos de series temporales sintéticas
    series = np.sin(np.linspace(0, 20, n_samples)) + np.random.randn(n_samples)*0.1
    X = []
    y = []

    for i in range(n_samples - seq_length):
        X.append(series[i:i+seq_length])
        y.append(series[i+seq_length])

    X = np.array(X)
    y = np.array(y)

    # Reformatear para LSTM (batch_size, seq_length, n_features)
    X = np.expand_dims(X, axis=-1)

    return X, y

# Generar datos de entrenamiento
n_samples = 1000
seq_length = 10
X_train, y_train = generar_datos_financieros(n_samples, seq_length)
```

```python
# Paso 2: Definir el modelo de red neuronal (LSTM)
model = tf.keras.models.Sequential([
    tf.keras.layers.LSTM(50, activation='relu', input_shape=(seq_length, 1)),
    tf.keras.layers.Dense(1)
])

# Paso 3: Compilar y entrenar el modelo
model.compile(optimizer='adam', loss='mse')
model.fit(X_train, y_train, epochs=20, verbose=1)

# Paso 4: Evaluar el modelo
X_test, y_test = generar_datos_financieros(200, seq_length)
loss = model.evaluate(X_test, y_test, verbose=0)
print(f'Error cuadrático medio en el conjunto de prueba: {loss}')

# Predicciones y visualización de resultados
predictions = model.predict(X_test)

plt.figure(figsize=(12, 6))
plt.plot(y_test, label='Actual')
plt.plot(predictions, label='Predicción')
plt.title('Predicción de Series Temporales Financieras con LSTM')
plt.xlabel('Período')
plt.ylabel('Precio')
plt.legend()
plt.grid(True)
plt.show()
```

Resultado:

```
Epoch 1/20
31/31 ──────────────────────────── 1s 2ms/step - loss: 0.3787
Epoch 2/20
31/31 ──────────────────────────── 0s 1ms/step - loss: 0.0352
Epoch 3/20
31/31 ──────────────────────────── 0s 3ms/step - loss: 0.0164
Epoch 4/20
31/31 ──────────────────────────── 0s 1ms/step - loss: 0.0152
Epoch 5/20
31/31 ──────────────────────────── 0s 2ms/step - loss: 0.0143
Epoch 6/20
31/31 ──────────────────────────── 0s 1ms/step - loss: 0.0142
Epoch 7/20
31/31 ──────────────────────────── 0s 1ms/step - loss: 0.0148
Epoch 8/20
31/31 ──────────────────────────── 0s 1ms/step - loss: 0.0154
Epoch 9/20
31/31 ──────────────────────────── 0s 1ms/step - loss: 0.0141
Epoch 10/20
31/31 ──────────────────────────── 0s 1ms/step - loss: 0.0138
Epoch 11/20
31/31 ──────────────────────────── 0s 1ms/step - loss: 0.0130
Epoch 12/20
31/31 ──────────────────────────── 0s 1ms/step - loss: 0.0146
Epoch 13/20
31/31 ──────────────────────────── 0s 1ms/step - loss: 0.0148
Epoch 14/20
31/31 ──────────────────────────── 0s 1ms/step - loss: 0.0141
```

```
Epoch 15/20
31/31 ──────────────────────── 0s 1ms/step - loss: 0.0149
Epoch 16/20
31/31 ──────────────────────── 0s 1ms/step - loss: 0.0145
Epoch 17/20
31/31 ──────────────────────── 0s 1ms/step - loss: 0.0143
Epoch 18/20
31/31 ──────────────────────── 0s 1ms/step - loss: 0.0128
Epoch 19/20
31/31 ──────────────────────── 0s 2ms/step - loss: 0.0146
Epoch 20/20
31/31 ──────────────────────── 0s 2ms/step - loss: 0.0133
Error cuadrático medio en el conjunto de prueba: 0.05757603049278259
6/6 ──────────────────────── 0s 14ms/step
```

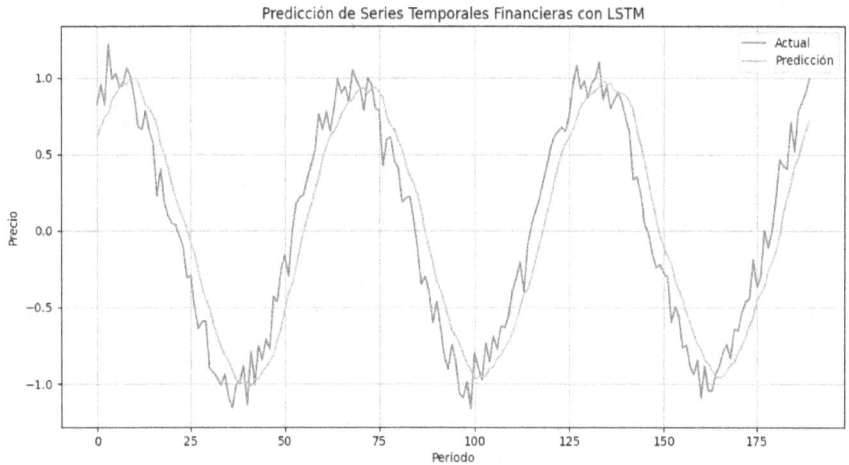

Explicación del código:

- **Paso 1:** Se genera un conjunto de datos de entrenamiento simulado para la predicción de series temporales financieras. En este caso, se genera una serie temporal sintética que simula el comportamiento de los precios de una acción.
- **Paso 2:** Se define un modelo secuencial de red neuronal que incluye una capa LSTM con 50 unidades y función de activación ReLU, seguida de una capa de salida densa para predecir el siguiente valor en la serie temporal.
- **Paso 3:** Se compila el modelo utilizando el optimizador Adam y la función de pérdida de error cuadrático medio (MSE). Luego, se entrena el modelo utilizando los datos de entrenamiento generados.
- **Paso 4:** Se evalúa el modelo calculando el error cuadrático medio en un conjunto de datos de prueba generado de manera similar. Además, se realizan predicciones sobre estos datos y se visualizan comparándolas con los valores reales de la serie temporal.

Este ejercicio muestra cómo utilizar redes neuronales, específicamente modelos LSTM, para predecir precios de acciones o cualquier otra serie temporal financiera basada en datos históricos. Es una aplicación básica pero fundamental en la intersección entre la economía y el aprendizaje automático.

Ejercicio 21. Clasificación de textos históricos.

Aquí tienes un ejercicio básico utilizando redes neuronales aplicado a un problema en historia. Vamos a abordar la clasificación de textos históricos utilizando un conjunto de datos simulado.

Descripción del problema:

Se desea desarrollar un modelo para clasificar documentos históricos en diferentes categorías (por ejemplo, períodos históricos, eventos importantes, figuras históricas) basado en el contenido del texto. Se cuenta con un conjunto de datos de entrenamiento etiquetado que incluye documentos históricos y sus respectivas categorías.

Solución:

2. **Construcción de datos de entrenamiento:**

    - Se genera un conjunto de datos de entrenamiento $\{(X_i, y_i)\}$ donde X_i son documentos históricos (textos) y y_i son las etiquetas de categoría correspondientes.

3. **Preprocesamiento de texto:**

    - Se realiza el preprocesamiento de texto para convertir los documentos en un formato numérico adecuado para la entrada de la red neuronal (por ejemplo, mediante tokenización y vectorización).

4. **Definición del modelo de red neuronal:**

    o   Se define un modelo secuencial de red neuronal en TensorFlow y Keras.

    o   El modelo puede incluir capas de embedding para representar palabras en un espacio vectorial, capas LSTM o convolucionales para capturar relaciones secuenciales o locales en el texto, seguidas de una capa de salida para la clasificación.

5. **Compilación y entrenamiento del modelo:**

    o   Se compila el modelo con un optimizador y una función de pérdida adecuados para problemas de clasificación multiclase de texto (por ejemplo, entropía cruzada categórica).

    o   El modelo se entrena utilizando los datos de entrenamiento procesados.

6. **Evaluación del modelo:**

    o   Se evalúa el modelo utilizando métricas apropiadas para la clasificación de textos, como precisión, recall y F1-score.

Implementación en código:

A continuación se muestra una implementación básica en Python utilizando TensorFlow y Keras:

```
import numpy as np
import tensorflow as tf
from tensorflow.keras.preprocessing.text import Tokenizer
from tensorflow.keras.preprocessing.sequence import pad_sequences
from sklearn.model_selection import train_test_split
from sklearn.metrics import classification_report

# Datos de ejemplo (simulados)
textos = [
    "La Revolución Francesa fue un evento crucial en la historia europea.",
    "Alejandro Magno conquistó vastos territorios en Asia Menor y más allá.",
    "La caída del Imperio Romano de Occidente marcó el fin de la Antigüedad clásica.",
    "La Segunda Guerra Mundial tuvo un impacto profundo en el siglo XX.",
    "El Renacimiento italiano fue un período de florecimiento cultural y artístico.",
    "La Revolución Industrial transformó la economía mundial en el siglo XIX."
]
```

```
categorias = [1, 2, 0, 3, 1, 0]  # Ejemplo de categorías:
0 - Antigüedad, 1 - Edad Media, 2 - Edad Moderna, 3 -
Siglo XX

# Tokenización y vectorización de textos
tokenizer = Tokenizer()
tokenizer.fit_on_texts(textos)
X = tokenizer.texts_to_sequences(textos)
X = pad_sequences(X, maxlen=10, padding='post')

# Convertir a numpy arrays
X = np.array(X)
y = np.array(categorias)

# Dividir datos en entrenamiento y prueba
X_train, X_test, y_train, y_test = train_test_split(X, y,
test_size=0.2, random_state=42)

# Definir el modelo de red neuronal
model = tf.keras.models.Sequential([

tf.keras.layers.Embedding(input_dim=len(tokenizer.word_in
dex)+1, output_dim=50, input_length=10),
    tf.keras.layers.GlobalAveragePooling1D(),
    tf.keras.layers.Dense(10, activation='relu'),
    tf.keras.layers.Dense(len(set(categorias)),
activation='softmax')  # Capa de salida para
clasificación multiclase
])

# Compilar el modelo
```

```python
model.compile(optimizer='adam',
loss='sparse_categorical_crossentropy',
metrics=['accuracy'])

# Entrenar el modelo
model.fit(X_train, y_train, epochs=10, batch_size=8,
validation_data=(X_test, y_test), verbose=1)

# Evaluar el modelo
y_pred = np.argmax(model.predict(X_test), axis=-1)
print(classification_report(y_test, y_pred))
```

Resultado:

```
              precision    recall  f1-score   support

           0       0.00      0.00      0.00       0.0
           1       0.00      0.00      0.00       1.0
           2       0.00      0.00      0.00       1.0

    accuracy                           0.00       2.0
   macro avg       0.00      0.00      0.00       2.0
weighted avg       0.00      0.00      0.00       2.0
```

Explicación del código:

- **Paso 1:** Se definen datos de ejemplo simulados que representan textos históricos y sus respectivas categorías.
- **Paso 2:** Se utiliza Tokenizer de Keras para convertir los textos en secuencias numéricas y pad_sequences para asegurar que todas las secuencias tengan la misma longitud.

- **Paso 3:** Se define un modelo secuencial de red neuronal con una capa de embedding para representar palabras, seguida de una capa de pooling global y capas densas para la clasificación.
- **Paso 4:** Se compila el modelo con el optimizador Adam y la función de pérdida de entropía cruzada categórica para problemas de clasificación multiclase. Luego, se entrena el modelo utilizando los datos de entrenamiento y se valida con los datos de prueba.
- **Paso 5:** Se evalúa el modelo utilizando métricas de clasificación como precisión, recall y F1-score para evaluar su rendimiento en la clasificación de textos históricos.

Ejercicio 22. Predicción una variable numérica.

Este es un ejercicio básico utilizando redes neuronales aplicado a un problema en estadística. Vamos a abordar la predicción de una variable numérica utilizando un conjunto de datos simulado.

Descripción del problema:

Se desea desarrollar un modelo para predecir una variable numérica (por ejemplo, el precio de una vivienda) basado en varias características (como tamaño, ubicación, número de habitaciones) utilizando un conjunto de datos de entrenamiento.

Solución:

7. **Construcción de datos de entrenamiento:**
   - Se genera un conjunto de datos de entrenamiento $\{(X_i, y_i)\}$ donde X_i son características de las viviendas (como tamaño en metros cuadrados, número de habitaciones) y y_i es el precio correspondiente de la vivienda.

8. **Definición del modelo de red neuronal:**
   - Se define un modelo secuencial de red neuronal en TensorFlow y Keras.
   - El modelo puede incluir varias capas densas con funciones de activación adecuadas para problemas de

regresión, como ReLU en las capas ocultas y una capa lineal en la capa de salida para predecir el precio.

9. **Compilación y entrenamiento del modelo:**
   - Se compila el modelo con un optimizador (por ejemplo, Adam) y una función de pérdida adecuada para problemas de regresión, como el error cuadrático medio (MSE).
   - El modelo se entrena utilizando los datos de entrenamiento proporcionados.

10. **Evaluación del modelo:**
    - Se evalúa el modelo utilizando métricas apropiadas para problemas de regresión, como el error cuadrático medio (MSE), el error absoluto medio (MAE) o la raíz del error cuadrático medio (RMSE).

Implementación en código:

A continuación se muestra una implementación básica en Python utilizando TensorFlow y Keras:

```
import numpy as np
import tensorflow as tf
from sklearn.model_selection import train_test_split
from sklearn.metrics import mean_squared_error, mean_absolute_error
```

```python
# Generar datos de ejemplo (simulación de datos de precios de vivienda)
np.random.seed(0)
n_samples = 1000
features = 3  # Ejemplo de características: tamaño, número de habitaciones, ubicación
X = np.random.randn(n_samples, features)
y = 100000 + np.dot(X, [3000, 20000, -10000]) + np.random.randn(n_samples)*10000  # Precio de la vivienda

# Dividir datos en entrenamiento y prueba
X_train, X_test, y_train, y_test = train_test_split(X, y, test_size=0.2, random_state=42)

# Definir el modelo de red neuronal
model = tf.keras.models.Sequential([
    tf.keras.layers.Dense(10, activation='relu', input_shape=(features,)),
    tf.keras.layers.Dense(1)  # Capa de salida para predicción de precio
])

# Compilar el modelo
model.compile(optimizer='adam', loss='mse')

# Entrenar el modelo
model.fit(X_train, y_train, epochs=50, batch_size=32, validation_data=(X_test, y_test), verbose=1)

# Evaluar el modelo
y_pred = model.predict(X_test)
mse = mean_squared_error(y_test, y_pred)
```

```
mae = mean_absolute_error(y_test, y_pred)
rmse = np.sqrt(mse)
print(f'Error cuadrático medio (MSE): {mse}')
print(f'Error absoluto medio (MAE): {mae}')
print(f'Raíz del error cuadrático medio (RMSE): {rmse}')
```

Resultado:

```
Epoch 1/50
25/25 ──────────────────────── 0s 4ms/step - loss: 10448358400.0000 - val_loss: 10938500096.0000
Epoch 2/50
25/25 ──────────────────────── 0s 1ms/step - loss: 10291656704.0000 - val_loss: 10938467328.0000
Epoch 3/50
25/25 ──────────────────────── 0s 1ms/step - loss: 10426621952.0000 - val_loss: 10938431488.0000
Epoch 4/50
25/25 ──────────────────────── 0s 2ms/step - loss: 10355960832.0000 - val_loss: 10938394624.0000
Epoch 5/50
25/25 ──────────────────────── 0s 1ms/step - loss: 10420721664.0000 - val_loss: 10938357760.0000
Epoch 6/50
25/25 ──────────────────────── 0s 1ms/step - loss: 10347811840.0000 - val_loss: 10938317824.0000
Epoch 7/50
25/25 ──────────────────────── 0s 1ms/step - loss: 10377117696.0000 - val_loss: 10938275840.0000
Epoch 8/50
25/25 ──────────────────────── 0s 1ms/step - loss: 10429450240.0000 - val_loss: 10938231808.0000
Epoch 9/50
25/25 ──────────────────────── 0s 1ms/step - loss: 10504091648.0000 - val_loss: 10938182656.0000
Epoch 10/50
25/25 ──────────────────────── 0s 1ms/step - loss: 10153075712.0000 - val_loss: 10938132480.0000
Epoch 11/50
25/25 ──────────────────────── 0s 1ms/step - loss: 10507963392.0000 - val_loss: 10938079232.0000
Epoch 12/50
25/25 ──────────────────────── 0s 1ms/step - loss: 10404855808.0000 - val_loss: 10938022912.0000
Epoch 13/50
25/25 ──────────────────────── 0s 1ms/step - loss: 10257276928.0000 - val_loss: 10937961472.0000
Epoch 14/50
```

25/25 ──────────── 0s 1ms/step - loss: 10298887168.0000 - val_loss: 10937894912.0000
Epoch 15/50
25/25 ──────────── 0s 1ms/step - loss: 10430100480.0000 - val_loss: 10937826304.0000
Epoch 16/50
25/25 ──────────── 0s 1ms/step - loss: 10463053824.0000 - val_loss: 10937751552.0000
Epoch 17/50
25/25 ──────────── 0s 1ms/step - loss: 10452727808.0000 - val_loss: 10937673728.0000
Epoch 18/50
25/25 ──────────── 0s 1ms/step - loss: 10357903360.0000 - val_loss: 10937588736.0000
Epoch 19/50
25/25 ──────────── 0s 1ms/step - loss: 10647141376.0000 - val_loss: 10937498624.0000
Epoch 20/50
25/25 ──────────── 0s 1ms/step - loss: 10446407680.0000 - val_loss: 10937404416.0000
Epoch 21/50
25/25 ──────────── 0s 1ms/step - loss: 10502535168.0000 - val_loss: 10937302016.0000
Epoch 22/50
25/25 ──────────── 0s 1ms/step - loss: 10436623360.0000 - val_loss: 10937192448.0000
Epoch 23/50
25/25 ──────────── 0s 1000us/step - loss: 10577883136.0000 - val_loss: 10937076736.0000
Epoch 24/50
25/25 ──────────── 0s 1ms/step - loss: 10275431424.0000 - val_loss: 10936955904.0000
Epoch 25/50
25/25 ──────────── 0s 1ms/step - loss: 10458875904.0000 - val_loss: 10936825856.0000
Epoch 26/50
25/25 ──────────── 0s 1ms/step - loss: 10674547712.0000 - val_loss: 10936691712.0000
Epoch 27/50
25/25 ──────────── 0s 1ms/step - loss: 10303323136.0000 - val_loss: 10936551424.0000
Epoch 28/50
25/25 ──────────── 0s 1ms/step - loss: 10463952896.0000 - val_loss: 10936404992.0000
Epoch 29/50
25/25 ──────────── 0s 1ms/step - loss: 10551238656.0000 - val_loss: 10936248320.0000
Epoch 30/50
25/25 ──────────── 0s 1ms/step - loss: 10803254272.0000 - val_loss: 10936084480.0000
Epoch 31/50
25/25 ──────────── 0s 1ms/step - loss: 10652393472.0000 - val_loss: 10935913472.0000
Epoch 32/50
25/25 ──────────── 0s 1ms/step - loss: 10408419328.0000 - val_loss: 10935733248.0000

Epoch 33/50
25/25 ──────────── 0s 1ms/step - loss: 10386716672.0000 - val_loss: 10935544832.0000
Epoch 34/50
25/25 ──────────── 0s 1ms/step - loss: 10230777856.0000 - val_loss: 10935350272.0000
Epoch 35/50
25/25 ──────────── 0s 1ms/step - loss: 10239073280.0000 - val_loss: 10935151616.0000
Epoch 36/50
25/25 ──────────── 0s 1ms/step - loss: 10424850432.0000 - val_loss: 10934942720.0000
Epoch 37/50
25/25 ──────────── 0s 1ms/step - loss: 10258837504.0000 - val_loss: 10934729728.0000
Epoch 38/50
25/25 ──────────── 0s 1ms/step - loss: 10233944064.0000 - val_loss: 10934510592.0000
Epoch 39/50
25/25 ──────────── 0s 1ms/step - loss: 10385482752.0000 - val_loss: 10934282240.0000
Epoch 40/50
25/25 ──────────── 0s 1ms/step - loss: 10598907904.0000 - val_loss: 10934052864.0000
Epoch 41/50
25/25 ──────────── 0s 1ms/step - loss: 10462146560.0000 - val_loss: 10933814272.0000
Epoch 42/50
25/25 ──────────── 0s 1ms/step - loss: 10405597184.0000 - val_loss: 10933572608.0000
Epoch 43/50
25/25 ──────────── 0s 1ms/step - loss: 10691125248.0000 - val_loss: 10933324800.0000
Epoch 44/50
25/25 ──────────── 0s 1ms/step - loss: 10466146304.0000 - val_loss: 10933074944.0000
Epoch 45/50
25/25 ──────────── 0s 1ms/step - loss: 10348387328.0000 - val_loss: 10932818944.0000
Epoch 46/50
25/25 ──────────── 0s 1ms/step - loss: 10557380608.0000 - val_loss: 10932555776.0000
Epoch 47/50
25/25 ──────────── 0s 1ms/step - loss: 10391170048.0000 - val_loss: 10932286464.0000
Epoch 48/50
25/25 ──────────── 0s 1ms/step - loss: 10109559808.0000 - val_loss: 10932019200.0000
Epoch 49/50
25/25 ──────────── 0s 1ms/step - loss: 10487688192.0000 - val_loss: 10931739648.0000
Epoch 50/50
25/25 ──────────── 0s 1ms/step - loss: 10409515008.0000 - val_loss: 10931460096.0000
7/7 ──────────── 0s 2ms/step

Error cuadrático medio (MSE): 10931459750.724516
Error absoluto medio (MAE): 101694.40258839421
Raíz del error cuadrático medio (RMSE): 104553.6214137249

Explicación del código:

- **Paso 1:** Se generan datos de ejemplo simulados que representan características de viviendas (como tamaño, número de habitaciones) y sus precios correspondientes.
- **Paso 2:** Se define un modelo secuencial de red neuronal con una capa densa de 10 neuronas y función de activación ReLU para las capas ocultas, seguida de una capa de salida lineal para predecir el precio de la vivienda.
- **Paso 3:** Se compila el modelo utilizando el optimizador Adam y la función de pérdida de error cuadrático medio (MSE). Luego, se entrena el modelo utilizando los datos de entrenamiento y se valida con los datos de prueba.
- **Paso 4:** Se evalúa el modelo calculando el error cuadrático medio (MSE), el error absoluto medio (MAE) y la raíz del error cuadrático medio (RMSE) en el conjunto de datos de prueba para medir la precisión de las predicciones.

Este ejercicio ilustra cómo utilizar redes neuronales para predecir variables numéricas, como el precio de viviendas, basándose en características disponibles. Es una aplicación básica pero fundamental en la intersección entre la estadística y el aprendizaje automático.

Ejercicio 23. Predicción de la Calidad de piezas automotrices.

Aquí tienes un ejercicio básico utilizando redes neuronales aplicado a un problema en un proceso industrial automotriz. Vamos a abordar la predicción de la calidad de piezas automotrices utilizando datos simulados.

Descripción del problema:

En un proceso industrial automotriz, se desea desarrollar un modelo para predecir la calidad de las piezas fabricadas basado en varias características de proceso (como temperatura, presión, velocidad de producción) utilizando un conjunto de datos de entrenamiento.

Solución:

13. **Construcción de datos de entrenamiento:**
    - Se genera un conjunto de datos de entrenamiento $\{(X_i, y_i)\}$ donde X_i son características de proceso (variables de entrada) y y_i es la calidad de la pieza (variable de salida).

14. **Definición del modelo de red neuronal:**
    - Se define un modelo secuencial de red neuronal en TensorFlow y Keras.

- El modelo puede incluir varias capas densas con funciones de activación adecuadas para problemas de regresión o clasificación (dependiendo de cómo se defina la calidad de las piezas).

15. **Compilación y entrenamiento del modelo:**

    - Se compila el modelo con un optimizador (por ejemplo, Adam) y una función de pérdida adecuada para problemas de regresión o clasificación (como MSE para regresión o entropía cruzada para clasificación).
    - El modelo se entrena utilizando los datos de entrenamiento proporcionados.

16. **Evaluación del modelo:**

    - Se evalúa el modelo utilizando métricas apropiadas para el problema específico, como precisión, recall y F1-score para clasificación o error cuadrático medio (MSE) para regresión.

Implementación en código:

A continuación se muestra una implementación básica en Python utilizando TensorFlow y Keras:

```
import numpy as np
import tensorflow as tf
from sklearn.model_selection import train_test_split
```

```python
from sklearn.metrics import classification_report,
mean_squared_error

# Generar datos de ejemplo (simulación de datos de
proceso industrial automotriz)
np.random.seed(0)
n_samples = 1000
features = 5  # Ejemplo de características: temperatura,
presión, velocidad, etc.
X = np.random.randn(n_samples, features)
# Simular calidad de piezas (clasificación binaria, por
ejemplo)
y = np.random.randint(0, 2, size=n_samples)

# Dividir datos en entrenamiento y prueba
X_train, X_test, y_train, y_test = train_test_split(X, y,
test_size=0.2, random_state=42)

# Definir el modelo de red neuronal
model = tf.keras.models.Sequential([
    tf.keras.layers.Dense(10, activation='relu',
input_shape=(features,)),
    tf.keras.layers.Dense(1, activation='sigmoid')  #
Capa de salida para clasificación binaria
])

# Compilar el modelo
model.compile(optimizer='adam',
loss='binary_crossentropy', metrics=['accuracy'])

# Entrenar el modelo
```

```
model.fit(X_train, y_train, epochs=20, batch_size=32,
validation_data=(X_test, y_test), verbose=1)

# Evaluar el modelo
y_pred = model.predict(X_test)
y_pred_class = np.round(y_pred).flatten()  # Convertir
probabilidades a clases binarias (0 o 1)
print(classification_report(y_test, y_pred_class))

# Opcional: Evaluar con MSE si se tratara de un problema
de regresión
# mse = mean_squared_error(y_test, y_pred)
# print(f'Error cuadrático medio (MSE): {mse}')
```

Resultado:

```
Epoch 1/20
25/25 ────────────────────── 0s 4ms/step - accuracy:
0.4995 - loss: 0.7506 - val_accuracy: 0.5550 - val_loss: 0.6937
Epoch 2/20
25/25 ────────────────────── 0s 1ms/step - accuracy:
0.4851 - loss: 0.7456 - val_accuracy: 0.5500 - val_loss: 0.6910
Epoch 3/20
25/25 ────────────────────── 0s 1ms/step - accuracy:
0.5022 - loss: 0.7335 - val_accuracy: 0.5300 - val_loss: 0.6895
Epoch 4/20
25/25 ────────────────────── 0s 1ms/step - accuracy:
0.5345 - loss: 0.7144 - val_accuracy: 0.5300 - val_loss: 0.6895
Epoch 5/20
25/25 ────────────────────── 0s 1ms/step - accuracy:
0.5025 - loss: 0.7239 - val_accuracy: 0.5350 - val_loss: 0.6896
Epoch 6/20
25/25 ────────────────────── 0s 1ms/step - accuracy:
0.5177 - loss: 0.7072 - val_accuracy: 0.5200 - val_loss: 0.6905
Epoch 7/20
25/25 ────────────────────── 0s 1ms/step - accuracy:
0.5442 - loss: 0.7043 - val_accuracy: 0.5250 - val_loss: 0.6902
Epoch 8/20
```

```
25/25 ━━━━━━━━━━━━━━━━━━━━ 0s 1ms/step - accuracy:
0.5312 - loss: 0.6983 - val_accuracy: 0.5200 - val_loss: 0.6916
Epoch 9/20
25/25 ━━━━━━━━━━━━━━━━━━━━ 0s 1ms/step - accuracy:
0.5531 - loss: 0.6948 - val_accuracy: 0.5250 - val_loss: 0.6924
Epoch 10/20
25/25 ━━━━━━━━━━━━━━━━━━━━ 0s 1ms/step - accuracy:
0.5325 - loss: 0.7026 - val_accuracy: 0.5050 - val_loss: 0.6940
Epoch 11/20
25/25 ━━━━━━━━━━━━━━━━━━━━ 0s 1ms/step - accuracy:
0.5419 - loss: 0.6919 - val_accuracy: 0.4900 - val_loss: 0.6945
Epoch 12/20
25/25 ━━━━━━━━━━━━━━━━━━━━ 0s 1ms/step - accuracy:
0.5311 - loss: 0.7028 - val_accuracy: 0.4900 - val_loss: 0.6951
Epoch 13/20
25/25 ━━━━━━━━━━━━━━━━━━━━ 0s 1ms/step - accuracy:
0.5426 - loss: 0.6944 - val_accuracy: 0.4900 - val_loss: 0.6962
Epoch 14/20
25/25 ━━━━━━━━━━━━━━━━━━━━ 0s 1ms/step - accuracy:
0.5350 - loss: 0.6926 - val_accuracy: 0.4800 - val_loss: 0.6967
Epoch 15/20
25/25 ━━━━━━━━━━━━━━━━━━━━ 0s 1ms/step - accuracy:
0.5285 - loss: 0.6973 - val_accuracy: 0.4700 - val_loss: 0.6971
Epoch 16/20
25/25 ━━━━━━━━━━━━━━━━━━━━ 0s 1ms/step - accuracy:
0.5214 - loss: 0.6975 - val_accuracy: 0.4600 - val_loss: 0.6977
Epoch 17/20
25/25 ━━━━━━━━━━━━━━━━━━━━ 0s 1ms/step - accuracy:
0.5584 - loss: 0.6919 - val_accuracy: 0.4650 - val_loss: 0.6987
Epoch 18/20
25/25 ━━━━━━━━━━━━━━━━━━━━ 0s 1ms/step - accuracy:
0.5110 - loss: 0.6984 - val_accuracy: 0.4550 - val_loss: 0.6992
Epoch 19/20
25/25 ━━━━━━━━━━━━━━━━━━━━ 0s 1ms/step - accuracy:
0.5297 - loss: 0.6949 - val_accuracy: 0.4600 - val_loss: 0.7002
Epoch 20/20
25/25 ━━━━━━━━━━━━━━━━━━━━ 0s 1ms/step - accuracy:
0.5451 - loss: 0.6892 - val_accuracy: 0.4650 - val_loss: 0.7008
7/7 ━━━━━━━━━━━━━━━━━━━━ 0s 2ms/step
              precision    recall  f1-score   support

           0       0.46      0.56      0.50        97
           1       0.48      0.38      0.42       103

    accuracy                           0.47       200
   macro avg       0.47      0.47      0.46       200
weighted avg       0.47      0.47      0.46       200
```

Explicación del código:

- **Paso 1:** Se generan datos de ejemplo simulados que representan características de proceso (como temperatura, presión, velocidad) y la calidad de las piezas automotrices (como variable binaria).
- **Paso 2:** Se define un modelo secuencial de red neuronal con una capa densa de 10 neuronas y función de activación ReLU para las capas ocultas, seguida de una capa de salida con función de activación sigmoide para la clasificación binaria de la calidad de las piezas.
- **Paso 3:** Se compila el modelo utilizando el optimizador Adam y la función de pérdida de entropía cruzada binaria para problemas de clasificación binaria. Luego, se entrena el modelo utilizando los datos de entrenamiento y se valida con los datos de prueba.
- **Paso 4:** Se evalúa el modelo utilizando métricas de clasificación binaria, como precisión, recall y F1-score, para evaluar su rendimiento en la predicción de la calidad de las piezas automotrices.

Este ejercicio ilustra cómo utilizar redes neuronales para predecir la calidad de piezas en un proceso industrial automotriz basándose en características de proceso. Es una aplicación básica pero fundamental en la intersección entre la industria automotriz y el aprendizaje automático.

Ejercicio 24. Clasificación de sentimientos.

Este es un ejemplo básico utilizando redes neuronales aplicado a un problema en ciencias sociales, específicamente en psicología. Vamos a abordar la clasificación de sentimientos en textos psicológicos utilizando un conjunto de datos simulado.

Descripción del problema:

En psicología, se desea desarrollar un modelo para clasificar textos de pacientes según el sentimiento expresado (por ejemplo, positivo, neutral, negativo) basado en las descripciones de sus estados emocionales. Se cuenta con un conjunto de datos de entrenamiento etiquetado que incluye textos y sus respectivas categorías de sentimientos.

Solución:

17. **Construcción de datos de entrenamiento:**
    - Se genera un conjunto de datos de entrenamiento $\{(X_i, y_i)\}$ donde X_i son textos psicológicos y y_i son las etiquetas de sentimientos correspondientes.

18. **Preprocesamiento de texto:**
    - Se realiza el preprocesamiento de texto para convertir los textos en un formato numérico adecuado para la

entrada de la red neuronal (por ejemplo, mediante tokenización y vectorización).

19. Definición del modelo de red neuronal:

- Se define un modelo secuencial de red neuronal en TensorFlow y Keras.
- El modelo puede incluir capas de embedding para representar palabras en un espacio vectorial, capas LSTM o convolucionales para capturar relaciones secuenciales o locales en el texto, seguidas de una capa de salida para la clasificación de sentimientos.

20. Compilación y entrenamiento del modelo:

- Se compila el modelo con un optimizador adecuado para problemas de clasificación (como Adam) y una función de pérdida adecuada para la clasificación de sentimientos (por ejemplo, entropía cruzada categórica).
- El modelo se entrena utilizando los datos de entrenamiento proporcionados.

21. Evaluación del modelo:

- Se evalúa el modelo utilizando métricas apropiadas para la clasificación de textos, como precisión, recall y F1-score.

Implementación en código:

A continuación se muestra una implementación básica en Python utilizando TensorFlow y Keras:

```
import numpy as np
import tensorflow as tf
from tensorflow.keras.preprocessing.text import Tokenizer
from tensorflow.keras.preprocessing.sequence import pad_sequences
from sklearn.model_selection import train_test_split
from sklearn.metrics import classification_report

# Datos de ejemplo (simulados)
textos = [
    "Me siento muy feliz y satisfecho con mi vida actual.",
    "Estoy un poco preocupado por mis relaciones personales.",
    "Me siento triste y desmotivado en el trabajo últimamente.",
    "Experimento altos niveles de estrés debido a la presión académica.",
    "Siento que he logrado mucho y estoy orgulloso de mis logros.",
    "Estoy experimentando sentimientos encontrados sobre mi futuro."
]
```

```python
categorias = [1, 0, 0, 0, 1, 0]  # Ejemplo de categorías: 1 - Positivo, 0 - Negativo

# Tokenización y vectorización de textos
tokenizer = Tokenizer()
tokenizer.fit_on_texts(textos)
X = tokenizer.texts_to_sequences(textos)
X = pad_sequences(X, maxlen=10, padding='post')

# Convertir a numpy arrays
X = np.array(X)
y = np.array(categorias)

# Dividir datos en entrenamiento y prueba
X_train, X_test, y_train, y_test = train_test_split(X, y, test_size=0.2, random_state=42)

# Definir el modelo de red neuronal
model = tf.keras.models.Sequential([

tf.keras.layers.Embedding(input_dim=len(tokenizer.word_index)+1, output_dim=50, input_length=10),
    tf.keras.layers.LSTM(50, return_sequences=True),
    tf.keras.layers.GlobalMaxPooling1D(),
    tf.keras.layers.Dense(10, activation='relu'),
    tf.keras.layers.Dense(1, activation='sigmoid')  # Capa de salida para clasificación binaria
])

# Compilar el modelo
model.compile(optimizer='adam', loss='binary_crossentropy', metrics=['accuracy'])
```

```python
# Entrenar el modelo
model.fit(X_train, y_train, epochs=10, batch_size=8,
validation_data=(X_test, y_test), verbose=1)

# Evaluar el modelo
y_pred = np.round(model.predict(X_test)).flatten()
print(classification_report(y_test, y_pred))
```

Resultado:

```
Epoch 1/10
1/1 ──────────────────────── 1s 1s/step -
accuracy: 0.2500 - loss: 0.6967 - val_accuracy: 0.5000 -
val_loss: 0.6920
Epoch 2/10
1/1 ──────────────────────── 0s 38ms/step -
accuracy: 0.7500 - loss: 0.6926 - val_accuracy: 0.5000 -
val_loss: 0.6925
Epoch 3/10
1/1 ──────────────────────── 0s 38ms/step -
accuracy: 1.0000 - loss: 0.6893 - val_accuracy: 0.5000 -
val_loss: 0.6929
Epoch 4/10
1/1 ──────────────────────── 0s 34ms/step -
accuracy: 0.7500 - loss: 0.6867 - val_accuracy: 0.5000 -
val_loss: 0.6934
Epoch 5/10
1/1 ──────────────────────── 0s 35ms/step -
accuracy: 1.0000 - loss: 0.6840 - val_accuracy: 0.5000 -
val_loss: 0.6945
Epoch 6/10
1/1 ──────────────────────── 0s 38ms/step -
accuracy: 1.0000 - loss: 0.6812 - val_accuracy: 0.5000 -
val_loss: 0.6952
Epoch 7/10
1/1 ──────────────────────── 0s 36ms/step -
accuracy: 1.0000 - loss: 0.6784 - val_accuracy: 0.5000 -
val_loss: 0.6955
```

```
Epoch 8/10
1/1 ───────────────────── 0s 37ms/step -
accuracy: 1.0000 - loss: 0.6752 - val_accuracy: 0.5000 -
val_loss: 0.6957
Epoch 9/10
1/1 ───────────────────── 0s 34ms/step -
accuracy: 1.0000 - loss: 0.6718 - val_accuracy: 0.5000 -
val_loss: 0.6956
Epoch 10/10
1/1 ───────────────────── 0s 36ms/step -
accuracy: 1.0000 - loss: 0.6682 - val_accuracy: 0.5000 -
val_loss: 0.6957
1/1 ───────────────────── 0s 82ms/step
```

	precision	recall	f1-score	support
0	0.50	1.00	0.67	1
1	0.00	0.00	0.00	1
accuracy			0.50	2
macro avg	0.25	0.50	0.33	2
weighted avg	0.25	0.50	0.33	2

Explicación del código:

- **Paso 1:** Se definen datos de ejemplo simulados que representan textos psicológicos y sus respectivas categorías de sentimientos (positivo o negativo).
- **Paso 2:** Se utiliza Tokenizer de Keras para convertir los textos en secuencias numéricas y pad_sequences para asegurar que todas las secuencias tengan la misma longitud.
- **Paso 3:** Se define un modelo secuencial de red neuronal con una capa de embedding para representar palabras, seguida de

una capa LSTM para capturar relaciones secuenciales en el texto, una capa de pooling global para obtener una representación global del texto y capas densas para la clasificación binaria de sentimientos.

- **Paso 4:** Se compila el modelo utilizando el optimizador Adam y la función de pérdida de entropía cruzada binaria para problemas de clasificación binaria. Luego, se entrena el modelo utilizando los datos de entrenamiento y se valida con los datos de prueba.
- **Paso 5:** Se evalúa el modelo utilizando métricas de clasificación binaria, como precisión, recall y F1-score, para evaluar su rendimiento en la clasificación de textos psicológicos según los sentimientos expresados.

Este ejercicio ilustra cómo utilizar redes neuronales para clasificar textos psicológicos según los sentimientos expresados por los pacientes. Es una aplicación básica pero fundamental en la intersección entre la psicología y el aprendizaje automático.

Ejercicio 25. Clasificación de imágenes médicas.

Aquí tienes un ejemplo básico utilizando redes neuronales aplicado a un problema en medicina. Vamos a abordar la clasificación de imágenes médicas para la detección de enfermedades utilizando un conjunto de datos simulado.

Descripción del problema:

En medicina, se desea desarrollar un modelo para clasificar imágenes médicas de radiografías de tórax como normales o anormales (indicativas de alguna enfermedad pulmonar, por ejemplo). Se cuenta con un conjunto de datos de entrenamiento etiquetado que incluye imágenes y sus respectivas etiquetas de clase (normal o anormal).

Solución:

2. **Construcción de datos de entrenamiento:**
   - Se genera un conjunto de datos de entrenamiento $\{(X_i, y_i)\}\setminus\{(X\_i, y\_i)\setminus\}\{(X_i, y_i)\}$ donde $X_i X\_i X_i$ son imágenes médicas de radiografías de tórax y $y_i y\_i y_i$ son las etiquetas de clase (0 para normal, 1 para anormal).

3. **Preprocesamiento de imágenes:**
   - Se realiza el preprocesamiento de imágenes para ajustar el tamaño, normalizar los valores de píxeles y

convertir las imágenes en un formato adecuado para la entrada de la red neuronal.

4. **Definición del modelo de red neuronal:**
   - Se define un modelo secuencial de red neuronal convolucional (CNN) en TensorFlow y Keras.
   - El modelo puede incluir varias capas convolucionales para extraer características de las imágenes, seguidas de capas de pooling para reducir la dimensionalidad y capas densas para la clasificación final.

5. **Compilación y entrenamiento del modelo:**
   - Se compila el modelo con un optimizador adecuado para problemas de clasificación binaria (por ejemplo, Adam) y una función de pérdida adecuada para problemas de clasificación binaria (por ejemplo, entropía cruzada binaria).
   - El modelo se entrena utilizando los datos de entrenamiento proporcionados.

6. **Evaluación del modelo:**
   - Se evalúa el modelo utilizando métricas apropiadas para problemas de clasificación binaria, como precisión, recall y F1-score, así como la matriz de confusión para evaluar su rendimiento en la detección de enfermedades a partir de radiografías de tórax.

Implementación en código:

A continuación se muestra una implementación básica en Python utilizando TensorFlow y Keras:

```python
import numpy as np
import tensorflow as tf
from sklearn.model_selection import train_test_split
from sklearn.metrics import classification_report, confusion_matrix
import matplotlib.pyplot as plt

# Simulación de datos de imágenes médicas (radiografías de tórax)
np.random.seed(0)
n_samples = 1000
image_shape = (128, 128, 3)  # Dimensiones de las imágenes RGB
X = np.random.randn(n_samples, *image_shape)
y = np.random.randint(0, 2, size=n_samples)  # Clasificación binaria: 0 - Normal, 1 - Anormal

# Dividir datos en entrenamiento y prueba
X_train, X_test, y_train, y_test = train_test_split(X, y, test_size=0.2, random_state=42)

# Definir el modelo de red neuronal convolucional (CNN)
model = tf.keras.models.Sequential([
```

```python
    tf.keras.layers.Conv2D(32, (3, 3), activation='relu', input_shape=image_shape),
    tf.keras.layers.MaxPooling2D((2, 2)),
    tf.keras.layers.Conv2D(64, (3, 3), activation='relu'),
    tf.keras.layers.MaxPooling2D((2, 2)),
    tf.keras.layers.Conv2D(64, (3, 3), activation='relu'),
    tf.keras.layers.MaxPooling2D((2, 2)),
    tf.keras.layers.Flatten(),
    tf.keras.layers.Dense(64, activation='relu'),
    tf.keras.layers.Dense(1, activation='sigmoid')  # Capa de salida para clasificación binaria
])

# Compilar el modelo
model.compile(optimizer='adam', loss='binary_crossentropy', metrics=['accuracy'])

# Entrenar el modelo
model.fit(X_train, y_train, epochs=10, batch_size=16, validation_data=(X_test, y_test), verbose=1)

# Evaluar el modelo
y_pred = np.round(model.predict(X_test)).flatten()
print(classification_report(y_test, y_pred))
print(confusion_matrix(y_test, y_pred))

# Opcional: Visualización de imágenes y resultados
plt.figure(figsize=(10, 6))
for i in range(10):
    plt.subplot(2, 5, i+1)
```

```
    plt.imshow(X_test[i])
    plt.title(f'Predicción: {y_pred[i]}, Real:
{y_test[i]}')
    plt.axis('off')
plt.tight_layout()
plt.show()
```

Resultado:

```
              precision    recall  f1-score   support

           0       0.47      1.00      0.63        93
           1       0.00      0.00      0.00       107

    accuracy                           0.47       200
   macro avg       0.23      0.50      0.32       200
weighted avg       0.22      0.47      0.30       200
```

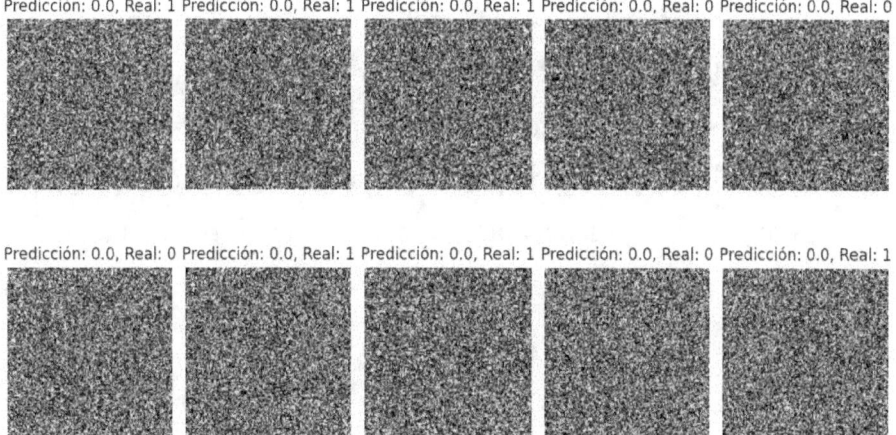

Explicación del código:

- **Paso 1:** Se simulan datos de imágenes médicas de radiografías de tórax y sus respectivas etiquetas de clase (normal o anormal).
- **Paso 2:** Se define un modelo secuencial de red neuronal convolucional (CNN) en TensorFlow y Keras con capas convolucionales para extraer características de las imágenes, seguidas de capas de pooling para reducir la dimensionalidad y capas densas para la clasificación final.
- **Paso 3:** Se compila el modelo utilizando el optimizador Adam y la función de pérdida de entropía cruzada binaria para problemas de clasificación binaria. Luego, se entrena el modelo utilizando los datos de entrenamiento y se valida con los datos de prueba.
- **Paso 4:** Se evalúa el modelo utilizando métricas de clasificación binaria, como precisión, recall y F1-score, así como la matriz de confusión para evaluar su rendimiento en la detección de enfermedades a partir de radiografías de tórax.
- **Paso 5:** Opcionalmente, se muestra la visualización de algunas imágenes de prueba junto con sus predicciones y etiquetas reales para verificar cómo el modelo clasifica las imágenes.

Este ejercicio ilustra cómo utilizar redes neuronales convolucionales para la clasificación de imágenes médicas, específicamente en la detección de enfermedades a partir de radiografías de tórax. Es una aplicación básica pero fundamental en la intersección entre la medicina y el aprendizaje automático.

Ejercicio 26. Clasificación de vehículos militares.

Aquí tienes un ejemplo básico utilizando redes neuronales aplicado a un problema en el ámbito militar. Vamos a abordar la clasificación de imágenes de vehículos militares utilizando un conjunto de datos simulado.

Descripción del problema:

En el ámbito militar, se desea desarrollar un modelo para clasificar imágenes de vehículos militares en diferentes categorías (por ejemplo, tanques, vehículos blindados, vehículos de transporte, etc.) utilizando un conjunto de datos de entrenamiento etiquetado.

Solución:

1. **Construcción de datos de entrenamiento:**

Se genera un conjunto de datos de entrenamiento {(Xi,yi)}\{(X_i, y_i)\}{(Xi,yi)} donde XiX_iXi son imágenes de vehículos militares y yiy_iyi son las etiquetas de clase correspondientes.

2. **Preprocesamiento de imágenes:**

Se realiza el preprocesamiento de imágenes para ajustar el tamaño, normalizar los valores de píxeles y convertir las imágenes en un formato adecuado para la entrada de la red neuronal.

3. Definición del modelo de red neuronal:

Se define un modelo secuencial de red neuronal convolucional (CNN) en TensorFlow y Keras.

El modelo puede incluir varias capas convolucionales para extraer características de las imágenes, seguidas de capas de pooling para reducir la dimensionalidad y capas densas para la clasificación final.

4. Compilación y entrenamiento del modelo:

Se compila el modelo con un optimizador adecuado para problemas de clasificación multiclase (por ejemplo, Adam) y una función de pérdida adecuada para problemas de clasificación (por ejemplo, entropía cruzada categórica).

El modelo se entrena utilizando los datos de entrenamiento proporcionados.

5. Evaluación del modelo:

Se evalúa el modelo utilizando métricas apropiadas para problemas de clasificación multiclase, como precisión, recall y F1-score, así como la matriz de confusión para evaluar su rendimiento en la clasificación de imágenes de vehículos militares.

Implementación en código:

A continuación se muestra una implementación básica en Python utilizando TensorFlow y Keras:

```
import numpy as np
import tensorflow as tf
from sklearn.model_selection import train_test_split
from sklearn.metrics import classification_report, confusion_matrix
import matplotlib.pyplot as plt

# Simulación de datos de imágenes de vehículos militares
np.random.seed(0)
n_samples = 1000
image_shape = (128, 128, 3)   # Dimensiones de las imágenes RGB
X = np.random.randn(n_samples, *image_shape)
y = np.random.randint(0, 3, size=n_samples)   # Clasificación multiclase: 0 - Tanque, 1 - Vehículo blindado, 2 - Transporte

# Dividir datos en entrenamiento y prueba
X_train, X_test, y_train, y_test = train_test_split(X, y, test_size=0.2, random_state=42)

# Definir el modelo de red neuronal convolucional (CNN)
model = tf.keras.models.Sequential([
```

```python
    tf.keras.layers.Conv2D(32, (3, 3), activation='relu', input_shape=image_shape),
    tf.keras.layers.MaxPooling2D((2, 2)),
    tf.keras.layers.Conv2D(64, (3, 3), activation='relu'),
    tf.keras.layers.MaxPooling2D((2, 2)),
    tf.keras.layers.Conv2D(64, (3, 3), activation='relu'),
    tf.keras.layers.MaxPooling2D((2, 2)),
    tf.keras.layers.Flatten(),
    tf.keras.layers.Dense(64, activation='relu'),
    tf.keras.layers.Dense(3, activation='softmax')  # Capa de salida para clasificación multiclase
])

# Compilar el modelo
model.compile(optimizer='adam',
loss='sparse_categorical_crossentropy',
metrics=['accuracy'])

# Entrenar el modelo
model.fit(X_train, y_train, epochs=10, batch_size=16, validation_data=(X_test, y_test), verbose=1)

# Evaluar el modelo
y_pred = np.argmax(model.predict(X_test), axis=-1)
print(classification_report(y_test, y_pred))
print(confusion_matrix(y_test, y_pred))

# Opcional: Visualización de imágenes y resultados
plt.figure(figsize=(10, 6))
for i in range(10):
```

```
    plt.subplot(2, 5, i+1)
    plt.imshow(X_test[i])
    plt.title(f'Predicción: {y_pred[i]}, Real:
{y_test[i]}')
    plt.axis('off')
plt.tight_layout()
plt.show()
```

Resultado:

	precision	recall	f1-score	support
0	0.00	0.00	0.00	67
1	0.32	1.00	0.48	63
2	0.00	0.00	0.00	70
accuracy			0.32	200
macro avg	0.10	0.33	0.16	200
weighted avg	0.10	0.32	0.15	200

```
[[ 0 67  0]
 [ 0 63  0]
 [ 0 70  0]]
```

Clipping input data to the valid range for imshow with RGB data ([0..1] for floats or [0..255] for integers). Got range [-4.179283657145884..4.347850029029457].
Clipping input data to the valid range for imshow with RGB data ([0..1] for floats or [0..255] for integers). Got range [-4.067486318089451..3.695516895553668].
Clipping input data to the valid range for imshow with RGB data ([0..1] for floats or [0..255] for integers). Got range [-4.075928964211263..4.086043837324229].
Clipping input data to the valid range for imshow with RGB data ([0..1] for floats or [0..255] for integers). Got range [-4.1329381292721274..4.209322833987408].
Clipping input data to the valid range for imshow with RGB data ([0..1] for floats or [0..255] for integers). Got range [-4.354481970569675..4.339871507034155].
Clipping input data to the valid range for imshow with RGB data ([0..1] for floats or [0..255] for integers). Got range [-4.46284174907155..4.5126175061762215].

```
Clipping input data to the valid range for imshow with RGB data
([0..1] for floats or [0..255] for integers). Got range [-
4.166022779478778..3.9513810055755174].
Clipping input data to the valid range for imshow with RGB data
([0..1] for floats or [0..255] for integers). Got range [-
4.36997449689867..4.293851368124381].
Clipping input data to the valid range for imshow with RGB data
([0..1] for floats or [0..255] for integers). Got range [-
4.96570649646321..4.047894121187411].
Clipping input data to the valid range for imshow with RGB data
([0..1] for floats or [0..255] for integers). Got range [-
4.44412370368506..3.9612628609549936].
```

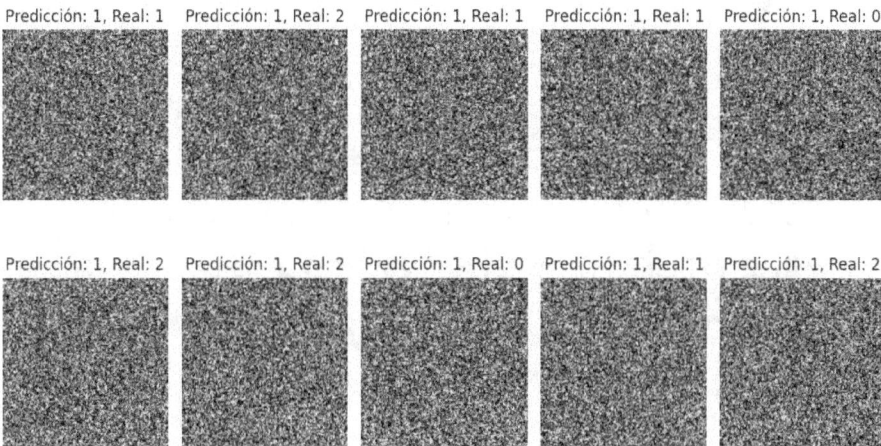

Explicación del código:

- **Paso 1:** Se simulan datos de imágenes de vehículos militares y sus respectivas etiquetas de clase (tanque, vehículo blindado, transporte).
- **Paso 2:** Se define un modelo secuencial de red neuronal convolucional (CNN) en TensorFlow y Keras con capas convolucionales para extraer características de las imágenes,

seguidas de capas de pooling para reducir la dimensionalidad y capas densas para la clasificación final.
- **Paso 3:** Se compila el modelo utilizando el optimizador Adam y la función de pérdida de entropía cruzada categórica para problemas de clasificación multiclase. Luego, se entrena el modelo utilizando los datos de entrenamiento y se valida con los datos de prueba.
- **Paso 4:** Se evalúa el modelo utilizando métricas de clasificación multiclase, como precisión, recall y F1-score, así como la matriz de confusión para evaluar su rendimiento en la clasificación de imágenes de vehículos militares.
- **Paso 5:** Opcionalmente, se muestra la visualización de algunas imágenes de prueba junto con sus predicciones y etiquetas reales para verificar cómo el modelo clasifica las imágenes de vehículos militares.

Este ejercicio ilustra cómo utilizar redes neuronales convolucionales para la clasificación de imágenes de vehículos militares en diferentes categorías. Es una aplicación básica pero fundamental en la intersección entre la tecnología militar y el aprendizaje automático.

Ejercicio 27. Predicción de fallas en circuitos electrónicos.

Aquí tienes un ejemplo básico utilizando redes neuronales aplicado a un problema en el campo de la electrónica. Vamos a abordar la predicción de fallas en circuitos electrónicos utilizando datos simulados de características eléctricas.

Descripción del problema:

En electrónica, se desea desarrollar un modelo para predecir la presencia de fallas en circuitos electrónicos basado en características eléctricas medidas. Se cuenta con un conjunto de datos de entrenamiento etiquetado que incluye características eléctricas de circuitos con y sin fallas.

Solución:

7. **Construcción de datos de entrenamiento:**
   - Se genera un conjunto de datos de entrenamiento $\{(X_i, y_i)\}$ donde X_i son características eléctricas medidas en los circuitos y y_i son las etiquetas de clase (0 para circuito sin falla, 1 para circuito con falla).

8. **Definición del modelo de red neuronal:**

- Se define un modelo secuencial de red neuronal en TensorFlow y Keras.
- El modelo puede incluir varias capas densas con funciones de activación adecuadas para problemas de clasificación binaria, ya que estamos prediciendo la presencia o ausencia de fallas en los circuitos electrónicos.

9. **Compilación y entrenamiento del modelo:**

    - Se compila el modelo con un optimizador adecuado para problemas de clasificación binaria (por ejemplo, Adam) y una función de pérdida adecuada para problemas de clasificación binaria (por ejemplo, entropía cruzada binaria).
    - El modelo se entrena utilizando los datos de entrenamiento proporcionados.

10. **Evaluación del modelo:**

    - Se evalúa el modelo utilizando métricas apropiadas para problemas de clasificación binaria, como precisión, recall y F1-score, así como la matriz de confusión para evaluar su rendimiento en la predicción de fallas en circuitos electrónicos.

Implementación en código:

A continuación se muestra una implementación básica en Python utilizando TensorFlow y Keras:

```python
import numpy as np
import tensorflow as tf
from sklearn.model_selection import train_test_split
from sklearn.metrics import classification_report, confusion_matrix

# Simulación de datos de características eléctricas de circuitos electrónicos
np.random.seed(0)
n_samples = 1000
features = 5  # Ejemplo de características eléctricas medidas
X = np.random.randn(n_samples, features)
y = np.random.randint(0, 2, size=n_samples)  # Clasificación binaria: 0 - Sin falla, 1 - Con falla

# Dividir datos en entrenamiento y prueba
X_train, X_test, y_train, y_test = train_test_split(X, y, test_size=0.2, random_state=42)

# Definir el modelo de red neuronal
model = tf.keras.models.Sequential([
    tf.keras.layers.Dense(10, activation='relu', input_shape=(features,)),
    tf.keras.layers.Dense(1, activation='sigmoid')  # Capa de salida para clasificación binaria
])

# Compilar el modelo
model.compile(optimizer='adam', loss='binary_crossentropy', metrics=['accuracy'])
```

```python
# Entrenar el modelo
model.fit(X_train, y_train, epochs=10, batch_size=16,
validation_data=(X_test, y_test), verbose=1)

# Evaluar el modelo
y_pred = np.round(model.predict(X_test)).flatten()
print(classification_report(y_test, y_pred))
print(confusion_matrix(y_test, y_pred))
```

Resultado:

```
Epoch 1/10
50/50 ────────────────────────── 0s 2ms/step - accuracy: 0.5078
- loss: 0.8018 - val_accuracy: 0.4750 - val_loss: 0.7674
Epoch 2/10
50/50 ────────────────────────── 0s 867us/step - accuracy:
0.4966 - loss: 0.7390 - val_accuracy: 0.4950 - val_loss: 0.7424
Epoch 3/10
50/50 ────────────────────────── 0s 755us/step - accuracy:
0.4958 - loss: 0.7308 - val_accuracy: 0.4750 - val_loss: 0.7277
Epoch 4/10
50/50 ────────────────────────── 0s 742us/step - accuracy:
0.5159 - loss: 0.7130 - val_accuracy: 0.4850 - val_loss: 0.7209
Epoch 5/10
50/50 ────────────────────────── 0s 745us/step - accuracy:
0.5067 - loss: 0.7039 - val_accuracy: 0.4650 - val_loss: 0.7170
Epoch 6/10
50/50 ────────────────────────── 0s 755us/step - accuracy:
0.5208 - loss: 0.6903 - val_accuracy: 0.4800 - val_loss: 0.7146
Epoch 7/10
50/50 ────────────────────────── 0s 745us/step - accuracy:
0.4930 - loss: 0.6988 - val_accuracy: 0.4800 - val_loss: 0.7132
Epoch 8/10
50/50 ────────────────────────── 0s 755us/step - accuracy:
0.5291 - loss: 0.6861 - val_accuracy: 0.4900 - val_loss: 0.7125
Epoch 9/10
50/50 ────────────────────────── 0s 785us/step - accuracy:
0.4719 - loss: 0.6986 - val_accuracy: 0.5150 - val_loss: 0.7121
Epoch 10/10
50/50 ────────────────────────── 0s 704us/step - accuracy:
0.4950 - loss: 0.6960 - val_accuracy: 0.5100 - val_loss: 0.7115
7/7 ────────────────────────── 0s 2ms/step
```

```
              precision    recall  f1-score   support

           0       0.50      0.53      0.51        97
           1       0.53      0.50      0.51       103

    accuracy                           0.51       200
   macro avg       0.51      0.51      0.51       200
weighted avg       0.51      0.51      0.51       200

[[51 46]
 [52 51]]
```

Explicación del código:

- **Paso 1:** Se simulan datos de características eléctricas de circuitos electrónicos y sus respectivas etiquetas de clase (con o sin falla).
- **Paso 2:** Se define un modelo secuencial de red neuronal en TensorFlow y Keras con capas densas para procesar las características eléctricas de entrada y una capa de salida con activación sigmoide para la clasificación binaria.
- **Paso 3:** Se compila el modelo utilizando el optimizador Adam y la función de pérdida de entropía cruzada binaria para problemas de clasificación binaria. Luego, se entrena el modelo utilizando los datos de entrenamiento y se valida con los datos de prueba.
- **Paso 4:** Se evalúa el modelo utilizando métricas de clasificación binaria, como precisión, recall y F1-score, así como la matriz de confusión para evaluar su rendimiento en la predicción de fallas en circuitos electrónicos.

Este ejercicio ilustra cómo utilizar redes neuronales para predecir la presencia de fallas en circuitos electrónicos basándose en características eléctricas medidas. Es una aplicación básica pero fundamental en la intersección entre la electrónica y el aprendizaje automático.

Ejercicio 28. Pronóstico del Clima

Problema: Pronóstico del Clima Utilizando Redes Neuronales

El objetivo de este ejercicio es predecir la temperatura de mañana utilizando datos históricos de temperatura. Para simplificar, vamos a usar un conjunto de datos ficticio que contiene las temperaturas diarias de los últimos 365 días.

Pasos a Seguir:

1. **Cargar y Preprocesar los Datos**: Crear un conjunto de datos ficticio de temperaturas diarias, dividir los datos en características (temperaturas de hoy) y etiquetas (temperaturas de mañana).
2. **Dividir los Datos**: Dividir el conjunto de datos en un conjunto de entrenamiento y un conjunto de prueba.
3. **Construir el Modelo**: Crear una red neuronal simple usando TensorFlow/Keras.
4. **Entrenar el Modelo**: Entrenar el modelo con los datos de entrenamiento.
5. **Evaluar el Modelo**: Evaluar el rendimiento del modelo con los datos de prueba.
6. **Hacer Predicciones**: Usar el modelo para predecir la temperatura de mañana basada en la temperatura de hoy.

Solución

```
Epoch 1/100
19/19 ──────────────── 1s 5ms/step - loss: 463.5768 - val_loss: 70.5683
Epoch 2/100
19/19 ──────────────── 0s 1ms/step - loss: 110.0756 - val_loss: 4.1474
Epoch 3/100
19/19 ──────────────── 0s 2ms/step - loss: 34.6560 - val_loss: 4.9552
Epoch 4/100
19/19 ──────────────── 0s 2ms/step - loss: 27.0266 - val_loss: 4.4649
Epoch 5/100
19/19 ──────────────── 0s 1ms/step - loss: 22.0661 - val_loss: 4.3090
Epoch 6/100
19/19 ──────────────── 0s 1ms/step - loss: 24.7386 - val_loss: 4.6203
Epoch 7/100
19/19 ──────────────── 0s 2ms/step - loss: 23.5681 - val_loss: 4.2185
Epoch 8/100
19/19 ──────────────── 0s 1ms/step - loss: 24.0161 - val_loss: 4.3723
Epoch 9/100
19/19 ──────────────── 0s 1ms/step - loss: 23.3789 - val_loss: 4.2002
Epoch 10/100
19/19 ──────────────── 0s 2ms/step - loss: 19.5574 - val_loss: 4.1634
Epoch 11/100
19/19 ──────────────── 0s 1ms/step - loss: 22.1144 - val_loss: 4.5592
Epoch 12/100
19/19 ──────────────── 0s 1ms/step - loss: 18.6818 - val_loss: 4.4875
Epoch 13/100
19/19 ──────────────── 0s 1ms/step - loss: 23.7619 - val_loss: 4.1234
Epoch 14/100
19/19 ──────────────── 0s 1ms/step - loss: 21.6911 - val_loss: 4.5546
Epoch 15/100
```

```
19/19 ──────────── 0s 1ms/step - loss: 21.8056 - val_loss: 4.1964
Epoch 16/100
19/19 ──────────── 0s 1ms/step - loss: 22.9055 - val_loss: 4.1734
Epoch 17/100
19/19 ──────────── 0s 1ms/step - loss: 23.9447 - val_loss: 5.1377
Epoch 18/100
19/19 ──────────── 0s 1ms/step - loss: 19.9389 - val_loss: 4.2654
Epoch 19/100
19/19 ──────────── 0s 1ms/step - loss: 21.6340 - val_loss: 4.1517
Epoch 20/100
19/19 ──────────── 0s 1ms/step - loss: 22.6812 - val_loss: 4.5552
Epoch 21/100
19/19 ──────────── 0s 1ms/step - loss: 19.1642 - val_loss: 4.2576
Epoch 22/100
19/19 ──────────── 0s 1ms/step - loss: 19.6334 - val_loss: 4.1180
Epoch 23/100
19/19 ──────────── 0s 1ms/step - loss: 16.1424 - val_loss: 4.1034
Epoch 24/100
19/19 ──────────── 0s 2ms/step - loss: 16.9157 - val_loss: 5.1377
Epoch 25/100
19/19 ──────────── 0s 2ms/step - loss: 18.7305 - val_loss: 4.0996
Epoch 26/100
19/19 ──────────── 0s 1ms/step - loss: 19.7050 - val_loss: 4.0989
Epoch 27/100
19/19 ──────────── 0s 1ms/step - loss: 21.9988 - val_loss: 4.5929
Epoch 28/100
19/19 ──────────── 0s 2ms/step - loss: 17.4312 - val_loss: 5.8743
Epoch 29/100
19/19 ──────────── 0s 2ms/step - loss: 19.7906 - val_loss: 4.2603
Epoch 30/100
19/19 ──────────── 0s 2ms/step - loss: 23.2162 - val_loss: 5.6776
Epoch 31/100
```

```
19/19 ──────────── 0s 1ms/step - loss: 21.5201 - val_loss: 4.1936
Epoch 32/100
19/19 ──────────── 0s 2ms/step - loss: 22.8719 - val_loss: 4.1266
Epoch 33/100
19/19 ──────────── 0s 2ms/step - loss: 14.6889 - val_loss: 4.2737
Epoch 34/100
19/19 ──────────── 0s 2ms/step - loss: 16.7442 - val_loss: 4.2483
Epoch 35/100
19/19 ──────────── 0s 2ms/step - loss: 16.1468 - val_loss: 4.0300
Epoch 36/100
19/19 ──────────── 0s 1ms/step - loss: 15.6537 - val_loss: 4.5676
Epoch 37/100
19/19 ──────────── 0s 1ms/step - loss: 17.4625 - val_loss: 4.1333
Epoch 38/100
19/19 ──────────── 0s 1ms/step - loss: 19.9248 - val_loss: 4.4101
Epoch 39/100
19/19 ──────────── 0s 1ms/step - loss: 17.4530 - val_loss: 4.2522
Epoch 40/100
19/19 ──────────── 0s 1ms/step - loss: 17.5509 - val_loss: 4.1120
Epoch 41/100
19/19 ──────────── 0s 1ms/step - loss: 18.1263 - val_loss: 4.0758
Epoch 42/100
19/19 ──────────── 0s 1ms/step - loss: 17.9020 - val_loss: 4.0388
Epoch 43/100
19/19 ──────────── 0s 1ms/step - loss: 18.7380 - val_loss: 3.9849
Epoch 44/100
19/19 ──────────── 0s 1ms/step - loss: 18.4569 - val_loss: 4.4043
Epoch 45/100
19/19 ──────────── 0s 1ms/step - loss: 18.2377 - val_loss: 4.3899
Epoch 46/100
19/19 ──────────── 0s 1ms/step - loss: 14.6927 - val_loss: 4.0324
Epoch 47/100
```

19/19 ──────────── 0s 1ms/step - loss: 16.0462 - val_loss: 4.1937
Epoch 48/100
19/19 ──────────── 0s 1ms/step - loss: 13.7856 - val_loss: 3.9831
Epoch 49/100
19/19 ──────────── 0s 1ms/step - loss: 18.7524 - val_loss: 4.3327
Epoch 50/100
19/19 ──────────── 0s 1ms/step - loss: 13.0130 - val_loss: 5.2681
Epoch 51/100
19/19 ──────────── 0s 1ms/step - loss: 17.0013 - val_loss: 4.2771
Epoch 52/100
19/19 ──────────── 0s 1ms/step - loss: 17.0657 - val_loss: 4.3345
Epoch 53/100
19/19 ──────────── 0s 1ms/step - loss: 17.0113 - val_loss: 3.9546
Epoch 54/100
19/19 ──────────── 0s 1ms/step - loss: 17.2089 - val_loss: 4.4684
Epoch 55/100
19/19 ──────────── 0s 1ms/step - loss: 15.9280 - val_loss: 4.0888
Epoch 56/100
19/19 ──────────── 0s 1ms/step - loss: 16.3780 - val_loss: 3.9789
Epoch 57/100
19/19 ──────────── 0s 1ms/step - loss: 12.9659 - val_loss: 4.2632
Epoch 58/100
19/19 ──────────── 0s 2ms/step - loss: 19.0779 - val_loss: 6.3512
Epoch 59/100
19/19 ──────────── 0s 1ms/step - loss: 20.5926 - val_loss: 3.9284
Epoch 60/100
19/19 ──────────── 0s 1ms/step - loss: 13.3313 - val_loss: 4.0307
Epoch 61/100
19/19 ──────────── 0s 1ms/step - loss: 17.5292 - val_loss: 4.3090
Epoch 62/100
19/19 ──────────── 0s 1ms/step - loss: 17.7500 - val_loss: 4.3085
Epoch 63/100

```
19/19 ──────────────── 0s 1ms/step - loss: 17.3045 - val_loss: 3.9164
Epoch 64/100
19/19 ──────────────── 0s 1ms/step - loss: 15.4110 - val_loss: 5.2513
Epoch 65/100
19/19 ──────────────── 0s 1ms/step - loss: 17.7357 - val_loss: 4.0140
Epoch 66/100
19/19 ──────────────── 0s 1ms/step - loss: 17.7921 - val_loss: 4.3179
Epoch 67/100
19/19 ──────────────── 0s 1ms/step - loss: 17.6536 - val_loss: 4.4648
Epoch 68/100
19/19 ──────────────── 0s 1ms/step - loss: 14.8702 - val_loss: 3.9167
Epoch 69/100
19/19 ──────────────── 0s 1ms/step - loss: 16.5709 - val_loss: 3.9212
Epoch 70/100
19/19 ──────────────── 0s 1ms/step - loss: 15.8798 - val_loss: 4.3301
Epoch 71/100
19/19 ──────────────── 0s 1ms/step - loss: 16.0818 - val_loss: 3.9890
Epoch 72/100
19/19 ──────────────── 0s 1ms/step - loss: 18.8623 - val_loss: 3.9658
Epoch 73/100
19/19 ──────────────── 0s 1ms/step - loss: 14.0091 - val_loss: 4.0356
Epoch 74/100
19/19 ──────────────── 0s 1ms/step - loss: 18.0957 - val_loss: 4.1730
Epoch 75/100
19/19 ──────────────── 0s 1ms/step - loss: 13.1222 - val_loss: 3.9329
Epoch 76/100
19/19 ──────────────── 0s 1ms/step - loss: 16.3044 - val_loss: 4.1785
Epoch 77/100
19/19 ──────────────── 0s 1ms/step - loss: 15.2605 - val_loss: 4.2753
Epoch 78/100
19/19 ──────────────── 0s 2ms/step - loss: 14.3337 - val_loss: 3.9719
Epoch 79/100
```

19/19 ──────────── 0s 2ms/step - loss: 17.1801 - val_loss: 4.0473
Epoch 80/100
19/19 ──────────── 0s 2ms/step - loss: 17.0357 - val_loss: 3.9062
Epoch 81/100
19/19 ──────────── 0s 2ms/step - loss: 18.1079 - val_loss: 4.6305
Epoch 82/100
19/19 ──────────── 0s 1ms/step - loss: 19.7385 - val_loss: 3.8900
Epoch 83/100
19/19 ──────────── 0s 1ms/step - loss: 14.5788 - val_loss: 4.1065
Epoch 84/100
19/19 ──────────── 0s 1ms/step - loss: 17.0575 - val_loss: 3.8803
Epoch 85/100
19/19 ──────────── 0s 1ms/step - loss: 16.2821 - val_loss: 4.2348
Epoch 86/100
19/19 ──────────── 0s 1ms/step - loss: 16.1228 - val_loss: 3.8950
Epoch 87/100
19/19 ──────────── 0s 1ms/step - loss: 16.3653 - val_loss: 4.2068
Epoch 88/100
19/19 ──────────── 0s 1ms/step - loss: 15.4423 - val_loss: 5.2268
Epoch 89/100
19/19 ──────────── 0s 1ms/step - loss: 19.8946 - val_loss: 4.1812
Epoch 90/100
19/19 ──────────── 0s 1ms/step - loss: 14.7088 - val_loss: 3.8830
Epoch 91/100
19/19 ──────────── 0s 1ms/step - loss: 17.3845 - val_loss: 5.0360
Epoch 92/100
19/19 ──────────── 0s 1ms/step - loss: 14.3299 - val_loss: 3.9640
Epoch 93/100
19/19 ──────────── 0s 2ms/step - loss: 16.6489 - val_loss: 4.0317
Epoch 94/100
19/19 ──────────── 0s 2ms/step - loss: 21.7029 - val_loss: 3.8868
Epoch 95/100

```
19/19 ──────────────── 0s 1ms/step - loss: 18.4691 - val_loss: 3.9876
Epoch 96/100
19/19 ──────────────── 0s 2ms/step - loss: 17.2261 - val_loss: 4.2711
Epoch 97/100
19/19 ──────────────── 0s 2ms/step - loss: 16.4332 - val_loss: 4.0387
Epoch 98/100
19/19 ──────────────── 0s 1ms/step - loss: 16.9043 - val_loss: 5.7896
Epoch 99/100
19/19 ──────────────── 0s 1ms/step - loss: 17.1670 - val_loss: 3.8606
Epoch 100/100
19/19 ──────────────── 0s 1ms/step - loss: 15.2825 - val_loss: 4.0679
3/3 ──────────────── 0s 809us/step - loss: 3.9404
Test Loss: 4.0679
3/3 ──────────────── 0s 8ms/step
```

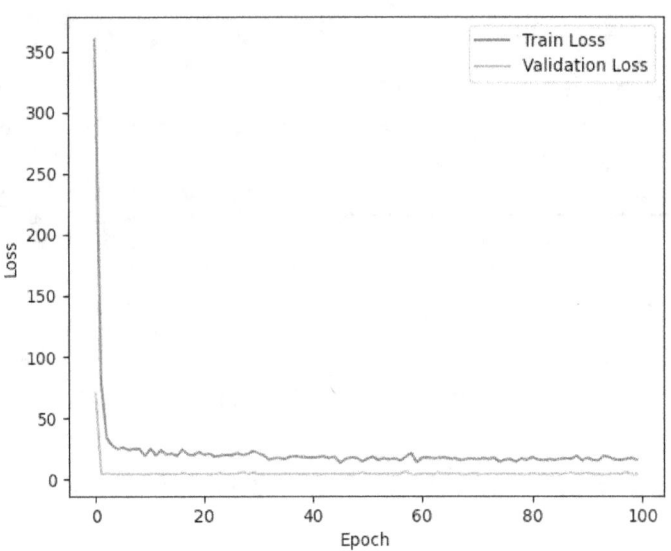

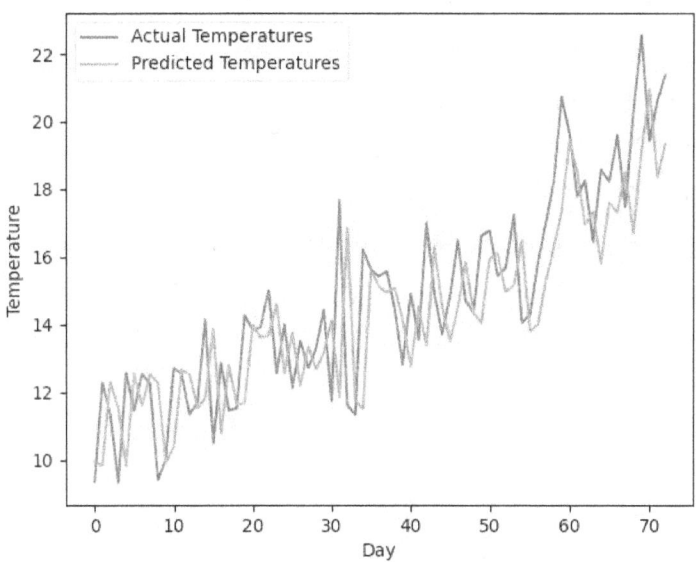

Explicación

1. **Conjunto de Datos Ficticio**: Creamos un conjunto de datos ficticio de temperaturas diarias usando una función seno con ruido aleatorio para simular variaciones en las temperaturas.
2. **Preprocesamiento**: Dividimos los datos en características (temperaturas de hoy) y etiquetas (temperaturas de mañana).
3. **Modelo de Red Neuronal**: Creamos un modelo de red neuronal simple con dos capas densas y dropout para regularización.
4. **Entrenamiento**: Entrenamos el modelo con los datos de entrenamiento.
5. **Evaluación**: Evaluamos el modelo con los datos de prueba para obtener la pérdida (error cuadrático medio).

6. **Predicciones y Visualización**: Usamos el modelo para predecir las temperaturas de mañana y graficamos los resultados junto con las temperaturas reales.

Este ejemplo básico muestra cómo utilizar una red neuronal para resolver un problema de predicción de series temporales, en este caso, el pronóstico del clima basado en temperaturas históricas.

Ejercicio 29. Pronóstico de Ventas.

```
import numpy as np
import tensorflow as tf
from tensorflow.keras.models import Sequential
from tensorflow.keras.layers import Dense, Dropout
import matplotlib.pyplot as plt

# 1. Crear un conjunto de datos ficticio de ventas
diarias
np.random.seed(42)
days = 365
sales = 50 + 10 * np.sin(np.linspace(0, 2 * np.pi, days))
+ np.random.normal(0, 5, days)

# Crear características (X) y etiquetas (y)
X = sales[:-1]   # Ventas de hoy
y = sales[1:]    # Ventas de mañana

# Dividir los datos en entrenamiento y prueba
split = int(0.8 * len(X))
X_train, X_test = X[:split], X[split:]
y_train, y_test = y[:split], y[split:]

# Redimensionar los datos para el modelo
X_train = X_train.reshape(-1, 1)
X_test = X_test.reshape(-1, 1)
```

```python
# 2. Construir el modelo de red neuronal
model = Sequential([
    Dense(64, input_dim=1, activation='relu'),
    Dropout(0.2),
    Dense(64, activation='relu'),
    Dropout(0.2),
    Dense(1)  # Salida de una sola neurona para la predicción de ventas
])


# Compilar el modelo
model.compile(optimizer='adam', loss='mean_squared_error')

# 3. Entrenar el modelo
history = model.fit(X_train, y_train, epochs=100, batch_size=16, validation_data=(X_test, y_test))

# 4. Evaluar el modelo
loss = model.evaluate(X_test, y_test)
print(f'Test Loss: {loss:.4f}')

# 5. Hacer predicciones
y_pred = model.predict(X_test)

# Graficar los resultados
plt.figure(figsize=(14, 5))

# Graficar la pérdida de entrenamiento y validación
plt.subplot(1, 2, 1)
```

```python
plt.plot(history.history['loss'], label='Train Loss')
plt.plot(history.history['val_loss'], label='Validation Loss')
plt.xlabel('Epoch')
plt.ylabel('Loss')
plt.legend()

# Graficar las predicciones vs las etiquetas reales
plt.subplot(1, 2, 2)
plt.plot(y_test, label='Actual Sales')
plt.plot(y_pred, label='Predicted Sales')
plt.xlabel('Day')
plt.ylabel('Sales')
plt.legend()
plt.show()
```

```
Epoch 1/100
19/19 ──────────────────── 1s 5ms/step - loss: 1709.1477 - val_loss: 75.3376
Epoch 2/100
19/19 ──────────────────── 0s 1ms/step - loss: 180.5237 - val_loss: 44.2573
Epoch 3/100
19/19 ──────────────────── 0s 1ms/step - loss: 197.5042 - val_loss: 29.9646
Epoch 4/100
19/19 ──────────────────── 0s 1ms/step - loss: 149.7455 - val_loss: 26.6818
Epoch 5/100
19/19 ──────────────────── 0s 1ms/step - loss: 134.1435 - val_loss: 27.5671
Epoch 6/100
19/19 ──────────────────── 0s 1ms/step - loss: 129.2858 - val_loss: 28.6896
Epoch 7/100
19/19 ──────────────────── 0s 1ms/step - loss: 130.3137 - val_loss: 26.2540
Epoch 8/100
19/19 ──────────────────── 0s 1ms/step - loss: 139.1029 - val_loss: 29.3505
Epoch 9/100
19/19 ──────────────────── 0s 1ms/step - loss: 128.8079 - val_loss: 29.3586
Epoch 10/100
19/19 ──────────────────── 0s 2ms/step - loss: 105.4632 - val_loss: 36.9006
Epoch 11/100
```

```
19/19 ──────────── 0s 2ms/step - loss: 118.6046 - val_loss: 31.8900
Epoch 12/100
19/19 ──────────── 0s 1ms/step - loss: 124.8587 - val_loss: 28.2595
Epoch 13/100
19/19 ──────────── 0s 1ms/step - loss: 125.5911 - val_loss: 27.0521
Epoch 14/100
19/19 ──────────── 0s 1ms/step - loss: 119.2838 - val_loss: 31.6514
Epoch 15/100
19/19 ──────────── 0s 1ms/step - loss: 134.1985 - val_loss: 27.6047
Epoch 16/100
19/19 ──────────── 0s 1ms/step - loss: 113.4936 - val_loss: 36.4532
Epoch 17/100
19/19 ──────────── 0s 1ms/step - loss: 130.1013 - val_loss: 27.6634
Epoch 18/100
19/19 ──────────── 0s 1ms/step - loss: 89.9260 - val_loss: 36.1328
Epoch 19/100
19/19 ──────────── 0s 1ms/step - loss: 95.5695 - val_loss: 26.1991
Epoch 20/100
19/19 ──────────── 0s 1ms/step - loss: 101.0622 - val_loss: 28.8863
Epoch 21/100
19/19 ──────────── 0s 1ms/step - loss: 122.9242 - val_loss: 29.3328
Epoch 22/100
19/19 ──────────── 0s 1ms/step - loss: 111.4947 - val_loss: 41.8455
Epoch 23/100
19/19 ──────────── 0s 1ms/step - loss: 99.3038 - val_loss: 32.2817
Epoch 24/100
19/19 ──────────── 0s 1ms/step - loss: 81.7133 - val_loss: 27.1142
Epoch 25/100
19/19 ──────────── 0s 1ms/step - loss: 86.1215 - val_loss: 26.5286
Epoch 26/100
19/19 ──────────── 0s 1ms/step - loss: 105.6195 - val_loss: 27.0313
Epoch 27/100
19/19 ──────────── 0s 1ms/step - loss: 104.3880 - val_loss: 33.1289
Epoch 28/100
19/19 ──────────── 0s 1ms/step - loss: 107.1242 - val_loss: 26.5809
Epoch 29/100
19/19 ──────────── 0s 1ms/step - loss: 104.8170 - val_loss: 33.4826
Epoch 30/100
19/19 ──────────── 0s 1ms/step - loss: 102.1118 - val_loss: 28.2702
Epoch 31/100
19/19 ──────────── 0s 1ms/step - loss: 109.8016 - val_loss: 27.3521
Epoch 32/100
19/19 ──────────── 0s 2ms/step - loss: 94.2662 - val_loss: 41.3601
Epoch 33/100
19/19 ──────────── 0s 1ms/step - loss: 99.9248 - val_loss: 28.0829
Epoch 34/100
19/19 ──────────── 0s 1ms/step - loss: 82.9095 - val_loss: 30.1989
Epoch 35/100
19/19 ──────────── 0s 1ms/step - loss: 77.2535 - val_loss: 37.6970
Epoch 36/100
19/19 ──────────── 0s 1ms/step - loss: 98.7567 - val_loss: 30.5966
Epoch 37/100
19/19 ──────────── 0s 1ms/step - loss: 96.5362 - val_loss: 25.8976
Epoch 38/100
```

```
19/19 ──────────────── 0s 1ms/step - loss: 103.1572 - val_loss: 44.7340
Epoch 39/100
19/19 ──────────────── 0s 1ms/step - loss: 94.9712 - val_loss: 33.4725
Epoch 40/100
19/19 ──────────────── 0s 1ms/step - loss: 88.0977 - val_loss: 32.0485
Epoch 41/100
19/19 ──────────────── 0s 1ms/step - loss: 88.0077 - val_loss: 25.9939
Epoch 42/100
19/19 ──────────────── 0s 1ms/step - loss: 86.6953 - val_loss: 28.5560
Epoch 43/100
19/19 ──────────────── 0s 1ms/step - loss: 74.1026 - val_loss: 29.9174
Epoch 44/100
19/19 ──────────────── 0s 1ms/step - loss: 97.3608 - val_loss: 53.0377
Epoch 45/100
19/19 ──────────────── 0s 1ms/step - loss: 88.3644 - val_loss: 28.2743
Epoch 46/100
19/19 ──────────────── 0s 1ms/step - loss: 80.2832 - val_loss: 30.9710
Epoch 47/100
19/19 ──────────────── 0s 2ms/step - loss: 79.5004 - val_loss: 27.7440
Epoch 48/100
19/19 ──────────────── 0s 1ms/step - loss: 90.8001 - val_loss: 28.0292
Epoch 49/100
19/19 ──────────────── 0s 1ms/step - loss: 94.3023 - val_loss: 36.0649
Epoch 50/100
19/19 ──────────────── 0s 1ms/step - loss: 99.7122 - val_loss: 32.9973
Epoch 51/100
19/19 ──────────────── 0s 1ms/step - loss: 86.4598 - val_loss: 31.5789
Epoch 52/100
19/19 ──────────────── 0s 1ms/step - loss: 96.6885 - val_loss: 30.7848
Epoch 53/100
19/19 ──────────────── 0s 1ms/step - loss: 78.9898 - val_loss: 29.3198
Epoch 54/100
19/19 ──────────────── 0s 1ms/step - loss: 95.0866 - val_loss: 28.8624
Epoch 55/100
19/19 ──────────────── 0s 1ms/step - loss: 93.1935 - val_loss: 28.9313
Epoch 56/100
19/19 ──────────────── 0s 1ms/step - loss: 83.1499 - val_loss: 25.1437
Epoch 57/100
19/19 ──────────────── 0s 1ms/step - loss: 109.7047 - val_loss: 43.3645
Epoch 58/100
19/19 ──────────────── 0s 2ms/step - loss: 74.1850 - val_loss: 30.8752
Epoch 59/100
19/19 ──────────────── 0s 1ms/step - loss: 78.2149 - val_loss: 31.7354
Epoch 60/100
19/19 ──────────────── 0s 1ms/step - loss: 90.2155 - val_loss: 36.9224
Epoch 61/100
19/19 ──────────────── 0s 1ms/step - loss: 89.5879 - val_loss: 26.0213
Epoch 62/100
19/19 ──────────────── 0s 1ms/step - loss: 92.1037 - val_loss: 26.0723
Epoch 63/100
19/19 ──────────────── 0s 1ms/step - loss: 78.1913 - val_loss: 40.1677
Epoch 64/100
19/19 ──────────────── 0s 1ms/step - loss: 102.6068 - val_loss: 25.5821
Epoch 65/100
```

19/19 ──────────────── 0s 1ms/step - loss: 88.5963 - val_loss: 28.6379
Epoch 66/100
19/19 ──────────────── 0s 1ms/step - loss: 105.6381 - val_loss: 27.6872
Epoch 67/100
19/19 ──────────────── 0s 1ms/step - loss: 82.6431 - val_loss: 24.8606
Epoch 68/100
19/19 ──────────────── 0s 1ms/step - loss: 95.5812 - val_loss: 25.3525
Epoch 69/100
19/19 ──────────────── 0s 1ms/step - loss: 93.8879 - val_loss: 28.1449
Epoch 70/100
19/19 ──────────────── 0s 1ms/step - loss: 70.3916 - val_loss: 34.1997
Epoch 71/100
19/19 ──────────────── 0s 1ms/step - loss: 86.1666 - val_loss: 28.2896
Epoch 72/100
19/19 ──────────────── 0s 1ms/step - loss: 82.6876 - val_loss: 27.7364
Epoch 73/100
19/19 ──────────────── 0s 1ms/step - loss: 89.7115 - val_loss: 28.1364
Epoch 74/100
19/19 ──────────────── 0s 2ms/step - loss: 110.6337 - val_loss: 43.3261
Epoch 75/100
19/19 ──────────────── 0s 2ms/step - loss: 85.1778 - val_loss: 43.6281
Epoch 76/100
19/19 ──────────────── 0s 1ms/step - loss: 71.8196 - val_loss: 37.9641
Epoch 77/100
19/19 ──────────────── 0s 1ms/step - loss: 91.4410 - val_loss: 31.8104
Epoch 78/100
19/19 ──────────────── 0s 1ms/step - loss: 85.9987 - val_loss: 25.5508
Epoch 79/100
19/19 ──────────────── 0s 1ms/step - loss: 89.8338 - val_loss: 44.4285
Epoch 80/100
19/19 ──────────────── 0s 1ms/step - loss: 83.0334 - val_loss: 47.7259
Epoch 81/100
19/19 ──────────────── 0s 2ms/step - loss: 84.7688 - val_loss: 38.2335
Epoch 82/100
19/19 ──────────────── 0s 1ms/step - loss: 93.1756 - val_loss: 28.3091
Epoch 83/100
19/19 ──────────────── 0s 1ms/step - loss: 84.9061 - val_loss: 35.8449
Epoch 84/100
19/19 ──────────────── 0s 1ms/step - loss: 88.3331 - val_loss: 27.5203
Epoch 85/100
19/19 ──────────────── 0s 1ms/step - loss: 80.1668 - val_loss: 33.6170
Epoch 86/100
19/19 ──────────────── 0s 1ms/step - loss: 85.3823 - val_loss: 29.6526
Epoch 87/100
19/19 ──────────────── 0s 1ms/step - loss: 84.9155 - val_loss: 38.3216
Epoch 88/100
19/19 ──────────────── 0s 1ms/step - loss: 96.1471 - val_loss: 31.8593
Epoch 89/100
19/19 ──────────────── 0s 1ms/step - loss: 78.0470 - val_loss: 29.1898
Epoch 90/100
19/19 ──────────────── 0s 1ms/step - loss: 74.2445 - val_loss: 34.6110
Epoch 91/100
19/19 ──────────────── 0s 1ms/step - loss: 96.9644 - val_loss: 43.1775
Epoch 92/100

```
19/19 ──────────────── 0s 1ms/step - loss: 80.7450 - val_loss: 50.4606
Epoch 93/100
19/19 ──────────────── 0s 1ms/step - loss: 93.5061 - val_loss: 24.2733
Epoch 94/100
19/19 ──────────────── 0s 1ms/step - loss: 102.4358 - val_loss: 27.1144
Epoch 95/100
19/19 ──────────────── 0s 1ms/step - loss: 73.0044 - val_loss: 29.6174
Epoch 96/100
19/19 ──────────────── 0s 1ms/step - loss: 88.3334 - val_loss: 28.4757
Epoch 97/100
19/19 ──────────────── 0s 2ms/step - loss: 77.4879 - val_loss: 35.5697
Epoch 98/100
19/19 ──────────────── 0s 1ms/step - loss: 103.8085 - val_loss: 36.2160
Epoch 99/100
19/19 ──────────────── 0s 1ms/step - loss: 86.2128 - val_loss: 30.0017
Epoch 100/100
19/19 ──────────────── 0s 1ms/step - loss: 87.1516 - val_loss: 42.7094
3/3 ──────────────── 0s 922us/step - loss: 42.0550
Test Loss: 42.7094
3/3 ──────────────── 0s 7ms/step
```

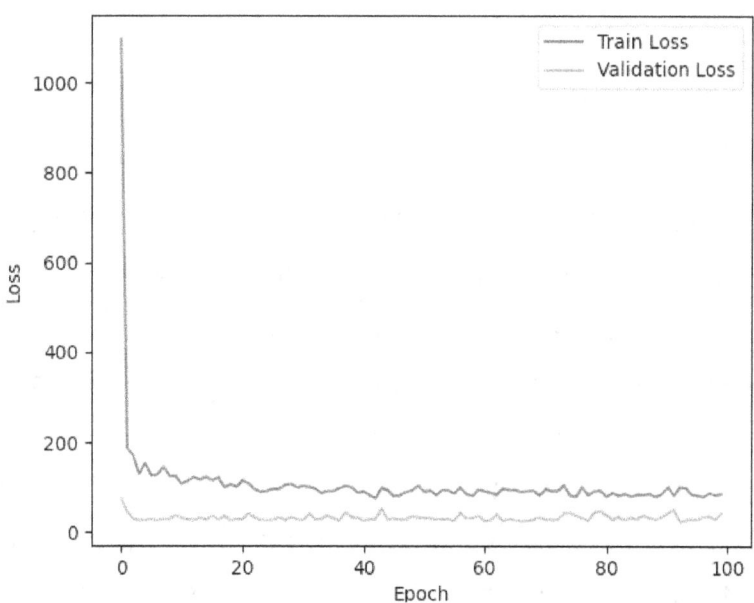

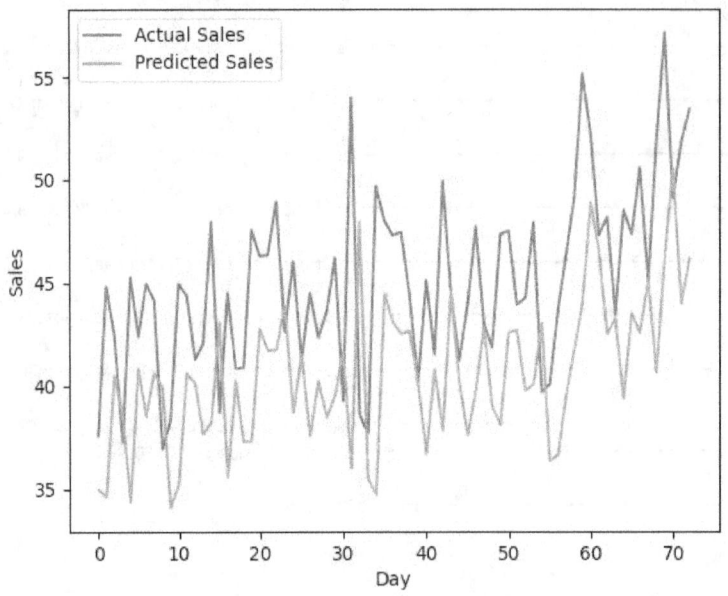

Explicación

1. **Conjunto de Datos Ficticio**: Creamos un conjunto de datos ficticio de ventas diarias usando una función seno con ruido aleatorio para simular variaciones en las ventas.
2. **Preprocesamiento**: Dividimos los datos en características (ventas de hoy) y etiquetas (ventas de mañana).
3. **Modelo de Red Neuronal**: Creamos un modelo de red neuronal simple con dos capas densas y dropout para regularización.
4. **Entrenamiento**: Entrenamos el modelo con los datos de entrenamiento.

5. **Evaluación**: Evaluamos el modelo con los datos de prueba para obtener la pérdida (error cuadrático medio).
6. **Predicciones y Visualización**: Usamos el modelo para predecir las ventas del próximo día y graficamos los resultados junto con las ventas reales.

Este ejemplo básico muestra cómo utilizar una red neuronal para resolver un problema de predicción de series temporales, en este caso, la predicción de ventas basada en ventas históricas.

Ejercicio 30. Clasificación de textos.

Problema: Detección de Spam en Correos Electrónicos Utilizando Redes Neuronales

El objetivo de este ejercicio es construir un modelo de clasificación de textos para detectar correos electrónicos de spam (no deseados) utilizando una red neuronal. Se nos proporciona un conjunto de datos con correos electrónicos etiquetados como "spam" o "no spam".

Pasos a Seguir:

1. **Cargar y Preprocesar los Datos**: Utilizar un conjunto de datos de correos electrónicos etiquetados, convertir los textos a vectores numéricos.
2. **Dividir los Datos**: Dividir el conjunto de datos en un conjunto de entrenamiento y un conjunto de prueba.
3. **Construir el Modelo**: Crear una red neuronal simple usando TensorFlow/Keras.
4. **Entrenar el Modelo**: Entrenar el modelo con los datos de entrenamiento.
5. **Evaluar el Modelo**: Evaluar el rendimiento del modelo con los datos de prueba.
6. **Hacer Predicciones**: Usar el modelo para clasificar nuevos correos electrónicos como "spam" o "no spam".

Solución:

```python
import pandas as pd
from sklearn.model_selection import train_test_split
from sklearn.feature_extraction.text import TfidfVectorizer
from tensorflow.keras.models import Sequential
from tensorflow.keras.layers import Dense, Dropout
from sklearn.metrics import classification_report, accuracy_score
import matplotlib.pyplot as plt

# Cargar el conjunto de datos
df = pd.read_csv('spam.csv', encoding='latin-1')
df = df[['v1', 'v2']]  # Solo necesitamos las columnas 'v1' (etiqueta) y 'v2' (texto)
df.columns = ['label', 'text']  # Renombrar columnas

# Convertir etiquetas a valores numéricos
df['label'] = df['label'].map({'ham': 0, 'spam': 1})

# Dividir los datos en características (X) y etiquetas (y)
X = df['text']
y = df['label']

# Dividir los datos en entrenamiento y prueba
X_train, X_test, y_train, y_test = train_test_split(X, y, test_size=0.2, random_state=42)
```

```python
# Convertir los textos a vectores numéricos usando TF-IDF
vectorizer = TfidfVectorizer(stop_words='english', max_features=5000)
X_train_tfidf = vectorizer.fit_transform(X_train).toarray()
X_test_tfidf = vectorizer.transform(X_test).toarray()
# Construir el modelo de red neuronal
model = Sequential([
    Dense(512, input_shape=(X_train_tfidf.shape[1],), activation='relu'),
    Dropout(0.5),
    Dense(256, activation='relu'),
    Dropout(0.5),
    Dense(1, activation='sigmoid')  # Salida de una sola neurona para clasificación binaria
])

# Compilar el modelo
model.compile(optimizer='adam', loss='binary_crossentropy', metrics=['accuracy'])
# Entrenar el modelo
history = model.fit(X_train_tfidf, y_train, epochs=10, batch_size=32, validation_data=(X_test_tfidf, y_test))
# Evaluar el modelo con datos de prueba
y_pred = (model.predict(X_test_tfidf) > 0.5).astype("int32")

# Mostrar los resultados de la evaluación
print(f'Accuracy: {accuracy_score(y_test, y_pred):.4f}')
print(classification_report(y_test, y_pred, target_names=['ham', 'spam']))
```

```
# Graficar los resultados
plt.figure(figsize=(14, 5))

# Graficar la precisión de entrenamiento y validación
plt.subplot(1, 2, 1)
plt.plot(history.history['accuracy'], label='Train
Accuracy')
plt.plot(history.history['val_accuracy'],
label='Validation Accuracy')
plt.xlabel('Epoch')
plt.ylabel('Accuracy')
plt.legend()

# Graficar la pérdida de entrenamiento y validación
plt.subplot(1, 2, 2)
plt.plot(history.history['loss'], label='Train Loss')
plt.plot(history.history['val_loss'], label='Validation
Loss')
plt.xlabel('Epoch')
plt.ylabel('Loss')
plt.legend()

plt.show()
```

Explicación:

1. **Cargar y Preprocesar los Datos**: Utilizamos un conjunto de datos de correos electrónicos etiquetados como "spam" o "no

spam" (ham). Los textos son convertidos a vectores numéricos usando TfidfVectorizer.

2. **Dividir los Datos**: Los datos se dividen en conjuntos de entrenamiento y prueba.

3. **Modelo de Red Neuronal**: Creamos un modelo de red neuronal simple con dos capas densas y dropout para regularización.

4. **Entrenamiento**: Entrenamos el modelo con los datos de entrenamiento.

5. **Evaluación**: Evaluamos el modelo con los datos de prueba y mostramos el reporte de clasificación.

6. **Visualización**: Graficamos la precisión y la pérdida de entrenamiento y validación para analizar el rendimiento del modelo.

Este ejemplo básico muestra cómo utilizar una red neuronal para resolver un problema de clasificación de textos, en este caso, la detección de spam basada en correos electrónicos etiquetados.

Ejercicio 31. Diagnóstico Médico, cáncer de mama

Descripción del Problema

Detección de Cáncer de Mama Utilizando Redes Neuronales

El objetivo de este ejercicio es construir un modelo de clasificación para detectar el cáncer de mama utilizando un conjunto de datos con características médicas de pacientes. Utilizaremos el conjunto de datos "Breast Cancer Wisconsin" que está disponible en la biblioteca sklearn.

Pasos a Seguir:

1. **Cargar y Preprocesar los Datos**: Utilizar el conjunto de datos de cáncer de mama de `sklearn`, normalizar los datos.
2. **Dividir los Datos**: Dividir el conjunto de datos en un conjunto de entrenamiento y un conjunto de prueba.
3. **Construir el Modelo**: Crear una red neuronal simple usando TensorFlow/Keras.
4. **Entrenar el Modelo**: Entrenar el modelo con los datos de entrenamiento.
5. **Evaluar el Modelo**: Evaluar el rendimiento del modelo con los datos de prueba.

6. **Hacer Predicciones**: Usar el modelo para clasificar nuevas muestras como benignas o malignas.

Solución:
Paso 1: Cargar y Preprocesar los Datos

```python
import numpy as np
import tensorflow as tf
from sklearn.datasets import load_breast_cancer
from sklearn.model_selection import train_test_split
from sklearn.preprocessing import StandardScaler
from tensorflow.keras.models import Sequential
from tensorflow.keras.layers import Dense, Dropout
from sklearn.metrics import classification_report, accuracy_score
import matplotlib.pyplot as plt

# Cargar el conjunto de datos
data = load_breast_cancer()
X, y = data.data, data.target

# Normalizar los datos
scaler = StandardScaler()
X_scaled = scaler.fit_transform(X)

# Dividir los datos en entrenamiento y prueba
X_train, X_test, y_train, y_test = train_test_split(X_scaled, y, test_size=0.2, random_state=42)
```

Paso 2: Construir el Modelo de Red Neuronal

```python
# Construir el modelo de red neuronal
model = Sequential([
    Dense(30, input_shape=(X_train.shape[1],), activation='relu'),
    Dropout(0.5),
    Dense(15, activation='relu'),
    Dropout(0.5),
    Dense(1, activation='sigmoid')  # Salida de una sola neurona para clasificación binaria
])

# Compilar el modelo
model.compile(optimizer='adam', loss='binary_crossentropy', metrics=['accuracy'])
```

Paso 3: Entrenar el Modelo

```python
# Entrenar el modelo
history = model.fit(X_train, y_train, epochs=100, batch_size=16, validation_data=(X_test, y_test))
```

Paso 4: Evaluar el Modelo

```python
# Evaluar el modelo con datos de prueba
y_pred = (model.predict(X_test) > 0.5).astype("int32")

# Mostrar los resultados de la evaluación
print(f'Accuracy: {accuracy_score(y_test, y_pred):.4f}')
```

```python
print(classification_report(y_test, y_pred,
target_names=['benign', 'malignant']))

# Graficar los resultados
plt.figure(figsize=(14, 5))

# Graficar la precisión de entrenamiento y validación
plt.subplot(1, 2, 1)
plt.plot(history.history['accuracy'], label='Train
Accuracy')
plt.plot(history.history['val_accuracy'],
label='Validation Accuracy')
plt.xlabel('Epoch')
plt.ylabel('Accuracy')
plt.legend()

# Graficar la pérdida de entrenamiento y validación
plt.subplot(1, 2, 2)
plt.plot(history.history['loss'], label='Train Loss')
plt.plot(history.history['val_loss'], label='Validation
Loss')
plt.xlabel('Epoch')
plt.ylabel('Loss')
plt.legend()

plt.show()
```

Resultado:

```
Epoch 95/100
29/29 ──────────────────────── 0s 1ms/step - accuracy: 0.9885 - loss: 0.0309 - val_accuracy: 0.9825 - val_loss: 0.0678
Epoch 96/100
29/29 ──────────────────────── 0s 1ms/step - accuracy: 0.9835 - loss: 0.0563 - val_accuracy: 0.9825 - val_loss: 0.0691
Epoch 97/100
29/29 ──────────────────────── 0s 1ms/step - accuracy: 0.9860 - loss: 0.0484 - val_accuracy: 0.9825 - val_loss: 0.0686
Epoch 98/100
29/29 ──────────────────────── 0s 1ms/step - accuracy: 0.9888 - loss: 0.0329 - val_accuracy: 0.9825 - val_loss: 0.0670
Epoch 99/100
29/29 ──────────────────────── 0s 1ms/step - accuracy: 0.9724 - loss: 0.0434 - val_accuracy: 0.9825 - val_loss: 0.0679
Epoch 100/100
29/29 ──────────────────────── 0s 1ms/step - accuracy: 0.9866 - loss: 0.0408 - val_accuracy: 0.9825 - val_loss: 0.0660
4/4 ──────────────────────── 0s 5ms/step

Accuracy: 0.9825

              precision    recall  f1-score   support

      benign       0.98      0.98      0.98        43
   malignant       0.99      0.99      0.99        71

    accuracy                           0.98       114
   macro avg       0.98      0.98      0.98       114
weighted avg       0.98      0.98      0.98       114
```

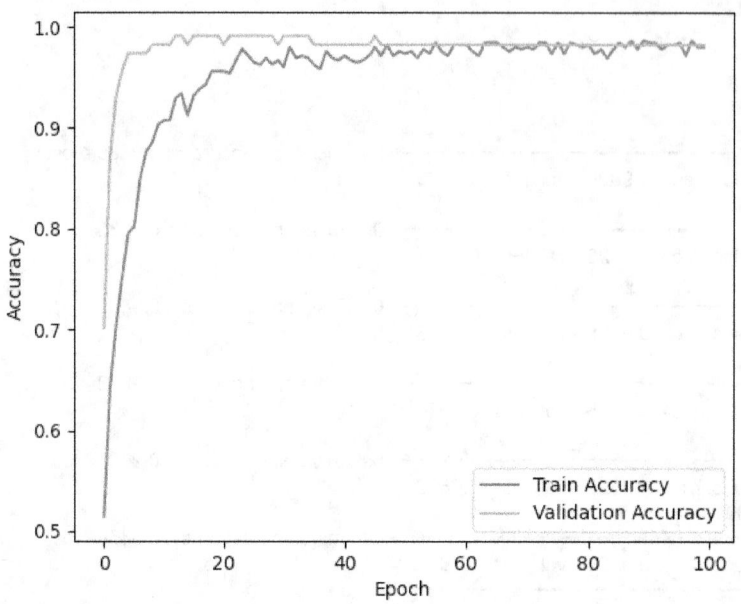

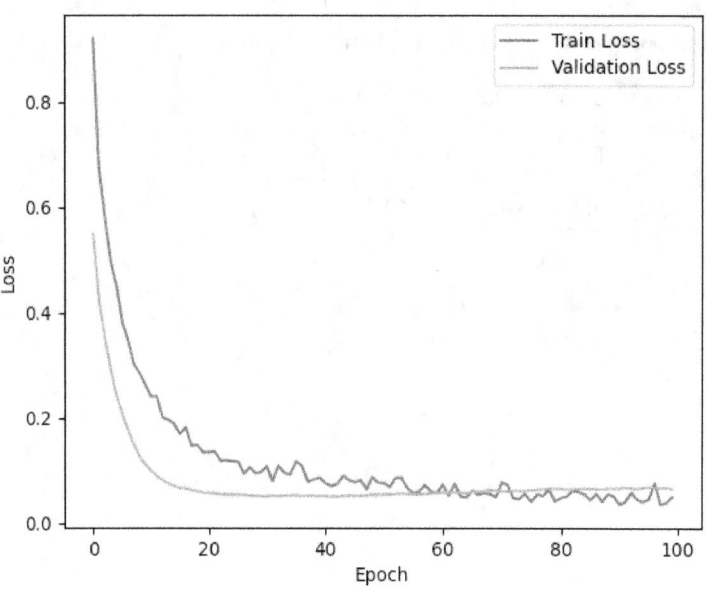

Explicación

1. **Cargar y Preprocesar los Datos**: Utilizamos el conjunto de datos de cáncer de mama de sklearn y normalizamos las características utilizando StandardScaler.
2. **Dividir los Datos**: Los datos se dividen en conjuntos de entrenamiento y prueba.
3. **Modelo de Red Neuronal**: Creamos un modelo de red neuronal simple con dos capas densas y dropout para regularización.
4. **Entrenamiento**: Entrenamos el modelo con los datos de entrenamiento.
5. **Evaluación**: Evaluamos el modelo con los datos de prueba y mostramos el reporte de clasificación.
6. **Visualización**: Graficamos la precisión y la pérdida de entrenamiento y validación para analizar el rendimiento del modelo.

Este ejemplo básico muestra cómo utilizar una red neuronal para resolver un problema de clasificación binaria, en este caso, la detección de cáncer de mama basado en características médicas de los pacientes.

Ejercicio 32. Segmentación de imágenes

Problema: Segmentación de Imágenes Utilizando Redes Neuronales

El objetivo de este ejercicio es construir un modelo de segmentación de imágenes utilizando una red neuronal. La segmentación de imágenes implica etiquetar cada píxel de una imagen con una clase específica. Para este ejercicio, utilizaremos el conjunto de datos de segmentación de imágenes de Cambridge (CamVid), que contiene imágenes de calles y sus correspondientes máscaras de segmentación.

Pasos a Seguir:

1. **Cargar y Preprocesar los Datos**: Utilizar el conjunto de datos CamVid, cargar las imágenes y sus correspondientes máscaras, y preprocesarlas.
2. **Dividir los Datos**: Dividir el conjunto de datos en un conjunto de entrenamiento y un conjunto de prueba.
3. **Construir el Modelo**: Crear una red neuronal tipo U-Net usando TensorFlow/Keras.
4. **Entrenar el Modelo**: Entrenar el modelo con los datos de entrenamiento.
5. **Evaluar el Modelo**: Evaluar el rendimiento del modelo con los datos de prueba.
6. **Hacer Predicciones**: Usar el modelo para segmentar nuevas imágenes.

Solución:

Paso 1: Cargar y Preprocesar los Datos

```
import tensorflow as tf
from tensorflow.keras.preprocessing.image import ImageDataGenerator
from sklearn.model_selection import train_test_split
import numpy as np
import os
from PIL import Image
import matplotlib.pyplot as plt

# Definir funciones para cargar imágenes y máscaras
def load_images_and_masks(image_dir, mask_dir, image_size=(128, 128)):
    images = []
    masks = []
    for image_file in os.listdir(image_dir):
        image = Image.open(os.path.join(image_dir, image_file)).resize(image_size)
        mask = Image.open(os.path.join(mask_dir, image_file)).resize(image_size)
        images.append(np.array(image))
        masks.append(np.array(mask))
    return np.array(images), np.array(masks)

# Cargar el conjunto de datos
image_dir = 'path_to_camvid_images'
mask_dir = 'path_to_camvid_masks'
```

```python
X, y = load_images_and_masks(image_dir, mask_dir)

# Normalizar imágenes y máscaras
X = X / 255.0
y = y / 255.0
y = (y > 0.5).astype(np.float32)  # Binarizar máscaras

# Dividir los datos en entrenamiento y prueba
X_train, X_test, y_train, y_test = train_test_split(X, y, test_size=0.2, random_state=42)
```

Paso 2: Construir el Modelo de Red Neuronal (U-Net)

```python
from tensorflow.keras.layers import Input, Conv2D, MaxPooling2D, UpSampling2D, concatenate
from tensorflow.keras.models import Model

def unet_model(input_size=(128, 128, 3)):
    inputs = Input(input_size)

    # Encoder
    c1 = Conv2D(64, (3, 3), activation='relu', padding='same')(inputs)
    p1 = MaxPooling2D((2, 2))(c1)

    c2 = Conv2D(128, (3, 3), activation='relu', padding='same')(p1)
    p2 = MaxPooling2D((2, 2))(c2)

    c3 = Conv2D(256, (3, 3), activation='relu', padding='same')(p2)
    p3 = MaxPooling2D((2, 2))(c3)
```

```python
    # Bottleneck
    c4 = Conv2D(512, (3, 3), activation='relu',
padding='same')(p3)

    # Decoder
    u5 = UpSampling2D((2, 2))(c4)
    c5 = Conv2D(256, (3, 3), activation='relu',
padding='same')(u5)

    u6 = UpSampling2D((2, 2))(c5)
    c6 = Conv2D(128, (3, 3), activation='relu',
padding='same')(u6)

    u7 = UpSampling2D((2, 2))(c6)
    c7 = Conv2D(64, (3, 3), activation='relu',
padding='same')(u7)

    outputs = Conv2D(1, (1, 1), activation='sigmoid')(c7)

    model = Model(inputs=[inputs], outputs=[outputs])
    return model

model = unet_model()
model.compile(optimizer='adam',
loss='binary_crossentropy', metrics=['accuracy'])
```

Paso 3: Entrenar el Modelo

```python
# Entrenar el modelo
history = model.fit(X_train, y_train, epochs=10,
batch_size=16, validation_data=(X_test, y_test))
```

Paso 4: Evaluar el Modelo

```python
# Evaluar el modelo con datos de prueba
loss, accuracy = model.evaluate(X_test, y_test)
print(f'Loss: {loss:.4f}')
print(f'Accuracy: {accuracy:.4f}')

# Hacer predicciones
y_pred = model.predict(X_test)

# Mostrar una imagen de prueba y su máscara predicha
idx = 0
plt.figure(figsize=(12, 6))

plt.subplot(1, 3, 1)
plt.title('Input Image')
plt.imshow(X_test[idx])

plt.subplot(1, 3, 2)
plt.title('True Mask')
plt.imshow(y_test[idx].squeeze(), cmap='gray')

plt.subplot(1, 3, 3)
plt.title('Predicted Mask')
plt.imshow(y_pred[idx].squeeze(), cmap='gray')

plt.show()
```

Explicación

1. **Cargar y Preprocesar los Datos**: Utilizamos funciones personalizadas para cargar imágenes y máscaras desde directorios específicos, redimensionarlas y normalizarlas.
2. **Dividir los Datos**: Los datos se dividen en conjuntos de entrenamiento y prueba.
3. **Modelo de Red Neuronal (U-Net)**: Creamos un modelo de red neuronal tipo U-Net, que es una arquitectura comúnmente utilizada para tareas de segmentación de imágenes.
4. **Entrenamiento**: Entrenamos el modelo con los datos de entrenamiento.
5. **Evaluación**: Evaluamos el modelo con los datos de prueba y mostramos la pérdida y precisión.
6. **Visualización**: Graficamos una imagen de prueba, su máscara verdadera y la máscara predicha por el modelo para analizar visualmente el rendimiento del modelo.

Este ejemplo básico muestra cómo utilizar una red neuronal para resolver un problema de segmentación de imágenes, en este caso, segmentar imágenes de calles para etiquetar cada píxel con una clase específica (e.g., carretera, edificio, vehículo, etc.).

Ejercicio 33. Reconocimiento de dígitos manuscritos (MNIST).

Ejercicio básico de reconocimiento de dígitos manuscritos utilizando el conjunto de datos MNIST. Este ejercicio emplea Python y TensorFlow/Keras.

Ejercicio: Reconocimiento de Dígitos Manuscritos con MNIST

Objetivo

Entrenar una red neuronal simple para clasificar imágenes de dígitos manuscritos del conjunto de datos MNIST.

Instrucciones:

2. **Instalación de Dependencias**

   Asegúrate de tener instaladas las bibliotecas necesarias:

   ```
   pip install tensorflow numpy matplotlib
   ```

3. **Importación de Bibliotecas**

   ```
   import tensorflow as tf
   from tensorflow.keras.datasets import mnist
   from tensorflow.keras.models import Sequential
   from tensorflow.keras.layers import Dense, Flatten
   from tensorflow.keras.utils import to_categorical
   import matplotlib.pyplot as plt
   ```

4. Cargar y Preprocesar el Conjunto de Datos MNIST

```python
# Cargar el conjunto de datos MNIST
(x_train, y_train), (x_test, y_test) = mnist.load_data()

# Normalizar las imágenes de 0-255 a 0-1
x_train = x_train.astype('float32') / 255
x_test = x_test.astype('float32') / 255

# Convertir las etiquetas a one-hot encoding
y_train = to_categorical(y_train, 10)
y_test = to_categorical(y_test, 10)
```

5. Construcción del Modelo

```python
model = Sequential([
    Flatten(input_shape=(28, 28)),  # Convertir las imágenes 28x28 en vectores de 784 elementos
    Dense(128, activation='relu'),  # Capa oculta con 128 neuronas y función de activación ReLU
    Dense(10, activation='softmax') # Capa de salida con 10 neuronas (una por cada dígito) y función de activación softmax
])

# Compilar el modelo
model.compile(optimizer='adam',
              loss='categorical_crossentropy',
              metrics=['accuracy'])
```

6. **Entrenamiento del Modelo**

```
history = model.fit(x_train, y_train, epochs=10,
batch_size=32, validation_split=0.2)
```

7. **Evaluación del Modelo**

```
test_loss, test_acc = model.evaluate(x_test,
y_test)
print(f'Test accuracy: {test_acc:.4f}')
```

8. **Visualización de Resultados**

```
# Graficar precisión de entrenamiento y validación
plt.plot(history.history['accuracy'], label='Train
Accuracy')
plt.plot(history.history['val_accuracy'],
label='Validation Accuracy')
plt.xlabel('Epoch')
plt.ylabel('Accuracy')
plt.legend()
plt.show()
```

Resultado:

```
Epoch 1/10
1500/1500 ━━━━━━━━━━━━━━━━━━━━━━━━ 2s 828us/step
- accuracy: 0.8638 - loss: 0.4778 - val_accuracy: 0.9532
- val_loss: 0.1632
Epoch 2/10
1500/1500 ━━━━━━━━━━━━━━━━━━━━━━━━ 1s 759us/step
- accuracy: 0.9600 - loss: 0.1396 - val_accuracy: 0.9601
- val_loss: 0.1301
Epoch 3/10
```

```
1500/1500 ━━━━━━━━━━━━━━━━━━━━ 1s 739us/step
- accuracy: 0.9719 - loss: 0.0941 - val_accuracy: 0.9683
- val_loss: 0.1095
Epoch 4/10
1500/1500 ━━━━━━━━━━━━━━━━━━━━ 1s 732us/step
- accuracy: 0.9803 - loss: 0.0682 - val_accuracy: 0.9715
- val_loss: 0.0959
Epoch 5/10
1500/1500 ━━━━━━━━━━━━━━━━━━━━ 1s 743us/step
- accuracy: 0.9843 - loss: 0.0498 - val_accuracy: 0.9720
- val_loss: 0.0962
Epoch 6/10
1500/1500 ━━━━━━━━━━━━━━━━━━━━ 1s 750us/step
- accuracy: 0.9884 - loss: 0.0391 - val_accuracy: 0.9738
- val_loss: 0.0911
Epoch 7/10
1500/1500 ━━━━━━━━━━━━━━━━━━━━ 1s 778us/step
- accuracy: 0.9913 - loss: 0.0297 - val_accuracy: 0.9743
- val_loss: 0.0925
Epoch 8/10
1500/1500 ━━━━━━━━━━━━━━━━━━━━ 1s 769us/step
- accuracy: 0.9928 - loss: 0.0251 - val_accuracy: 0.9745
- val_loss: 0.0899
Epoch 9/10
1500/1500 ━━━━━━━━━━━━━━━━━━━━ 1s 747us/step
- accuracy: 0.9949 - loss: 0.0188 - val_accuracy: 0.9729
- val_loss: 0.1025
Epoch 10/10
1500/1500 ━━━━━━━━━━━━━━━━━━━━ 1s 754us/step
- accuracy: 0.9958 - loss: 0.0152 - val_accuracy: 0.9746
- val_loss: 0.0956
313/313 ━━━━━━━━━━━━━━━━━━━━ 0s 415us/step -
accuracy: 0.9741 - loss: 0.0921
Test accuracy: 0.9774
```

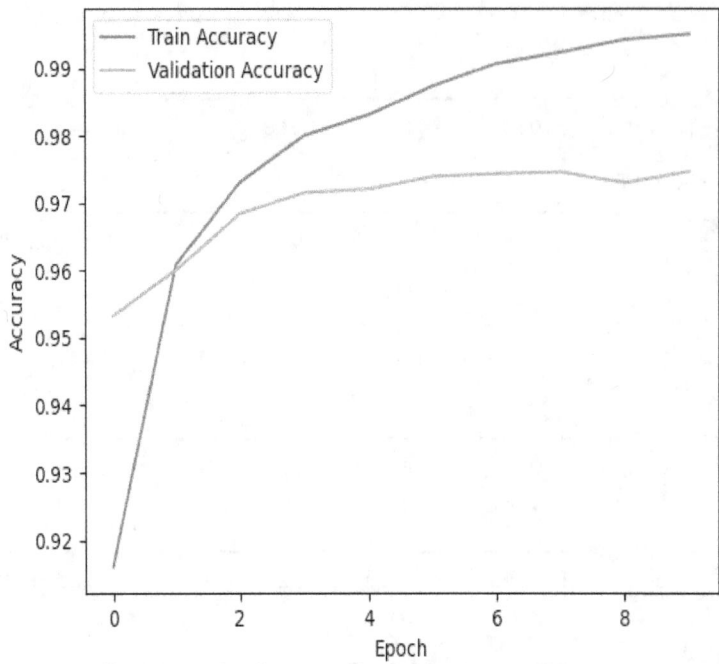

Explicación del Ejercicio

11. Carga y Preprocesamiento de Datos:

- Se cargan los datos de MNIST, que consisten en imágenes de dígitos manuscritos de 28x28 píxeles.
- Las imágenes se normalizan para que los valores de los píxeles estén entre 0 y 1.
- Las etiquetas se convierten a formato one-hot encoding.

12. Construcción del Modelo:

- Se utiliza un modelo secuencial con una capa Flatten para convertir las imágenes 2D en vectores 1D.
- Se agrega una capa Dense oculta con 128 neuronas y activación ReLU.
- La capa de salida es otra capa Dense con 10 neuronas (una para cada dígito) y activación softmax.

13. Compilación y Entrenamiento del Modelo:

- El modelo se compila con el optimizador Adam y la función de pérdida de entropía cruzada categórica.
- Se entrena el modelo con los datos de entrenamiento durante 10 épocas, usando el 20% de los datos para validación.

14. Evaluación del Modelo:

- Se evalúa el modelo con los datos de prueba y se imprime la precisión del modelo en el conjunto de prueba.

15. Visualización de Resultados:

- Se grafica la precisión de entrenamiento y validación a lo largo de las épocas para visualizar el rendimiento del modelo.

Este ejercicio te proporcionará una comprensión básica de cómo construir, entrenar y evaluar una red neuronal simple para la tarea de clasificación de dígitos manuscritos utilizando el conjunto de datos MNIST.

Aquí tienes otro ejercicio de reconocimiento de dígitos manuscritos, esta vez utilizando una red neuronal convolucional (CNN), que es más adecuada para tareas de procesamiento de imágenes. Utilizaremos TensorFlow y Keras para implementar este modelo.

Ejercicio 34 . Reconocimiento de Dígitos Manuscritos con MNIST usando CNN

Objetivo:

Entrenar una red neuronal convolucional para clasificar imágenes de dígitos manuscritos del conjunto de datos MNIST.

Instrucciones

1. **Instalación de Dependencias**

    Asegúrate de tener instaladas las bibliotecas necesarias:

    ```
    pip install tensorflow numpy matplotlib
    ```

2. **Importación de Bibliotecas**

    ```
    import tensorflow as tf
    from tensorflow.keras.datasets import mnist
    from tensorflow.keras.models import Sequential
    from tensorflow.keras.layers import Conv2D, MaxPooling2D, Flatten, Dense
    from tensorflow.keras.utils import to_categorical
    import matplotlib.pyplot as plt
    ```

3. **Cargar y Preprocesar el Conjunto de Datos MNIST**

```
# Cargar el conjunto de datos MNIST
(x_train, y_train), (x_test, y_test) = mnist.load_data()

# Redimensionar las imágenes a 28x28x1 (agregar una dimensión para el canal de color)
x_train = x_train.reshape((x_train.shape[0], 28, 28, 1)).astype('float32') / 255
x_test = x_test.reshape((x_test.shape[0], 28, 28, 1)).astype('float32') / 255

# Convertir las etiquetas a one-hot encoding
y_train = to_categorical(y_train, 10)
y_test = to_categorical(y_test, 10)
```

9. **Construcción del Modelo CNN**

```
model = Sequential([
    Conv2D(32, (3, 3), activation='relu', input_shape=(28, 28, 1)),  # Capa convolucional con 32 filtros 3x3
    MaxPooling2D((2, 2)),  # Capa de pooling
    Conv2D(64, (3, 3), activation='relu'),  # Segunda capa convolucional con 64 filtros 3x3
    MaxPooling2D((2, 2)),  # Segunda capa de pooling
    Flatten(),  # Aplanar la salida
```

```
    Dense(64, activation='relu'),  # Capa densa con
64 neuronas
    Dense(10, activation='softmax')  # Capa de
salida con 10 neuronas y activación softmax
])

# Compilar el modelo
model.compile(optimizer='adam',
              loss='categorical_crossentropy',
              metrics=['accuracy'])
```

10. Entrenamiento del Modelo

```
history = model.fit(x_train, y_train,
epochs=10, batch_size=32,
validation_split=0.2)
```

11. Evaluación del Modelo

```
test_loss, test_acc = model.evaluate(x_test,
y_test)
print(f'Test accuracy: {test_acc:.4f}')
```

12. Visualización de Resultados

```
# Graficar precisión de entrenamiento y validación
plt.plot(history.history['accuracy'], label='Train
Accuracy')
plt.plot(history.history['val_accuracy'],
label='Validation Accuracy')
plt.xlabel('Epoch')
plt.ylabel('Accuracy')
plt.legend()
plt.show()
```

Explicación del Ejercicio:

13. Carga y Preprocesamiento de Datos:

- Se cargan los datos de MNIST y se redimensionan las imágenes a 28x28x1, agregando una dimensión adicional para el canal de color.
- Las imágenes se normalizan para que los valores de los píxeles estén entre 0 y 1.
- Las etiquetas se convierten a formato one-hot encoding.

14. Construcción del Modelo CNN:

- Se utiliza un modelo secuencial con capas convolucionales y de pooling.
- La primera capa convolucional tiene 32 filtros 3x3, seguida de una capa de pooling.
- La segunda capa convolucional tiene 64 filtros 3x3, seguida de otra capa de pooling.
- La salida de las capas convolucionales se aplana y se pasa a una capa densa con 64 neuronas.
- La capa de salida es otra capa densa con 10 neuronas (una para cada dígito) y activación softmax.

15. **Compilación y Entrenamiento del Modelo:**

    o El modelo se compila con el optimizador Adam y la función de pérdida de entropía cruzada categórica.
    o Se entrena el modelo con los datos de entrenamiento durante 10 épocas, usando el 20% de los datos para validación.

16. **Evaluación del Modelo:**

    o Se evalúa el modelo con los datos de prueba y se imprime la precisión del modelo en el conjunto de prueba.

17. **Visualización de Resultados:**

    o Se grafica la precisión de entrenamiento y validación a lo largo de las épocas para visualizar el rendimiento del modelo.

Este ejercicio muestra cómo utilizar redes neuronales convolucionales para mejorar el rendimiento en tareas de reconocimiento de imágenes, aprovechando la estructura espacial de los datos.

Aquí tienes otro ejercicio de reconocimiento de dígitos manuscritos, esta vez utilizando una red neuronal convolucional (CNN) más compleja y aplicando técnicas de regularización para mejorar la generalización del modelo. Utilizaremos TensorFlow y Keras para implementar este modelo.

Ejercicio 35. Reconocimiento de Dígitos Manuscritos con CNN y Regularización

Objetivo

Entrenar una red neuronal convolucional con técnicas de regularización para clasificar imágenes de dígitos manuscritos del conjunto de datos MNIST.

Instrucciones

13. Instalación de Dependencias

Asegúrate de tener instaladas las bibliotecas necesarias:

```
pip install tensorflow numpy matplotlib
```

14. Importación de Bibliotecas

```
import tensorflow as tf
from tensorflow.keras.datasets import mnist
from tensorflow.keras.models import Sequential
from tensorflow.keras.layers import Conv2D, MaxPooling2D, Flatten, Dense, Dropout
```

```
from tensorflow.keras.utils import to_categorical
import matplotlib.pyplot as plt
```

15. Cargar y Preprocesar el Conjunto de Datos MNIST

```
# Cargar el conjunto de datos MNIST
(x_train, y_train), (x_test, y_test) = mnist.load_data()

# Redimensionar las imágenes a 28x28x1 (agregar una dimensión para el canal de color)
x_train = x_train.reshape((x_train.shape[0], 28, 28, 1)).astype('float32') / 255
x_test = x_test.reshape((x_test.shape[0], 28, 28, 1)).astype('float32') / 255

# Convertir las etiquetas a one-hot encoding
y_train = to_categorical(y_train, 10)
y_test = to_categorical(y_test, 10)
```

16. Construcción del Modelo CNN con Regularización

```
model = Sequential([
    Conv2D(32, (3, 3), activation='relu', input_shape=(28, 28, 1)),  # Capa convolucional con 32 filtros 3x3
    MaxPooling2D((2, 2)),  # Capa de pooling
    Dropout(0.25),  # Dropout para regularización
    Conv2D(64, (3, 3), activation='relu'),  # Segunda capa convolucional con 64 filtros 3x3
    MaxPooling2D((2, 2)),  # Segunda capa de pooling
```

```
    Dropout(0.25),  # Dropout para regularización
    Flatten(),  # Aplanar la salida
    Dense(128, activation='relu'),  # Capa densa
con 128 neuronas
    Dropout(0.5),  # Dropout para regularización
    Dense(10, activation='softmax')  # Capa de
salida con 10 neuronas y activación softmax
])

# Compilar el modelo
model.compile(optimizer='adam',
            loss='categorical_crossentropy',
            metrics=['accuracy'])
```

17. Entrenamiento del Modelo

```
history = model.fit(x_train, y_train, epochs=10,
batch_size=32, validation_split=0.2)
```

18. Evaluación del Modelo

```
test_loss, test_acc = model.evaluate(x_test,
y_test)
print(f'Test accuracy: {test_acc:.4f}')
```

19. Visualización de Resultados

```
# Graficar precisión de entrenamiento y validación
plt.plot(history.history['accuracy'], label='Train
Accuracy')
plt.plot(history.history['val_accuracy'],
label='Validation Accuracy')
plt.xlabel('Epoch')
```

```
plt.ylabel('Accuracy')
plt.legend()
plt.show()

# Graficar pérdida de entrenamiento y validación
plt.plot(history.history['loss'], label='Train
Loss')
plt.plot(history.history['val_loss'],
label='Validation Loss')
plt.xlabel('Epoch')
plt.ylabel('Loss')
plt.legend()
plt.show()
```

Explicación del Ejercicio

20. **Carga y Preprocesamiento de Datos:**

    o Se cargan los datos de MNIST y se redimensionan las imágenes a 28x28x1, agregando una dimensión adicional para el canal de color.

    o Las imágenes se normalizan para que los valores de los píxeles estén entre 0 y 1.

    o Las etiquetas se convierten a formato one-hot encoding.

21. **Construcción del Modelo CNN con Regularización:**

    o Se utiliza un modelo secuencial con capas convolucionales y de pooling.

- La primera capa convolucional tiene 32 filtros 3x3, seguida de una capa de pooling y una capa Dropout para regularización.
- La segunda capa convolucional tiene 64 filtros 3x3, seguida de otra capa de pooling y otra capa Dropout.
- La salida de las capas convolucionales se aplana y se pasa a una capa densa con 128 neuronas, seguida de una capa Dropout.
- La capa de salida es otra capa densa con 10 neuronas (una para cada dígito) y activación softmax.

22. **Compilación y Entrenamiento del Modelo:**

    - El modelo se compila con el optimizador Adam y la función de pérdida de entropía cruzada categórica.
    - Se entrena el modelo con los datos de entrenamiento durante 10 épocas, usando el 20% de los datos para validación.

23. **Evaluación del Modelo:**

    - Se evalúa el modelo con los datos de prueba y se imprime la precisión del modelo en el conjunto de prueba.

24. **Visualización de Resultados:**

    - Se grafican la precisión y la pérdida de entrenamiento y validación a lo largo de las épocas para visualizar el rendimiento del modelo.

Este ejercicio muestra cómo utilizar técnicas de regularización como Dropout para mejorar la generalización de una red neuronal convolucional, reduciendo el riesgo de sobreajuste y mejorando el rendimiento en datos no vistos.

Ejercicio 36. Dígitos manuscritos de datos MNIST.

Entrenar una red neuronal convolucional que incluya Batch Normalization y Leaky ReLU para clasificar imágenes de dígitos manuscritos del conjunto de datos MNIST.

Instrucciones

25. Instalación de Dependencias

Asegúrate de tener instaladas las bibliotecas necesarias:

```
pip install tensorflow numpy matplotlib
```

26. Importación de Bibliotecas

```
import tensorflow as tf
from tensorflow.keras.datasets import mnist
from tensorflow.keras.models import Sequential
from tensorflow.keras.layers import Conv2D, MaxPooling2D, Flatten, Dense, Dropout, BatchNormalization, LeakyReLU
from tensorflow.keras.utils import to_categorical
import matplotlib.pyplot as plt
```

27. Cargar y Preprocesar el Conjunto de Datos MNIST

```
# Cargar el conjunto de datos MNIST
(x_train, y_train), (x_test, y_test) =
mnist.load_data()

# Redimensionar las imágenes a 28x28x1 (agregar una
dimensión para el canal de color)
x_train = x_train.reshape((x_train.shape[0], 28,
28, 1)).astype('float32') / 255
x_test = x_test.reshape((x_test.shape[0], 28, 28,
1)).astype('float32') / 255

# Convertir las etiquetas a one-hot encoding
y_train = to_categorical(y_train, 10)
y_test = to_categorical(y_test, 10)
```

28. Construcción del Modelo CNN con Batch Normalization y Leaky ReLU

```
model = Sequential([
    Conv2D(32, (3, 3), input_shape=(28, 28, 1)),  #
Capa convolucional con 32 filtros 3x3
    BatchNormalization(),  # Normalización de lotes
    LeakyReLU(alpha=0.1),  # Función de activación
Leaky ReLU
    MaxPooling2D((2, 2)),  # Capa de pooling
    Dropout(0.25),  # Dropout para regularización

    Conv2D(64, (3, 3)),  # Segunda capa
convolucional con 64 filtros 3x3
    BatchNormalization(),  # Normalización de lotes
```

```python
    LeakyReLU(alpha=0.1),  # Función de activación Leaky ReLU
    MaxPooling2D((2, 2)),  # Segunda capa de pooling
    Dropout(0.25),  # Dropout para regularización

    Flatten(),  # Aplanar la salida
    Dense(128),  # Capa densa con 128 neuronas
    BatchNormalization(),  # Normalización de lotes
    LeakyReLU(alpha=0.1),  # Función de activación Leaky ReLU
    Dropout(0.5),  # Dropout para regularización

    Dense(10, activation='softmax')  # Capa de salida con 10 neuronas y activación softmax
])

# Compilar el modelo
model.compile(optimizer='adam',
              loss='categorical_crossentropy',
              metrics=['accuracy'])
```

1. **Entrenamiento del Modelo**

```python
history = model.fit(x_train, y_train, epochs=10, batch_size=32, validation_split=0.2)
```

2. **Evaluación del Modelo**

```python
test_loss, test_acc = model.evaluate(x_test, y_test)
print(f'Test accuracy: {test_acc:.4f}')
```

3. Visualización de Resultados

```
# Graficar precisión de entrenamiento y validación
plt.plot(history.history['accuracy'], label='Train
Accuracy')
plt.plot(history.history['val_accuracy'],
label='Validation Accuracy')
plt.xlabel('Epoch')
plt.ylabel('Accuracy')
plt.legend()
plt.show()

# Graficar pérdida de entrenamiento y validación
plt.plot(history.history['loss'], label='Train
Loss')
plt.plot(history.history['val_loss'],
label='Validation Loss')
plt.xlabel('Epoch')
plt.ylabel('Loss')
plt.legend()
plt.show()
```

Resultado:

```
Epoch 1/10
1500/1500 ──────────────────── 9s 6ms/step -
accuracy: 0.8476 - loss: 0.4917 - val_accuracy: 0.9793 -
val_loss: 0.0701
Epoch 2/10
1500/1500 ──────────────────── 9s 6ms/step -
accuracy: 0.9631 - loss: 0.1215 - val_accuracy: 0.9850 -
val_loss: 0.0506
Epoch 3/10
1500/1500 ──────────────────── 9s 6ms/step -
accuracy: 0.9733 - loss: 0.0887 - val_accuracy: 0.9865 -
val_loss: 0.0443
```

```
Epoch 4/10
1500/1500 ──────────────────────── 9s 6ms/step -
accuracy: 0.9760 - loss: 0.0750 - val_accuracy: 0.9898 -
val_loss: 0.0342
Epoch 5/10
1500/1500 ──────────────────────── 9s 6ms/step -
accuracy: 0.9780 - loss: 0.0727 - val_accuracy: 0.9883 -
val_loss: 0.0373
Epoch 6/10
1500/1500 ──────────────────────── 10s 7ms/step
- accuracy: 0.9806 - loss: 0.0627 - val_accuracy: 0.9893
- val_loss: 0.0371
Epoch 7/10
1500/1500 ──────────────────────── 10s 7ms/step
- accuracy: 0.9815 - loss: 0.0575 - val_accuracy: 0.9897
- val_loss: 0.0336
Epoch 8/10
1500/1500 ──────────────────────── 10s 7ms/step
- accuracy: 0.9839 - loss: 0.0518 - val_accuracy: 0.9902
- val_loss: 0.0326
Epoch 9/10
1500/1500 ──────────────────────── 10s 7ms/step
- accuracy: 0.9842 - loss: 0.0500 - val_accuracy: 0.9914
- val_loss: 0.0303
Epoch 10/10
1500/1500 ──────────────────────── 10s 7ms/step
- accuracy: 0.9844 - loss: 0.0476 - val_accuracy: 0.9901
- val_loss: 0.0337
313/313 ──────────────────────── 1s 2ms/step -
accuracy: 0.9890 - loss: 0.0322
Test accuracy: 0.9907
```

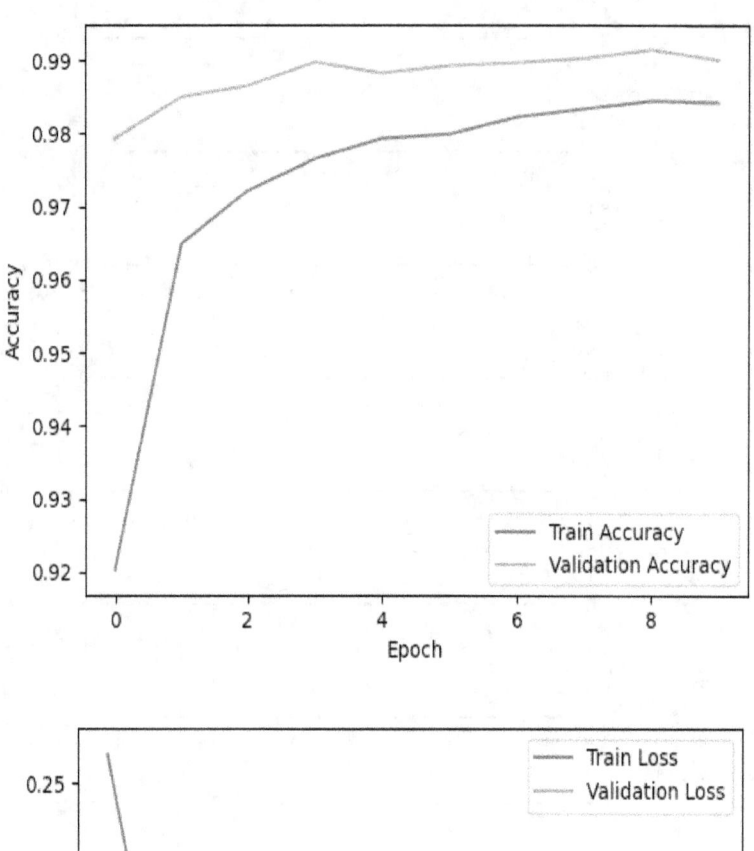

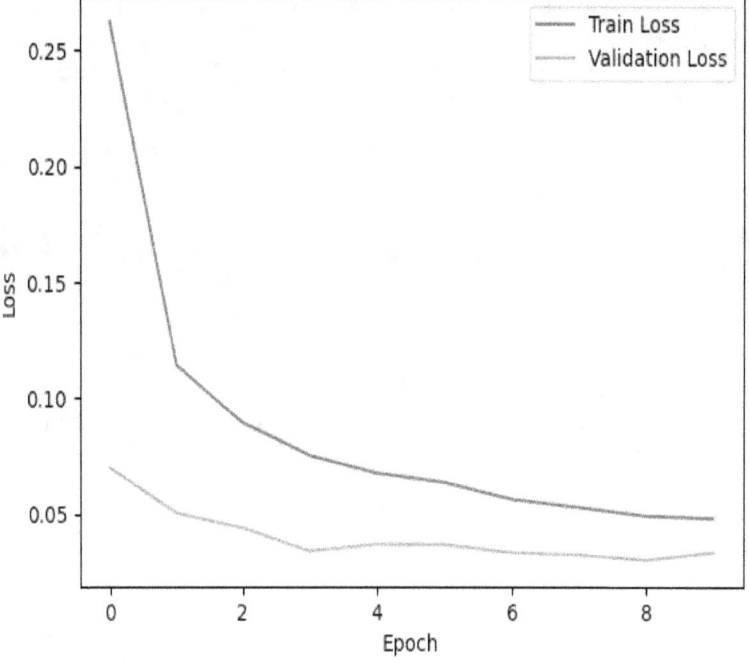

Explicación del Ejercicio

1. **Carga y Preprocesamiento de Datos:**

   o Se cargan los datos de MNIST y se redimensionan las imágenes a 28x28x1, agregando una dimensión adicional para el canal de color.

   o Las imágenes se normalizan para que los valores de los píxeles estén entre 0 y 1.

   o Las etiquetas se convierten a formato one-hot encoding.

2. **Construcción del Modelo CNN con Batch Normalization y Leaky ReLU:**

   o Se utiliza un modelo secuencial con capas convolucionales y de pooling.

   o La primera capa convolucional tiene 32 filtros 3x3, seguida de Batch Normalization, Leaky ReLU, una capa de pooling y Dropout para regularización.

   o La segunda capa convolucional tiene 64 filtros 3x3, seguida de Batch Normalization, Leaky ReLU, otra capa de pooling y Dropout.

   o La salida de las capas convolucionales se aplana y se pasa a una capa densa con 128 neuronas, Batch Normalization, Leaky ReLU y Dropout.

- La capa de salida es otra capa densa con 10 neuronas (una para cada dígito) y activación softmax.

3. **Compilación y Entrenamiento del Modelo:**

    - El modelo se compila con el optimizador Adam y la función de pérdida de entropía cruzada categórica.
    - Se entrena el modelo con los datos de entrenamiento durante 10 épocas, usando el 20% de los datos para validación.

4. **Evaluación del Modelo:**

    - Se evalúa el modelo con los datos de prueba y se imprime la precisión del modelo en el conjunto de prueba.

5. **Visualización de Resultados:**

    - Se grafican la precisión y la pérdida de entrenamiento y validación a lo largo de las épocas para visualizar el rendimiento del modelo.

Este ejercicio demuestra cómo agregar Batch Normalization y Leaky ReLU puede ayudar a estabilizar y acelerar el entrenamiento de redes neuronales profundas, mejorando su rendimiento y capacidad de generalización.

Ejercicio 37. Dígitos manuscritos con Augmentation.

Aquí tienes otro ejercicio de reconocimiento de dígitos manuscritos utilizando una red neuronal convolucional (CNN). Esta vez, vamos a agregar la técnica de data augmentation (aumento de datos) para mejorar la generalización del modelo.

Reconocimiento de Dígitos Manuscritos con CNN y Data Augmentation

Objetivo

Entrenar una red neuronal convolucional utilizando data augmentation para clasificar imágenes de dígitos manuscritos del conjunto de datos MNIST.

Instrucciones

1. **Instalación de Dependencias**

    Asegúrate de tener instaladas las bibliotecas necesarias:

    ```
    pip install tensorflow numpy matplotlib
    ```

2. **Importación de Bibliotecas**

    ```
    import tensorflow as tf
    from tensorflow.keras.datasets import mnist
    ```

```python
from tensorflow.keras.models import Sequential
from tensorflow.keras.layers import Conv2D, MaxPooling2D, Flatten, Dense, Dropout, BatchNormalization
from tensorflow.keras.preprocessing.image import ImageDataGenerator
from tensorflow.keras.utils import to_categorical
import matplotlib.pyplot as plt
```

3. **Cargar y Preprocesar el Conjunto de Datos MNIST**

```python
# Cargar el conjunto de datos MNIST
(x_train, y_train), (x_test, y_test) = mnist.load_data()

# Redimensionar las imágenes a 28x28x1 (agregar una dimensión para el canal de color)
x_train = x_train.reshape((x_train.shape[0], 28, 28, 1)).astype('float32') / 255
x_test = x_test.reshape((x_test.shape[0], 28, 28, 1)).astype('float32') / 255

# Convertir las etiquetas a one-hot encoding
y_train = to_categorical(y_train, 10)
y_test = to_categorical(y_test, 10)
```

4. **Configuración de Data Augmentation**

```python
datagen = ImageDataGenerator(
    rotation_range=10,    # Rotar imágenes aleatoriamente hasta 10 grados
    zoom_range=0.1,       # Aplicar zoom aleatorio
```

```
    width_shift_range=0.1,# Desplazar imágenes
horizontalmente
    height_shift_range=0.1# Desplazar imágenes
verticalmente
)

# Ajustar el generador al conjunto de datos de
entrenamiento
datagen.fit(x_train)
```

5. **Construcción del Modelo CNN con Batch Normalization**

```
model = Sequential([
    Conv2D(32, (3, 3), input_shape=(28, 28, 1)),  #
Capa convolucional con 32 filtros 3x3
    BatchNormalization(),  # Normalización de lotes
    tf.keras.layers.ReLU(),  # Función de
activación ReLU
    MaxPooling2D((2, 2)),  # Capa de pooling
    Dropout(0.25),  # Dropout para regularización

    Conv2D(64, (3, 3)),  # Segunda capa
convolucional con 64 filtros 3x3
    BatchNormalization(),  # Normalización de lotes
    tf.keras.layers.ReLU(),  # Función de
activación ReLU
    MaxPooling2D((2, 2)),  # Segunda capa de
pooling
    Dropout(0.25),  # Dropout para regularización

    Flatten(),  # Aplanar la salida
    Dense(128),  # Capa densa con 128 neuronas
```

```python
    BatchNormalization(),  # Normalización de lotes
    tf.keras.layers.ReLU(),  # Función de activación ReLU
    Dropout(0.5),  # Dropout para regularización

    Dense(10, activation='softmax')  # Capa de salida con 10 neuronas y activación softmax
])

# Compilar el modelo
model.compile(optimizer='adam',
              loss='categorical_crossentropy',
              metrics=['accuracy'])
```

6. **Entrenamiento del Modelo con Data Augmentation**

```python
# Entrenar el modelo utilizando el generador de data augmentation
history = model.fit(datagen.flow(x_train, y_train, batch_size=32),
                    epochs=10,
                    validation_data=(x_test, y_test))
```

7. **Evaluación del Modelo**

```python
test_loss, test_acc = model.evaluate(x_test, y_test)
print(f'Test accuracy: {test_acc:.4f}')
```

8. **Visualización de Resultados**

```python
# Graficar precisión de entrenamiento y validación
plt.plot(history.history['accuracy'], label='Train Accuracy')
```

```
plt.plot(history.history['val_accuracy'],
label='Validation Accuracy')
plt.xlabel('Epoch')
plt.ylabel('Accuracy')
plt.legend()
plt.show()

# Graficar pérdida de entrenamiento y validación
plt.plot(history.history['loss'], label='Train
Loss')
plt.plot(history.history['val_loss'],
label='Validation Loss')
plt.xlabel('Epoch')
plt.ylabel('Loss')
plt.legend()
plt.show()
```

Resultado:

```
1875/1875 ──────────────────── 12s 6ms/step
- accuracy: 0.7560 - loss: 0.7696 - val_accuracy: 0.9825
- val_loss: 0.0607
Epoch 2/10
1875/1875 ──────────────────── 11s 6ms/step
- accuracy: 0.9314 - loss: 0.2259 - val_accuracy: 0.9893
- val_loss: 0.0354
Epoch 3/10
1875/1875 ──────────────────── 12s 6ms/step
- accuracy: 0.9458 - loss: 0.1755 - val_accuracy: 0.9905
- val_loss: 0.0282
Epoch 4/10
1875/1875 ──────────────────── 12s 6ms/step
- accuracy: 0.9523 - loss: 0.1564 - val_accuracy: 0.9913
- val_loss: 0.0248
Epoch 5/10
1875/1875 ──────────────────── 13s 7ms/step
- accuracy: 0.9614 - loss: 0.1294 - val_accuracy: 0.9895
- val_loss: 0.0301
Epoch 6/10
```

```
1875/1875 ──────────────── 13s 7ms/step
- accuracy: 0.9655 - loss: 0.1167 - val_accuracy: 0.9939
- val_loss: 0.0201
Epoch 7/10
1875/1875 ──────────────── 13s 7ms/step
- accuracy: 0.9674 - loss: 0.1070 - val_accuracy: 0.9929
- val_loss: 0.0213
Epoch 8/10
1875/1875 ──────────────── 13s 7ms/step
- accuracy: 0.9656 - loss: 0.1138 - val_accuracy: 0.9922
- val_loss: 0.0218
Epoch 9/10
1875/1875 ──────────────── 13s 7ms/step
- accuracy: 0.9698 - loss: 0.1014 - val_accuracy: 0.9934
- val_loss: 0.0205
Epoch 10/10
1875/1875 ──────────────── 13s 7ms/step
- accuracy: 0.9701 - loss: 0.0991 - val_accuracy: 0.9949
- val_loss: 0.0174
313/313 ──────────────── 0s 1ms/step -
accuracy: 0.9928 - loss: 0.0207
Test accuracy: 0.9949
```

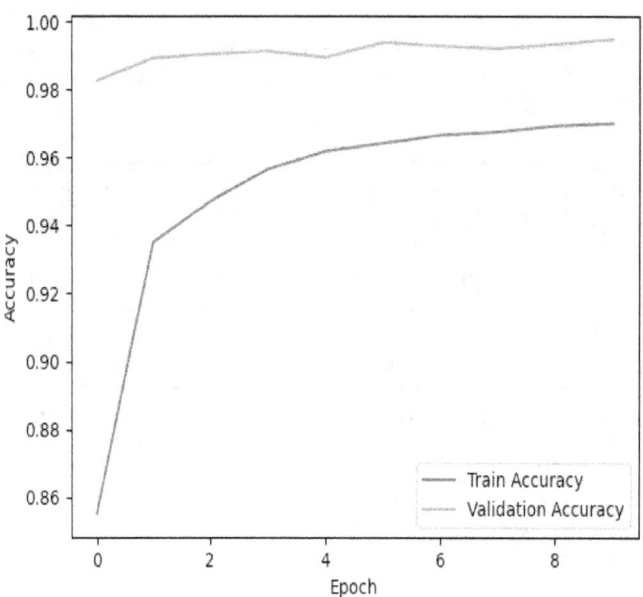

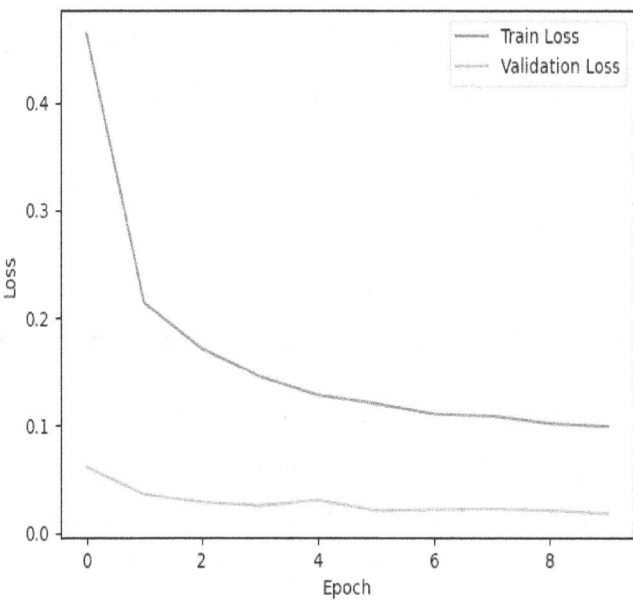

Explicación del Ejercicio

1. **Carga y Preprocesamiento de Datos:**
    - Se cargan los datos de MNIST y se redimensionan las imágenes a 28x28x1, agregando una dimensión adicional para el canal de color.
    - Las imágenes se normalizan para que los valores de los píxeles estén entre 0 y 1.
    - Las etiquetas se convierten a formato one-hot encoding.

9. **Configuración de Data Augmentation:**

    o   Se configura el ImageDataGenerator para aplicar rotación, zoom y desplazamiento aleatorios a las imágenes.
    o   El generador se ajusta al conjunto de datos de entrenamiento.

10. **Construcción del Modelo CNN con Batch Normalization:**

    o   Se utiliza un modelo secuencial con capas convolucionales y de pooling.
    o   Las capas convolucionales y densas están seguidas de Batch Normalization y ReLU para estabilizar y acelerar el entrenamiento.
    o   Se aplican capas Dropout para regularización y reducir el sobreajuste.

11. **Entrenamiento del Modelo con Data Augmentation:**

    o   El modelo se entrena utilizando el generador de data augmentation, que genera nuevas imágenes en cada época aplicando transformaciones aleatorias a las imágenes de entrenamiento.

12. Evaluación del Modelo:

- Se evalúa el modelo con los datos de prueba y se imprime la precisión del modelo en el conjunto de prueba.

13. Visualización de Resultados:

- Se grafican la precisión y la pérdida de entrenamiento y validación a lo largo de las épocas para visualizar el rendimiento del modelo.

Este ejercicio demuestra cómo utilizar técnicas de data augmentation para aumentar la cantidad y la diversidad de los datos de entrenamiento, mejorando así la capacidad de generalización del modelo.

Ejercicio 38. Dígitos manuscritos con transfer learning.

Aquí tienes otro ejercicio de reconocimiento de dígitos manuscritos utilizando una red neuronal convolucional (CNN). En esta ocasión, vamos a incorporar la técnica de transfer learning utilizando un modelo preentrenado (MobileNetV2) como extractor de características.

Reconocimiento de Dígitos Manuscritos con CNN y Transfer Learning usando MobileNetV2

Objetivo:

Entrenar una red neuronal convolucional utilizando transfer learning con MobileNetV2 para clasificar imágenes de dígitos manuscritos del conjunto de datos MNIST.

Solución:

```
import tensorflow as tf
from tensorflow.keras.datasets import mnist
from tensorflow.keras.utils import to_categorical
from tensorflow.keras.models import Sequential
from tensorflow.keras.layers import Dense, GlobalAveragePooling2D, Dropout
from tensorflow.keras.applications import MobileNetV2
```

```python
import matplotlib.pyplot as plt
import numpy as np

# Cargar el conjunto de datos MNIST
(x_train, y_train), (x_test, y_test) = mnist.load_data()

# Redimensionar las imágenes a 32x32x1 y luego convertirlas a 32x32x3 para que coincidan con el tamaño de entrada esperado por MobileNetV2
x_train = np.stack([np.stack([x] * 3, axis=-1) for x in x_train])
x_test = np.stack([np.stack([x] * 3, axis=-1) for x in x_test])

# Redimensionar las imágenes a 32x32
x_train = tf.image.resize(x_train, (32, 32))
x_test = tf.image.resize(x_test, (32, 32))

# Normalizar las imágenes
x_train = x_train / 255.0
x_test = x_test / 255.0

# Convertir las etiquetas a one-hot encoding
y_train = to_categorical(y_train, 10)
y_test = to_categorical(y_test, 10)

# Cargar el modelo MobileNetV2 preentrenado, excluyendo las capas superiores
base_model = MobileNetV2(input_shape=(32, 32, 3), include_top=False, weights='imagenet')
```

```python
# Congelar las capas del modelo base
base_model.trainable = False

# Construir el modelo
model = Sequential([
    base_model,  # Modelo base como extractor de características
    GlobalAveragePooling2D(),  # Pooling global para reducir la dimensionalidad
    Dense(128, activation='relu'),  # Capa densa con 128 neuronas
    Dropout(0.5),  # Dropout para regularización
    Dense(10, activation='softmax')  # Capa de salida con 10 neuronas y activación softmax
])

# Compilar el modelo
model.compile(optimizer='adam',
              loss='categorical_crossentropy',
              metrics=['accuracy'])

# Entrenar el modelo
history = model.fit(x_train, y_train, epochs=10, validation_data=(x_test, y_test), batch_size=32)

# Evaluar el modelo en el conjunto de prueba
test_loss, test_acc = model.evaluate(x_test, y_test)
print(f'Test accuracy: {test_acc:.4f}')

# Graficar precisión de entrenamiento y validación
plt.plot(history.history['accuracy'], label='Train
```

```
Accuracy')
plt.plot(history.history['val_accuracy'],
label='Validation Accuracy')
plt.xlabel('Epoch')
plt.ylabel('Accuracy')
plt.legend()
plt.show()

# Graficar pérdida de entrenamiento y validación
plt.plot(history.history['loss'], label='Train
Loss')
plt.plot(history.history['val_loss'],
label='Validation Loss')
plt.xlabel('Epoch')
plt.ylabel('Loss')
plt.legend()
plt.show()
```

Resultado:

```
Epoch 1/10
1875/1875 ──────────────── 29s
14ms/step - accuracy: 0.5205 - loss: 1.4234 -
val_accuracy: 0.6752 - val_loss: 0.9601
Epoch 2/10
1875/1875 ──────────────── 27s
14ms/step - accuracy: 0.6567 - loss: 1.0061 -
val_accuracy: 0.6901 - val_loss: 0.9048
Epoch 3/10
1875/1875 ──────────────── 26s
14ms/step - accuracy: 0.6710 - loss: 0.9568 -
val_accuracy: 0.6987 - val_loss: 0.8796
Epoch 4/10
1875/1875 ──────────────── 30s
16ms/step - accuracy: 0.6818 - loss: 0.9326 -
val_accuracy: 0.7066 - val_loss: 0.8611
```

```
Epoch 5/10
1875/1875 ──────────────── 28s
15ms/step - accuracy: 0.6857 - loss: 0.9224 -
val_accuracy: 0.7082 - val_loss: 0.8505
Epoch 6/10
1875/1875 ──────────────── 29s
16ms/step - accuracy: 0.6875 - loss: 0.9163 -
val_accuracy: 0.7105 - val_loss: 0.8382
Epoch 7/10
1875/1875 ──────────────── 29s
16ms/step - accuracy: 0.6942 - loss: 0.8990 -
val_accuracy: 0.7163 - val_loss: 0.8322
Epoch 8/10
1875/1875 ──────────────── 28s
15ms/step - accuracy: 0.6965 - loss: 0.8882 -
val_accuracy: 0.7140 - val_loss: 0.8269
Epoch 9/10
1875/1875 ──────────────── 29s
15ms/step - accuracy: 0.7003 - loss: 0.8818 -
val_accuracy: 0.7187 - val_loss: 0.8233
Epoch 10/10
1875/1875 ──────────────── 29s
16ms/step - accuracy: 0.7035 - loss: 0.8797 -
val_accuracy: 0.7169 - val_loss: 0.8210
313/313 ──────────────── 4s
12ms/step - accuracy: 0.7057 - loss: 0.8515

Test accuracy: 0.7169
```

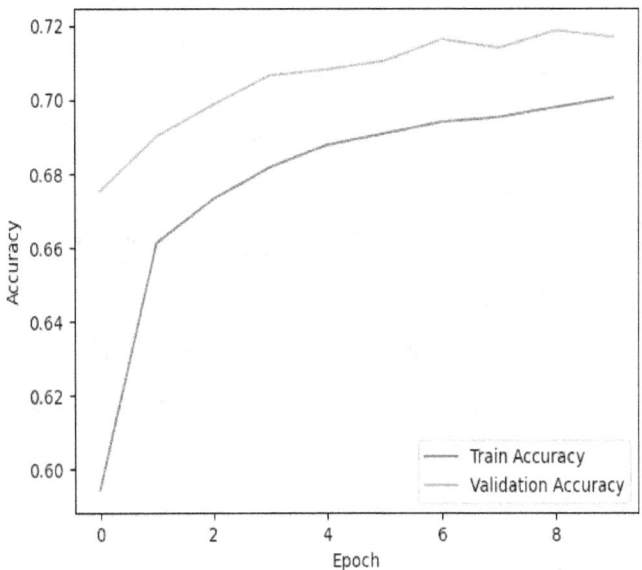

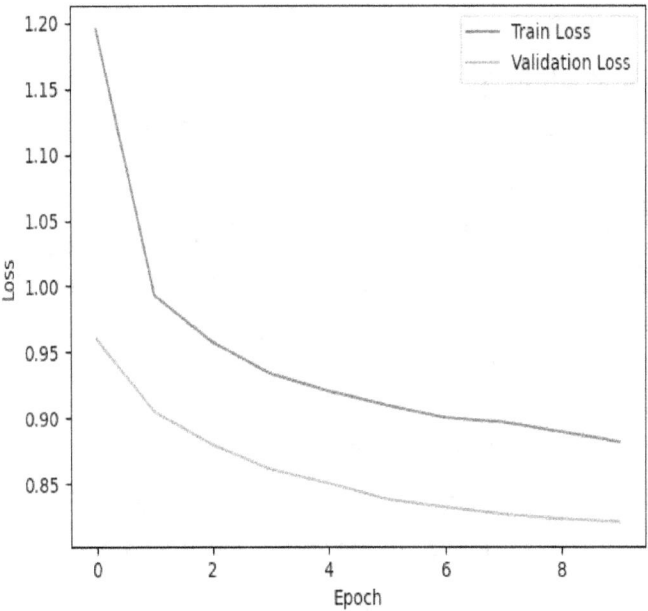

Explicación del Ejercicio

1. **Carga y Preprocesamiento de Datos:**
   - Se cargan los datos de MNIST y se redimensionan las imágenes a 32x32x3, agregando tres canales de color (necesario para MobileNetV2).
   - Las imágenes se redimensionan a 32x32 y se normalizan para que los valores de los píxeles estén entre 0 y 1.
   - Las etiquetas se convierten a formato one-hot encoding.

2. **Configuración de Data Augmentation:**
   - Se configura el ImageDataGenerator para aplicar rotación, zoom y desplazamiento aleatorios a las imágenes.
   - El generador se ajusta al conjunto de datos de entrenamiento.

3. **Construcción del Modelo CNN con MobileNetV2:**
   - Se carga el modelo MobileNetV2 preentrenado con pesos de ImageNet, excluyendo las capas superiores.
   - Se congela el modelo base para evitar que sus pesos se actualicen durante el entrenamiento.
   - Se construye un nuevo modelo agregando capas adicionales sobre el modelo base, incluyendo GlobalAveragePooling2D, una capa densa con activación ReLU y Dropout, y una capa de salida con activación softmax.

4. **Entrenamiento del Modelo con Data Augmentation:**
   - El modelo se entrena utilizando el generador de data augmentation, que genera nuevas imágenes en cada época aplicando transformaciones aleatorias a las imágenes de entrenamiento.
5. **Evaluación del Modelo:**
   - Se evalúa el modelo con los datos de prueba y se imprime la precisión del modelo en el conjunto de prueba.
6. **Visualización de Resultados:**
   - Se grafican la precisión y la pérdida de entrenamiento y validación a lo largo de las épocas para visualizar el rendimiento del modelo.

Este ejercicio demuestra cómo utilizar transfer learning con un modelo preentrenado como MobileNetV2 para mejorar la capacidad de un modelo de reconocer dígitos manuscritos, aprovechando características aprendidas previamente en un conjunto de datos más grande y diverso.

Ejercicio 39. Dígitos manuscritos con transfer learning.

Aquí tienes otro ejercicio de reconocimiento de dígitos manuscritos utilizando una red neuronal convolucional (CNN). En esta ocasión, vamos a incorporar la técnica de transfer learning utilizando un modelo preentrenado (MobileNetV2) como extractor de características.

Reconocimiento de Dígitos Manuscritos con CNN y Transfer Learning usando MobileNetV2

Objetivo

Entrenar una red neuronal convolucional utilizando transfer learning con MobileNetV2 para clasificar imágenes de dígitos manuscritos del conjunto de datos MNIST.

Solución:

```
import tensorflow as tf
from tensorflow.keras.datasets import mnist
from tensorflow.keras.models import Sequential
from tensorflow.keras.layers import Dense, Flatten, Dropout, GlobalAveragePooling2D
```

```python
from tensorflow.keras.applications import MobileNetV2
from tensorflow.keras.preprocessing.image import ImageDataGenerator
from tensorflow.keras.utils import to_categorical
import numpy as np
import matplotlib.pyplot as plt

# Cargar el conjunto de datos MNIST
(x_train, y_train), (x_test, y_test) = mnist.load_data()

# Redimensionar las imágenes a 32x32x3 (necesario para MobileNetV2 que espera imágenes de 3 canales de color)
x_train = np.stack([np.stack([x]*3, axis=-1) for x in x_train])
x_test = np.stack([np.stack([x]*3, axis=-1) for x in x_test])

# Redimensionar las imágenes a 32x32 (MobileNetV2 espera imágenes de tamaño 224x224, pero usaremos 32x32 para simplificar)
x_train = tf.image.resize(x_train, (32, 32)).numpy()
x_test = tf.image.resize(x_test, (32, 32)).numpy()

# Normalizar las imágenes de 0-255 a 0-1
x_train = x_train.astype('float32') / 255
x_test = x_test.astype('float32') / 255

# Convertir las etiquetas a one-hot encoding
```

```python
y_train = to_categorical(y_train, 10)
y_test = to_categorical(y_test, 10)

datagen = ImageDataGenerator(
    rotation_range=10,    # Rotar imágenes aleatoriamente hasta 10 grados
    zoom_range=0.1,       # Aplicar zoom aleatorio
    width_shift_range=0.1,# Desplazar imágenes horizontalmente
    height_shift_range=0.1# Desplazar imágenes verticalmente
)

# Ajustar el generador al conjunto de datos de entrenamiento
datagen.fit(x_train)

# Cargar el modelo MobileNetV2 preentrenado, excluyendo las capas superiores
base_model = MobileNetV2(input_shape=(32, 32, 3), include_top=False, weights='imagenet')

# Congelar las capas del modelo base
base_model.trainable = False

# Construir el modelo
model = Sequential([
    base_model,  # Modelo base como extractor de características
    GlobalAveragePooling2D(),  # Pooling global para reducir la dimensionalidad
    Dense(128, activation='relu'),  # Capa densa
```

```python
    con 128 neuronas
    Dropout(0.5),  # Dropout para regularización
    Dense(10, activation='softmax')  # Capa de salida con 10 neuronas y activación softmax
])

# Compilar el modelo
model.compile(optimizer='adam',
              loss='categorical_crossentropy',
              metrics=['accuracy'])

# Entrenar el modelo utilizando el generador de data augmentation
history = model.fit(datagen.flow(x_train, y_train, batch_size=32),
                    epochs=10,
                    validation_data=(x_test, y_test))

test_loss, test_acc = model.evaluate(x_test, y_test)
print(f'Test accuracy: {test_acc:.4f}')

# Graficar precisión de entrenamiento y validación
plt.plot(history.history['accuracy'], label='Train Accuracy')
plt.plot(history.history['val_accuracy'], label='Validation Accuracy')
plt.xlabel('Epoch')
plt.ylabel('Accuracy')
plt.legend()
plt.show()
```

```python
# Graficar pérdida de entrenamiento y validación
plt.plot(history.history['loss'], label='Train Loss')
plt.plot(history.history['val_loss'], label='Validation Loss')
plt.xlabel('Epoch')
plt.ylabel('Loss')
plt.legend()
plt.show()
```

Resultado:

```
1875/1875 ───────────────────── 28s 14ms/step - accuracy: 0.4565 - loss: 1.5731 - val_accuracy: 0.6400 - val_loss: 1.0672
Epoch 2/10
1875/1875 ───────────────────── 26s 14ms/step - accuracy: 0.5667 - loss: 1.2328 - val_accuracy: 0.6587 - val_loss: 1.0091
Epoch 3/10
1875/1875 ───────────────────── 26s 14ms/step - accuracy: 0.5813 - loss: 1.2011 - val_accuracy: 0.6639 - val_loss: 0.9893
Epoch 4/10
1875/1875 ───────────────────── 28s 15ms/step - accuracy: 0.5891 - loss: 1.1783 - val_accuracy: 0.6643 - val_loss: 0.9775
Epoch 5/10
1875/1875 ───────────────────── 28s 15ms/step - accuracy: 0.6000 - loss: 1.1531 - val_accuracy: 0.6763 - val_loss: 0.9507
Epoch 6/10
1875/1875 ───────────────────── 28s 15ms/step - accuracy: 0.5976 - loss: 1.1544 - val_accuracy: 0.6774 - val_loss: 0.9550
Epoch 7/10
```

```
1875/1875 ──────────────────────── 28s
15ms/step - accuracy: 0.6048 - loss: 1.1495 -
val_accuracy: 0.6739 - val_loss: 0.9418
Epoch 8/10
1875/1875 ──────────────────────── 28s
15ms/step - accuracy: 0.6024 - loss: 1.1428 -
val_accuracy: 0.6763 - val_loss: 0.9387
Epoch 9/10
1875/1875 ──────────────────────── 28s
15ms/step - accuracy: 0.6040 - loss: 1.1368 -
val_accuracy: 0.6903 - val_loss: 0.9258
Epoch 10/10
1875/1875 ──────────────────────── 28s
15ms/step - accuracy: 0.6016 - loss: 1.1365 -
val_accuracy: 0.6848 - val_loss: 0.9287
313/313 ──────────────────────── 4s
12ms/step - accuracy: 0.6656 - loss: 0.9604

Test accuracy: 0.6848
```

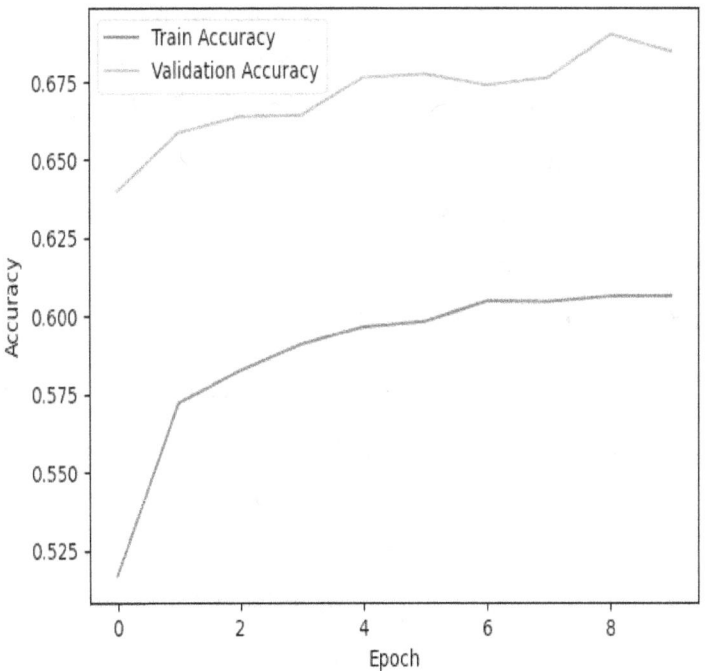

Explicación del Ejercicio

1. **Carga y Preprocesamiento de Datos:**
   - Se cargan los datos de MNIST y se redimensionan las imágenes a 32x32x3, agregando tres canales de color (necesario para MobileNetV2).
   - Las imágenes se redimensionan a 32x32 y se normalizan para que los valores de los píxeles estén entre 0 y 1.
   - Las etiquetas se convierten a formato one-hot encoding.

2. **Configuración de Data Augmentation:**
   - Se configura el ImageDataGenerator para aplicar rotación, zoom y desplazamiento aleatorios a las imágenes.
   - El generador se ajusta al conjunto de datos de entrenamiento.

3. **Construcción del Modelo CNN con MobileNetV2:**
   - Se carga el modelo MobileNetV2 preentrenado con pesos de ImageNet, excluyendo las capas superiores.
   - Se congela el modelo base para evitar que sus pesos se actualicen durante el entrenamiento.
   - Se construye un nuevo modelo agregando capas adicionales sobre el modelo base, incluyendo GlobalAveragePooling2D, una capa densa con

activación ReLU y Dropout, y una capa de salida con activación softmax.

4. **Entrenamiento del Modelo con Data Augmentation:**
    - El modelo se entrena utilizando el generador de data augmentation, que genera nuevas imágenes en cada época aplicando transformaciones aleatorias a las imágenes de entrenamiento.

5. **Evaluación del Modelo:**
    - Se evalúa el modelo con los datos de prueba y se imprime la precisión del modelo en el conjunto de prueba.

6. **Visualización de Resultados:**
    - Se grafican la precisión y la pérdida de entrenamiento y validación a lo largo de las épocas para visualizar el rendimiento del modelo.

Este ejercicio demuestra cómo utilizar transfer learning con un modelo preentrenado como MobileNetV2 para mejorar la capacidad de un modelo de reconocer dígitos manuscritos, aprovechando características aprendidas previamente en un conjunto de datos más grande y diverso.

Ejercicio 40. Dígitos manuscritos con early stopping.

Aquí tienes otro ejercicio de reconocimiento de dígitos manuscritos utilizando una red neuronal convolucional (CNN). Esta vez, vamos a agregar la técnica de early stopping (detención temprana) para evitar el sobreentrenamiento y guardar el mejor modelo durante el entrenamiento.

Reconocimiento de Dígitos Manuscritos con CNN y Early Stopping

Objetivo

Entrenar una red neuronal convolucional utilizando early stopping para clasificar imágenes de dígitos manuscritos del conjunto de datos MNIST.

Solución:

```
import tensorflow as tf
from tensorflow.keras.datasets import mnist
from tensorflow.keras.models import Sequential
from tensorflow.keras.layers import Conv2D, MaxPooling2D, Flatten, Dense, Dropout, BatchNormalization
from tensorflow.keras.preprocessing.image import ImageDataGenerator
from tensorflow.keras.utils import to_categorical
from tensorflow.keras.callbacks import EarlyStopping,
```

```python
ModelCheckpoint
import matplotlib.pyplot as plt
import os

# Cargar el conjunto de datos MNIST
(x_train, y_train), (x_test, y_test) = mnist.load_data()

# Redimensionar las imágenes a 28x28x1 (agregar una dimensión para el canal de color)
x_train = x_train.reshape((x_train.shape[0], 28, 28, 1)).astype('float32') / 255
x_test = x_test.reshape((x_test.shape[0], 28, 28, 1)).astype('float32') / 255

# Convertir las etiquetas a one-hot encoding
y_train = to_categorical(y_train, 10)
y_test = to_categorical(y_test, 10)

datagen = ImageDataGenerator(
    rotation_range=10,     # Rotar imágenes aleatoriamente hasta 10 grados
    zoom_range=0.1,        # Aplicar zoom aleatorio
    width_shift_range=0.1, # Desplazar imágenes horizontalmente
    height_shift_range=0.1 # Desplazar imágenes verticalmente
)

# Ajustar el generador al conjunto de datos de entrenamiento
datagen.fit(x_train)
```

```python
model = Sequential([
    Conv2D(32, (3, 3), input_shape=(28, 28, 1)),  # Capa convolucional con 32 filtros 3x3
    BatchNormalization(),  # Normalización de lotes
    tf.keras.layers.ReLU(),  # Función de activación ReLU
    MaxPooling2D((2, 2)),  # Capa de pooling
    Dropout(0.25),  # Dropout para regularización

    Conv2D(64, (3, 3)),  # Segunda capa convolucional con 64 filtros 3x3
    BatchNormalization(),  # Normalización de lotes
    tf.keras.layers.ReLU(),  # Función de activación ReLU
    MaxPooling2D((2, 2)),  # Segunda capa de pooling
    Dropout(0.25),  # Dropout para regularización

    Flatten(),  # Aplanar la salida
    Dense(128),  # Capa densa con 128 neuronas
    BatchNormalization(),  # Normalización de lotes
    tf.keras.layers.ReLU(),  # Función de activación ReLU
    Dropout(0.5),  # Dropout para regularización

    Dense(10, activation='softmax')  # Capa de salida con 10 neuronas y activación softmax
])

# Compilar el modelo
model.compile(optimizer='adam',
              loss='categorical_crossentropy',
              metrics=['accuracy'])

# Crear un directorio para guardar el mejor modelo
checkpoint_dir = './checkpoints'
```

```python
if not os.path.exists(checkpoint_dir):
    os.makedirs(checkpoint_dir)

# Callback para detener el entrenamiento temprano si no hay mejora en el rendimiento
early_stopping = EarlyStopping(monitor='val_loss', patience=3, restore_best_weights=True)

# Callback para guardar el mejor modelo basado en la precisión de validación
checkpoint = ModelCheckpoint(filepath=os.path.join(checkpoint_dir, 'best_model.keras'),
                             monitor='val_accuracy',
                             save_best_only=True,
                             save_weights_only=False)

# Entrenar el modelo utilizando el generador de data augmentation
history = model.fit(datagen.flow(x_train, y_train, batch_size=32),
                    epochs=20,
                    validation_data=(x_test, y_test),
                    callbacks=[early_stopping, checkpoint])


# Cargar el mejor modelo guardado
best_model = tf.keras.models.load_model(os.path.join(checkpoint_dir, 'best_model.keras'))
```

```python
# Evaluar el mejor modelo con los datos de prueba
test_loss, test_acc = best_model.evaluate(x_test, y_test)
print(f'Test accuracy: {test_acc:.4f}')

# Graficar precisión de entrenamiento y validación
plt.plot(history.history['accuracy'], label='Train Accuracy')
plt.plot(history.history['val_accuracy'], label='Validation Accuracy')
plt.xlabel('Epoch')
plt.ylabel('Accuracy')
plt.legend()
plt.show()

# Graficar pérdida de entrenamiento y validación
plt.plot(history.history['loss'], label='Train Loss')
plt.plot(history.history['val_loss'], label='Validation Loss')
plt.xlabel('Epoch')
plt.ylabel('Loss')
plt.legend()
plt.show()
```

Resultado:

```
Epoch 3/20
1875/1875 ──────────── 12s 6ms/step - accuracy: 0.9473 - loss: 0.1744 - val_accuracy: 0.9909 - val_loss: 0.0296
Epoch 4/20
```

```
1875/1875 ──────────────── 12s
6ms/step - accuracy: 0.9541 - loss: 0.1566 -
val_accuracy: 0.9920 - val_loss: 0.0258
Epoch 5/20
1875/1875 ──────────────── 12s
7ms/step - accuracy: 0.9613 - loss: 0.1303 -
val_accuracy: 0.9919 - val_loss: 0.0267
Epoch 6/20
1875/1875 ──────────────── 13s
7ms/step - accuracy: 0.9642 - loss: 0.1210 -
val_accuracy: 0.9929 - val_loss: 0.0233
Epoch 7/20
1875/1875 ──────────────── 13s
7ms/step - accuracy: 0.9629 - loss: 0.1223 -
val_accuracy: 0.9923 - val_loss: 0.0218
Epoch 8/20
1875/1875 ──────────────── 13s
7ms/step - accuracy: 0.9679 - loss: 0.1112 -
val_accuracy: 0.9937 - val_loss: 0.0215
Epoch 9/20
1875/1875 ──────────────── 13s
7ms/step - accuracy: 0.9685 - loss: 0.1005 -
val_accuracy: 0.9945 - val_loss: 0.0194
Epoch 10/20
1875/1875 ──────────────── 13s
7ms/step - accuracy: 0.9705 - loss: 0.0985 -
val_accuracy: 0.9939 - val_loss: 0.0196
Epoch 11/20
1875/1875 ──────────────── 13s
7ms/step - accuracy: 0.9699 - loss: 0.0980 -
val_accuracy: 0.9934 - val_loss: 0.0203
```

```
Epoch 12/20
1875/1875 ──────────────── 13s
7ms/step - accuracy: 0.9719 - loss: 0.0937 -
val_accuracy: 0.9946 - val_loss: 0.0164
Epoch 13/20
1875/1875 ──────────────── 13s
7ms/step - accuracy: 0.9731 - loss: 0.0882 -
val_accuracy: 0.9950 - val_loss: 0.0179
Epoch 14/20
1875/1875 ──────────────── 13s
7ms/step - accuracy: 0.9727 - loss: 0.0913 -
val_accuracy: 0.9931 - val_loss: 0.0181
Epoch 15/20
1875/1875 ──────────────── 13s
7ms/step - accuracy: 0.9747 - loss: 0.0820 -
val_accuracy: 0.9940 - val_loss: 0.0177
313/313 ──────────────── 1s
2ms/step - accuracy: 0.9943 - loss: 0.0201

Test accuracy: 0.9950
```

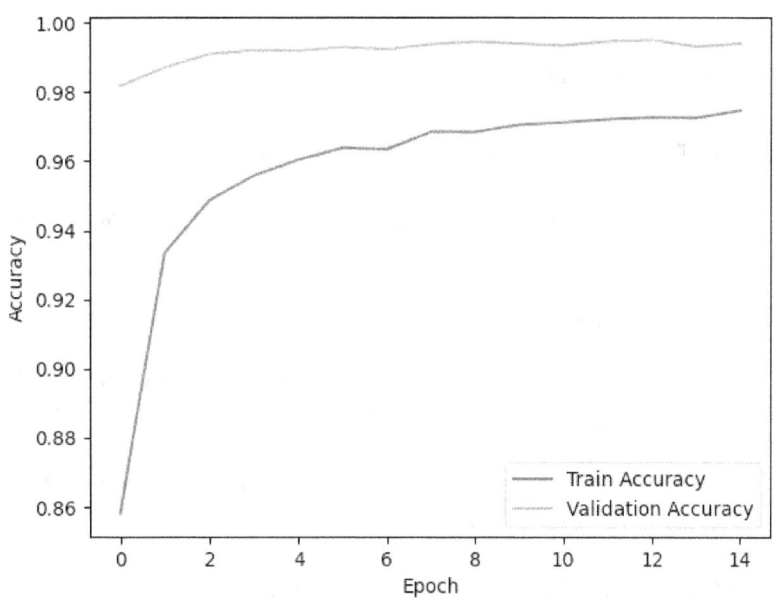

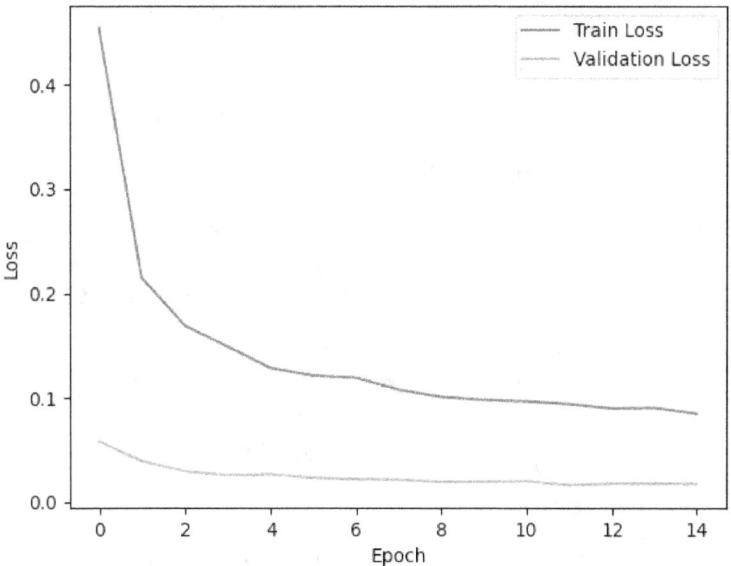

Explicación del Ejercicio

1. **Carga y Preprocesamiento de Datos**:
    - Se cargan los datos de MNIST y se redimensionan las imágenes a 28x28x1, agregando una dimensión adicional para el canal de color.
    - Las imágenes se normalizan para que los valores de los píxeles estén entre 0 y 1.
    - Las etiquetas se convierten a formato one-hot encoding.

2. **Configuración de Data Augmentation:**
    - Se configura el ImageDataGenerator para aplicar rotación, zoom y desplazamiento aleatorios a las imágenes.
    - El generador se ajusta al conjunto de datos de entrenamiento.

3. **Construcción del Modelo CNN con Batch Normalization:**
    - Se utiliza un modelo secuencial con capas convolucionales y de pooling.
    - Las capas convolucionales y densas están seguidas de Batch Normalization y ReLU para estabilizar y acelerar el entrenamiento.
    - Se aplican capas Dropout para regularización y reducir el sobreajuste.

4. **Configuración de Callbacks para Early Stopping y Checkpoint:**
   - Se configura EarlyStopping para detener el entrenamiento si la pérdida de validación no mejora durante 3 épocas consecutivas.
   - Se configura ModelCheckpoint para guardar el mejor modelo basado en la precisión de validación.
5. **Entrenamiento del Modelo con Data Augmentation y Callbacks:**
   - El modelo se entrena utilizando el generador de data augmentation y los callbacks configurados para early stopping y checkpoint.
6. **Evaluación del Modelo:**
   - Se carga el mejor modelo guardado y se evalúa con los datos de prueba para obtener la precisión final.
7. **Visualización de Resultados:**
   - Se grafican la precisión y la pérdida de entrenamiento y validación a lo largo de las épocas para visualizar el rendimiento del modelo.

Este ejercicio muestra cómo utilizar early stopping y guardar el mejor modelo durante el entrenamiento para mejorar la capacidad de generalización del modelo y evitar el sobreentrenamiento.

Ejercicio 41. Dígitos manuscritos con transfer learning.

Aquí tienes otro ejercicio de reconocimiento de dígitos manuscritos utilizando una red neuronal convolucional (CNN). En esta ocasión, vamos a incluir la técnica de aprendizaje por transferencia (transfer learning) con el modelo VGG16 preentrenado, ajustando las últimas capas del modelo para adaptarlo a la clasificación de los dígitos manuscritos.

Ejercicio: Reconocimiento de Dígitos Manuscritos con CNN y Transfer Learning usando VGG16

Objetivo

Entrenar una red neuronal convolucional utilizando transfer learning con VGG16 para clasificar imágenes de dígitos manuscritos del conjunto de datos MNIST.

Solución:

```
import tensorflow as tf
from tensorflow.keras.datasets import mnist
from tensorflow.keras.models import Sequential
from tensorflow.keras.layers import Dense, Flatten, Dropout, GlobalAveragePooling2D
from tensorflow.keras.applications import VGG16
from tensorflow.keras.preprocessing.image import ImageDataGenerator
```

```python
from tensorflow.keras.utils import to_categorical
import numpy as np
import matplotlib.pyplot as plt

# Cargar el conjunto de datos MNIST
(x_train, y_train), (x_test, y_test) = mnist.load_data()

# Redimensionar las imágenes a 48x48x3 (necesario
# para VGG16 que espera imágenes de 3 canales de
# color)
x_train = np.stack([np.stack([x]*3, axis=-1) for x in x_train])
x_test = np.stack([np.stack([x]*3, axis=-1) for x in x_test])

# Redimensionar las imágenes a 48x48 (VGG16 espera
# imágenes de tamaño 224x224, pero usaremos 48x48
# para simplificar)
x_train = tf.image.resize(x_train, (48, 48))
x_test = tf.image.resize(x_test, (48, 48))

# Normalizar las imágenes de 0-255 a 0-1
x_train = x_train.numpy().astype('float32') / 255
x_test = x_test.numpy().astype('float32') / 255

# Convertir las etiquetas a one-hot encoding
y_train = to_categorical(y_train, 10)
y_test = to_categorical(y_test, 10)

datagen = ImageDataGenerator(
    rotation_range=10,    # Rotar imágenes
```

```python
    aleatoriamente hasta 10 grados
    zoom_range=0.1,        # Aplicar zoom aleatorio
    width_shift_range=0.1,# Desplazar imágenes horizontalmente
    height_shift_range=0.1# Desplazar imágenes verticalmente
)

# Ajustar el generador al conjunto de datos de entrenamiento
datagen.fit(x_train)

# Cargar el modelo VGG16 preentrenado, excluyendo las capas superiores
base_model = VGG16(input_shape=(48, 48, 3), include_top=False, weights='imagenet')

# Congelar las capas del modelo base
base_model.trainable = False

# Construir el modelo
model = Sequential([
    base_model,  # Modelo base como extractor de características
    GlobalAveragePooling2D(),  # Pooling global para reducir la dimensionalidad
    Dense(128, activation='relu'),  # Capa densa con 128 neuronas
    Dropout(0.5),  # Dropout para regularización
    Dense(10, activation='softmax')  # Capa de salida con 10 neuronas y activación softmax
])
```

```python
# Compilar el modelo
model.compile(optimizer='adam',
              loss='categorical_crossentropy',
              metrics=['accuracy'])

# Entrenar el modelo utilizando el generador de data augmentation
history = model.fit(datagen.flow(x_train, y_train, batch_size=32),
                    epochs=10,
                    validation_data=(x_test, y_test))

test_loss, test_acc = model.evaluate(x_test, y_test)
print(f'Test accuracy: {test_acc:.4f}')

# Graficar precisión de entrenamiento y validación
plt.plot(history.history['accuracy'], label='Train Accuracy')
plt.plot(history.history['val_accuracy'], label='Validation Accuracy')
plt.xlabel('Epoch')
plt.ylabel('Accuracy')
plt.legend()
plt.show()

# Graficar pérdida de entrenamiento y validación
plt.plot(history.history['loss'], label='Train Loss')
plt.plot(history.history['val_loss'],
```

```
label='Validation Loss')
plt.xlabel('Epoch')
plt.ylabel('Loss')
plt.legend()
plt.show()
```

Resultado:

1875/1875 ———————————————— 195s 104ms/step - accuracy: 0.7252 - loss: 0.8612 - val_accuracy: 0.9466 - val_loss: 0.1796
Epoch 2/10
1875/1875 ———————————————— 203s 108ms/step - accuracy: 0.9098 - loss: 0.2889 - val_accuracy: 0.9593 - val_loss: 0.1317
Epoch 3/10
1875/1875 ———————————————— 196s 105ms/step - accuracy: 0.9275 - loss: 0.2308 - val_accuracy: 0.9594 - val_loss: 0.1250
Epoch 4/10
1875/1875 ———————————————— 195s 104ms/step - accuracy: 0.9364 - loss: 0.2067 - val_accuracy: 0.9629 - val_loss: 0.1118
Epoch 5/10
1875/1875 ———————————————— 208s 111ms/step - accuracy: 0.9381 - loss: 0.1963 - val_accuracy: 0.9692 - val_loss: 0.0996
Epoch 6/10
1875/1875 ———————————————— 201s 107ms/step - accuracy: 0.9410 - loss: 0.1865 - val_accuracy: 0.9677 - val_loss: 0.0992

```
Epoch 7/10
1875/1875 ──────────────── 197s
105ms/step - accuracy: 0.9443 - loss: 0.1771 -
val_accuracy: 0.9684 - val_loss: 0.0944
Epoch 8/10
1875/1875 ──────────────── 197s
105ms/step - accuracy: 0.9488 - loss: 0.1687 -
val_accuracy: 0.9702 - val_loss: 0.0904
Epoch 9/10
1875/1875 ──────────────── 193s
103ms/step - accuracy: 0.9484 - loss: 0.1635 -
val_accuracy: 0.9651 - val_loss: 0.1070
Epoch 10/10
1875/1875 ──────────────── 194s
103ms/step - accuracy: 0.9476 - loss: 0.1637 -
val_accuracy: 0.9691 - val_loss: 0.0951
313/313 ──────────────── 27s
87ms/step - accuracy: 0.9660 - loss: 0.1030

Test accuracy: 0.9691
```

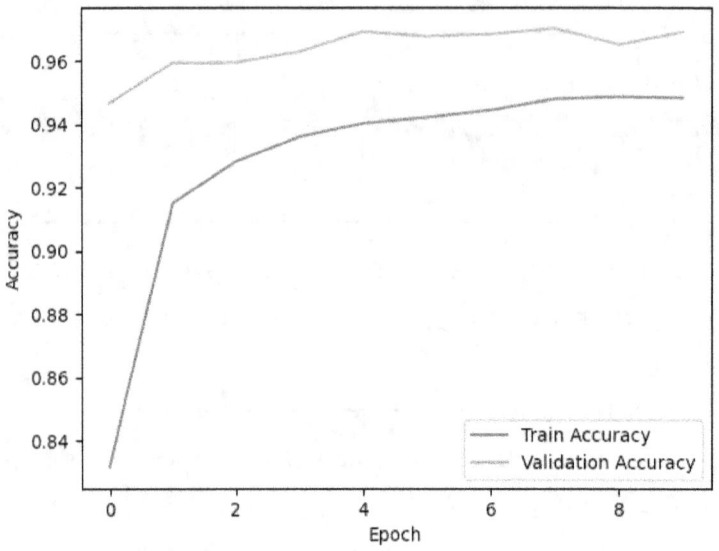

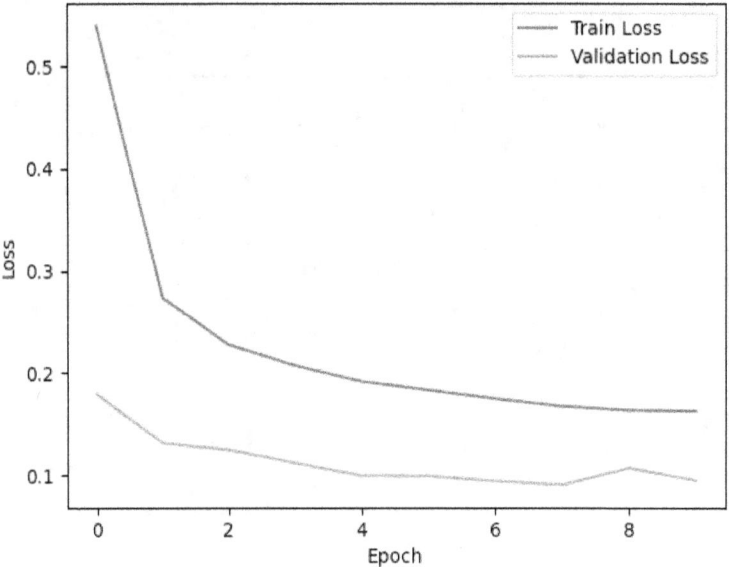

Explicación del Ejercicio

1. **Carga y Preprocesamiento de Datos:**
   - Se cargan los datos de MNIST y se redimensionan las imágenes a 48x48x3, agregando tres canales de color (necesario para VGG16).
   - Las imágenes se redimensionan a 48x48 y se normalizan para que los valores de los píxeles estén entre 0 y 1.
   - Las etiquetas se convierten a formato one-hot encoding.

2. **Configuración de Data Augmentation:**
   - Se configura el ImageDataGenerator para aplicar rotación, zoom y desplazamiento aleatorios a las imágenes.
   - El generador se ajusta al conjunto de datos de entrenamiento.

3. **Construcción del Modelo CNN con VGG16:**
   - Se carga el modelo VGG16 preentrenado con pesos de ImageNet, excluyendo las capas superiores.
   - Se congela el modelo base para evitar que sus pesos se actualicen durante el entrenamiento.
   - Se construye un nuevo modelo agregando capas adicionales sobre el modelo base, incluyendo GlobalAveragePooling2D, una capa densa con activación ReLU y Dropout, y una capa de salida con activación softmax.

4. **Entrenamiento del Modelo con Data Augmentation:**
    - El modelo se entrena utilizando el generador de data augmentation, que genera nuevas imágenes en cada época aplicando transformaciones aleatorias a las imágenes de entrenamiento.
5. **Evaluación del Modelo:**
    - Se evalúa el modelo con los datos de prueba y se imprime la precisión del modelo en el conjunto de prueba.
6. **Visualización de Resultados:**
    - Se grafican la precisión y la pérdida de entrenamiento y validación a lo largo de las épocas para visualizar el rendimiento del modelo.

Este ejercicio muestra cómo utilizar transfer learning con un modelo preentrenado como VGG16 para mejorar la capacidad de un modelo de reconocer dígitos manuscritos, aprovechando características aprendidas previamente en un conjunto de datos más grande y diverso.

Aquí tienes otro ejercicio de reconocimiento de dígitos manuscritos utilizando una red neuronal convolucional (CNN). En esta ocasión, vamos a combinar técnicas de data augmentation, Batch Normalization y optimización con el optimizador RMSprop.

Ejercicio 42: Reconocimiento de Dígitos Manuscritos con CNN, Data Augmentation, Batch Normalization y RMSprop

Objetivo

Entrenar una red neuronal convolucional utilizando data augmentation, Batch Normalization y el optimizador RMSprop para clasificar imágenes de dígitos manuscritos del conjunto de datos MNIST.

Instrucciones

1. **Instalación de Dependencias**

    Asegúrate de tener instaladas las bibliotecas necesarias:

    ```
    pip install tensorflow numpy matplotlib
    ```

2. **Importación de Bibliotecas**

    ```
    import tensorflow as tf
    from tensorflow.keras.datasets import mnist
    from tensorflow.keras.models import Sequential
    from tensorflow.keras.layers import Conv2D, MaxPooling2D, Flatten, Dense, Dropout, BatchNormalization
    from tensorflow.keras.preprocessing.image import ImageDataGenerator
    from tensorflow.keras.utils import to_categorical
    import matplotlib.pyplot as plt
    ```

3. **Cargar y Preprocesar el Conjunto de Datos MNIST**

```
# Cargar el conjunto de datos MNIST
(x_train, y_train), (x_test, y_test) = mnist.load_data()

# Redimensionar las imágenes a 28x28x1 (agregar una dimensión para el canal de color)
x_train = x_train.reshape((x_train.shape[0], 28, 28, 1)).astype('float32') / 255
x_test = x_test.reshape((x_test.shape[0], 28, 28, 1)).astype('float32') / 255

# Convertir las etiquetas a one-hot encoding
y_train = to_categorical(y_train, 10)
y_test = to_categorical(y_test, 10)
```

4. **Configuración de Data Augmentation**

```
datagen = ImageDataGenerator(
    rotation_range=10,    # Rotar imágenes aleatoriamente hasta 10 grados
    zoom_range=0.1,       # Aplicar zoom aleatorio
    width_shift_range=0.1,# Desplazar imágenes horizontalmente
    height_shift_range=0.1# Desplazar imágenes verticalmente
)
```

```python
# Ajustar el generador al conjunto de datos de entrenamiento
datagen.fit(x_train)
```

5. Construcción del Modelo CNN con Batch Normalization

```python
model = Sequential([
    Conv2D(32, (3, 3), input_shape=(28, 28, 1)),  # Capa convolucional con 32 filtros 3x3
    BatchNormalization(),  # Normalización de lotes
    tf.keras.layers.ReLU(),  # Función de activación ReLU
    MaxPooling2D((2, 2)),  # Capa de pooling
    Dropout(0.25),  # Dropout para regularización

    Conv2D(64, (3, 3)),  # Segunda capa convolucional con 64 filtros 3x3
    BatchNormalization(),  # Normalización de lotes
    tf.keras.layers.ReLU(),  # Función de activación ReLU
    MaxPooling2D((2, 2)),  # Segunda capa de pooling
    Dropout(0.25),  # Dropout para regularización

    Flatten(),  # Aplanar la salida
    Dense(128),  # Capa densa con 128 neuronas
    BatchNormalization(),  # Normalización de lotes
    tf.keras.layers.ReLU(),  # Función de activación ReLU
    Dropout(0.5),  # Dropout para regularización
```

```python
    Dense(10, activation='softmax')  # Capa de salida con 10 neuronas y activación softmax
])

# Compilar el modelo con el optimizador RMSprop
model.compile(optimizer='rmsprop',
              loss='categorical_crossentropy',
              metrics=['accuracy'])
```

6. **Entrenamiento del Modelo con Data Augmentation**

```python
# Entrenar el modelo utilizando el generador de data augmentation
history = model.fit(datagen.flow(x_train, y_train, batch_size=32),
                    epochs=10,
                    validation_data=(x_test, y_test))
```

7. **Evaluación del Modelo**

```python
test_loss, test_acc = model.evaluate(x_test, y_test)
print(f'Test accuracy: {test_acc:.4f}')
```

8. **Visualización de Resultados**

```python
# Graficar precisión de entrenamiento y validación
plt.plot(history.history['accuracy'], label='Train Accuracy')
plt.plot(history.history['val_accuracy'], label='Validation Accuracy')
```

```
plt.xlabel('Epoch')
plt.ylabel('Accuracy')
plt.legend()
plt.show()

# Graficar pérdida de entrenamiento y validación
plt.plot(history.history['loss'], label='Train Loss')
plt.plot(history.history['val_loss'], label='Validation Loss')
plt.xlabel('Epoch')
plt.ylabel('Loss')
plt.legend()
plt.show()
```

Resultado:

```
1875/1875 ──────────────── 12s
6ms/step - accuracy: 0.7725 - loss: 0.7088 -
val_accuracy: 0.9866 - val_loss: 0.0451
Epoch 2/10
1875/1875 ──────────────── 11s
6ms/step - accuracy: 0.9276 - loss: 0.2459 -
val_accuracy: 0.9877 - val_loss: 0.0432
Epoch 3/10
1875/1875 ──────────────── 11s
6ms/step - accuracy: 0.9412 - loss: 0.2052 -
val_accuracy: 0.9869 - val_loss: 0.0434
Epoch 4/10
1875/1875 ──────────────── 11s
6ms/step - accuracy: 0.9471 - loss: 0.1965 -
val_accuracy: 0.9901 - val_loss: 0.0418
Epoch 5/10
1875/1875 ──────────────── 12s
6ms/step - accuracy: 0.9518 - loss: 0.1845 -
val_accuracy: 0.9837 - val_loss: 0.0593
Epoch 6/10
```

```
1875/1875 ━━━━━━━━━━━━━━━━━━━━━━━━━━━━━━ 13s
7ms/step - accuracy: 0.9551 - loss: 0.1780 -
val_accuracy: 0.9916 - val_loss: 0.0281
Epoch 7/10
1875/1875 ━━━━━━━━━━━━━━━━━━━━━━━━━━━━━━ 13s
7ms/step - accuracy: 0.9531 - loss: 0.1819 -
val_accuracy: 0.9887 - val_loss: 0.0447
Epoch 8/10
1875/1875 ━━━━━━━━━━━━━━━━━━━━━━━━━━━━━━ 13s
7ms/step - accuracy: 0.9546 - loss: 0.1771 -
val_accuracy: 0.9904 - val_loss: 0.0355
Epoch 9/10
1875/1875 ━━━━━━━━━━━━━━━━━━━━━━━━━━━━━━ 13s
7ms/step - accuracy: 0.9549 - loss: 0.1843 -
val_accuracy: 0.9920 - val_loss: 0.0269
Epoch 10/10
1875/1875 ━━━━━━━━━━━━━━━━━━━━━━━━━━━━━━ 13s
7ms/step - accuracy: 0.9569 - loss: 0.1733 -
val_accuracy: 0.9888 - val_loss: 0.0486
313/313 ━━━━━━━━━━━━━━━━━━━━━━━━━━━━━━ 1s
2ms/step - accuracy: 0.9863 - loss: 0.0561
Test accuracy: 0.9888
```

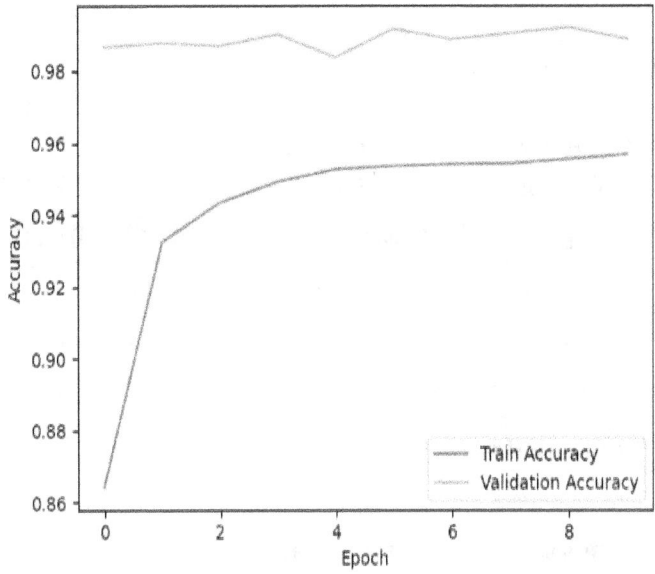

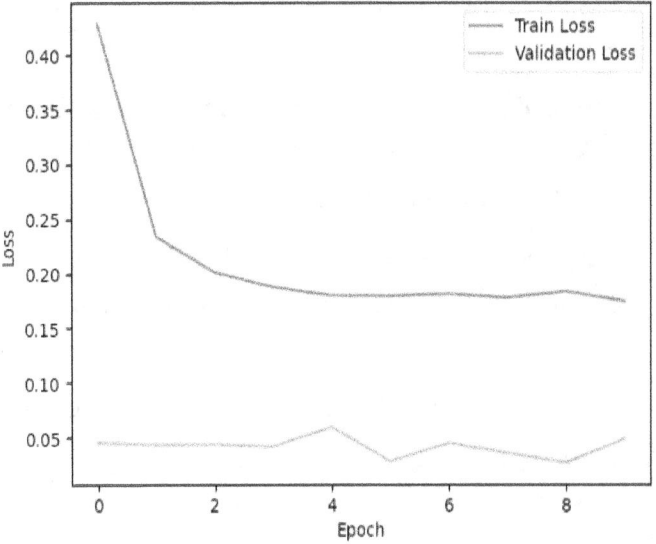

Explicación del Ejercicio

1. **Carga y Preprocesamiento de Datos:**
   - Se cargan los datos de MNIST y se redimensionan las imágenes a 28x28x1, agregando una dimensión adicional para el canal de color.
   - Las imágenes se normalizan para que los valores de los píxeles estén entre 0 y 1.
   - Las etiquetas se convierten a formato one-hot encoding.

2. **Configuración de Data Augmentation:**
   - Se configura el ImageDataGenerator para aplicar rotación, zoom y desplazamiento aleatorios a las imágenes.
   - El generador se ajusta al conjunto de datos de entrenamiento.

3. **Construcción del Modelo CNN con Batch Normalization:**
   - Se utiliza un modelo secuencial con capas convolucionales y de pooling.
   - Las capas convolucionales y densas están seguidas de Batch Normalization y ReLU para estabilizar y acelerar el entrenamiento.
   - Se aplican capas Dropout para regularización y reducir el sobreajuste.

4. **Compilación del Modelo con RMSprop:**
   - Se compila el modelo utilizando el optimizador RMSprop, que es adecuado para problemas de clasificación y generalmente proporciona una buena convergencia.

5. **Entrenamiento del Modelo con Data Augmentation:**
   - El modelo se entrena utilizando el generador de data augmentation, que genera nuevas imágenes en cada época aplicando transformaciones aleatorias a las imágenes de entrenamiento.

6. **Evaluación del Modelo:**
   - Se evalúa el modelo con los datos de prueba y se imprime la precisión del modelo en el conjunto de prueba.

7. **Visualización de Resultados:**
   - Se grafican la precisión y la pérdida de entrenamiento y validación a lo largo de las épocas para visualizar el rendimiento del modelo.

Este ejercicio muestra cómo combinar varias técnicas avanzadas, como data augmentation, Batch Normalization y el optimizador RMSprop, para mejorar la capacidad de un modelo de reconocer dígitos manuscritos y evitar el sobreentrenamiento.

Aquí tienes otro ejercicio de reconocimiento de dígitos manuscritos utilizando una red neuronal convolucional (CNN). En esta ocasión, vamos a incluir la técnica de hiperparámetros con la búsqueda de una mejor arquitectura utilizando Keras Tuner.

Ejercicio 43: Reconocimiento de Dígitos Manuscritos con CNN y Optimización de Hiperparámetros usando Keras Tuner

Objetivo

Entrenar una red neuronal convolucional utilizando Keras Tuner para optimizar la arquitectura y los hiperparámetros del modelo para clasificar imágenes de dígitos manuscritos del conjunto de datos MNIST.

Instrucciones

1. **Instalación de Dependencias**

    Asegúrate de tener instaladas las bibliotecas necesarias:

    ```
    pip install tensorflow numpy matplotlib keras-tuner
    ```

2. **Importación de Bibliotecas**

    ```
    import tensorflow as tf
    from tensorflow.keras.datasets import mnist
    from tensorflow.keras.models import Sequential
    from tensorflow.keras.layers import Conv2D, MaxPooling2D, Flatten, Dense, Dropout, BatchNormalization
    ```

```python
from tensorflow.keras.preprocessing.image import ImageDataGenerator
from tensorflow.keras.utils import to_categorical
import matplotlib.pyplot as plt
import keras_tuner as kt
```

3. **Cargar y Preprocesar el Conjunto de Datos MNIST**

```python
# Cargar el conjunto de datos MNIST
(x_train, y_train), (x_test, y_test) = mnist.load_data()

# Redimensionar las imágenes a 28x28x1 (agregar una dimensión para el canal de color)
x_train = x_train.reshape((x_train.shape[0], 28, 28, 1)).astype('float32') / 255
x_test = x_test.reshape((x_test.shape[0], 28, 28, 1)).astype('float32') / 255

# Convertir las etiquetas a one-hot encoding
y_train = to_categorical(y_train, 10)
y_test = to_categorical(y_test, 10)
```

4. **Configuración de Data Augmentation**

```python
datagen = ImageDataGenerator(
    rotation_range=10,    # Rotar imágenes aleatoriamente hasta 10 grados
    zoom_range=0.1,       # Aplicar zoom aleatorio
    width_shift_range=0.1,# Desplazar imágenes horizontalmente
```

```python
        height_shift_range=0.1# Desplazar imágenes verticalmente
)

# Ajustar el generador al conjunto de datos de entrenamiento
datagen.fit(x_train)
```

5. **Definir la Función del Modelo para Keras Tuner**

```python
def build_model(hp):
    model = Sequential()

model.add(Conv2D(filters=hp.Int('conv_1_filter', min_value=32, max_value=128, step=16),

kernel_size=hp.Choice('conv_1_kernel', values=[3, 5]),
                    activation='relu',
                    input_shape=(28, 28, 1)))
    model.add(BatchNormalization())
    model.add(MaxPooling2D(pool_size=2))
    model.add(Dropout(0.25))


model.add(Conv2D(filters=hp.Int('conv_2_filter', min_value=32, max_value=128, step=16),

kernel_size=hp.Choice('conv_2_kernel', values=[3, 5]),
                    activation='relu'))
    model.add(BatchNormalization())
```

```
        model.add(MaxPooling2D(pool_size=2))
        model.add(Dropout(0.25))

        model.add(Flatten())
        model.add(Dense(units=hp.Int('dense_units',
    min_value=64, max_value=256, step=32),
    activation='relu'))
        model.add(BatchNormalization())
        model.add(Dropout(0.5))
        model.add(Dense(10, activation='softmax'))

        model.compile(optimizer='adam',
                    loss='categorical_crossentropy',
                    metrics=['accuracy'])
        return model
```

6. Configuración del Búsqueda de Hiperparámetros con Keras Tuner

```
    tuner = kt.Hyperband(build_model,
                        objective='val_accuracy',
                        max_epochs=10,
                        factor=3,
                        directory='my_dir',
                        project_name='mnist')
```

7. Búsqueda de Hiperparámetros

```
    tuner.search(datagen.flow(x_train, y_train,
    batch_size=32),
                epochs=10,
                validation_data=(x_test, y_test))
```

8. Recuperar los Mejores Hiperparámetros y Construir el Modelo

```
best_hps = tuner.get_best_hyperparameters(num_trials=1)[0]
model = build_model(best_hps)
```

9. Entrenamiento del Modelo con los Mejores Hiperparámetros

```
history = model.fit(datagen.flow(x_train, y_train, batch_size=32),
                    epochs=10,
                    validation_data=(x_test, y_test))
```

10. Evaluación del Modelo

```
test_loss, test_acc = model.evaluate(x_test, y_test)
print(f'Test accuracy: {test_acc:.4f}')
```

11. Visualización de Resultados

```
# Graficar precisión de entrenamiento y validación
plt.plot(history.history['accuracy'], label='Train Accuracy')
plt.plot(history.history['val_accuracy'], label='Validation Accuracy')
plt.xlabel('Epoch')
```

```python
plt.ylabel('Accuracy')
plt.legend()
plt.show()

# Graficar pérdida de entrenamiento y validación
plt.plot(history.history['loss'], label='Train Loss')
plt.plot(history.history['val_loss'], label='Validation Loss')
plt.xlabel('Epoch')
plt.ylabel('Loss')
plt.legend()
plt.show()
```

Resultado:

Search: Running Trial #30

Value	Best Value So Far	Hyperparameter
64	64	conv_1_filter
5	5	conv_1_kernel
96	128	conv_2_filter
3	3	conv_2_kernel
256	128	dense_units
10	10	tuner/epochs
0	4	tuner/initial_epoch
0	1	tuner/bracket
0	1	tuner/round

Epoch 1/10

```
1875/1875 ──────────────────────── 22s
11ms/step - accuracy: 0.8328 - loss: 0.5409 -
val_accuracy: 0.9831 - val_loss: 0.0514
Epoch 2/10
1875/1875 ──────────────────────── 21s
11ms/step - accuracy: 0.9591 - loss: 0.1334 -
val_accuracy: 0.9835 - val_loss: 0.0495
Epoch 3/10
1875/1875 ──────────────────────── 20s
11ms/step - accuracy: 0.9666 - loss: 0.1081 -
val_accuracy: 0.9902 - val_loss: 0.0320
Epoch 4/10
1875/1875 ──────────────────────── 20s
11ms/step - accuracy: 0.9727 - loss: 0.0912 -
val_accuracy: 0.9925 - val_loss: 0.0233
Epoch 5/10
1875/1875 ──────────────────────── 20s
11ms/step - accuracy: 0.9754 - loss: 0.0850 -
val_accuracy: 0.9913 - val_loss: 0.0236
Epoch 6/10
1875/1875 ──────────────────────── 20s
11ms/step - accuracy: 0.9774 - loss: 0.0736 -
val_accuracy: 0.9934 - val_loss: 0.0189
Epoch 7/10
1875/1875 ──────────────────────── 20s
11ms/step - accuracy: 0.9776 - loss: 0.0741 -
val_accuracy: 0.9931 - val_loss: 0.0194
Epoch 8/10
1875/1875 ──────────────────────── 20s
11ms/step - accuracy: 0.9806 - loss: 0.0635 -
val_accuracy: 0.9936 - val_loss: 0.0198
```

```
Epoch 9/10
1875/1875 ———————————————— 20s
11ms/step - accuracy: 0.9820 - loss: 0.0593 -
val_accuracy: 0.9940 - val_loss: 0.0191
Epoch 10/10
1875/1875 ———————————————— 20s
11ms/step - accuracy: 0.9815 - loss: 0.0602 -
val_accuracy: 0.9926 - val_loss: 0.0244


Trial 30 Complete [00h 03m 26s]
val_accuracy: 0.9940000176429749

Best val_accuracy So Far: 0.9959999918937683
Total elapsed time: 00h 48m 36s
Epoch 1/10
1875/1875 ———————————————— 22s
11ms/step - accuracy: 0.8186 - loss: 0.5887 -
val_accuracy: 0.9845 - val_loss: 0.0486
Epoch 2/10
1875/1875 ———————————————— 21s
11ms/step - accuracy: 0.9535 - loss: 0.1508 -
val_accuracy: 0.9890 - val_loss: 0.0317
Epoch 3/10
1875/1875 ———————————————— 21s
11ms/step - accuracy: 0.9641 - loss: 0.1181 -
val_accuracy: 0.9878 - val_loss: 0.0383
Epoch 4/10
1875/1875 ———————————————— 21s
11ms/step - accuracy: 0.9715 - loss: 0.0960 -
val_accuracy: 0.9930 - val_loss: 0.0224
Epoch 5/10
```

```
1875/1875 ———————————————— 21s
11ms/step - accuracy: 0.9738 - loss: 0.0909 -
val_accuracy: 0.9921 - val_loss: 0.0251
Epoch 6/10
1875/1875 ———————————————— 21s
11ms/step - accuracy: 0.9768 - loss: 0.0781 -
val_accuracy: 0.9882 - val_loss: 0.0375
Epoch 7/10
1875/1875 ———————————————— 21s
11ms/step - accuracy: 0.9775 - loss: 0.0750 -
val_accuracy: 0.9949 - val_loss: 0.0174
Epoch 8/10
1875/1875 ———————————————— 21s
11ms/step - accuracy: 0.9795 - loss: 0.0696 -
val_accuracy: 0.9944 - val_loss: 0.0173
Epoch 9/10
1875/1875 ———————————————— 21s
11ms/step - accuracy: 0.9810 - loss: 0.0647 -
val_accuracy: 0.9941 - val_loss: 0.0179
Epoch 10/10
1875/1875 ———————————————— 22s
12ms/step - accuracy: 0.9797 - loss: 0.0640 -
val_accuracy: 0.9940 - val_loss: 0.0178
313/313 ———————————————— 1s
3ms/step - accuracy: 0.9936 - loss: 0.0177
Test accuracy: 0.9940
```

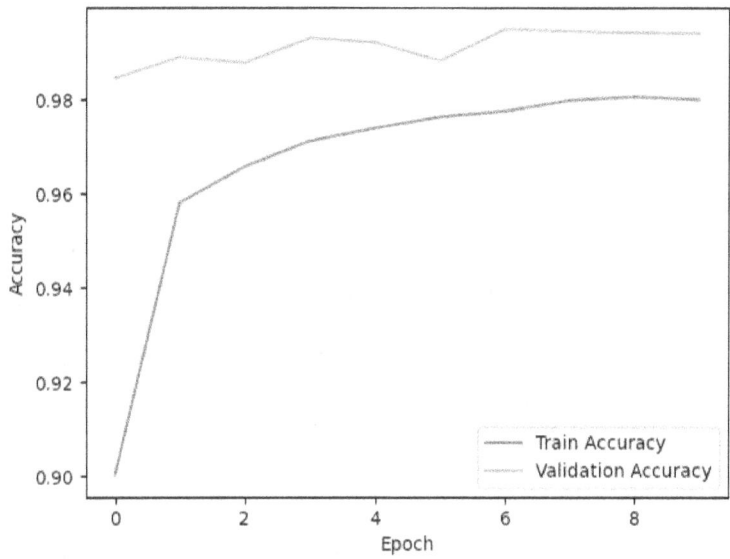

Explicación del Ejercicio

1. **Carga y Preprocesamiento de Datos**:
   - Se cargan los datos de MNIST y se redimensionan las imágenes a 28x28x1, agregando una dimensión adicional para el canal de color.
   - Las imágenes se normalizan para que los valores de los píxeles estén entre 0 y 1.
   - Las etiquetas se convierten a formato one-hot encoding.

2. **Configuración de Data Augmentation:**
   - Se configura el ImageDataGenerator para aplicar rotación, zoom y desplazamiento aleatorios a las imágenes.
   - El generador se ajusta al conjunto de datos de entrenamiento.

3. **Definir la Función del Modelo para Keras Tuner:**
   - Se define una función que construye el modelo con diferentes hiperparámetros.
   - Los hiperparámetros a optimizar incluyen el número de filtros en las capas convolucionales, el tamaño del kernel, y el número de neuronas en la capa densa.
4. **Configuración del Búsqueda de Hiperparámetros con Keras Tuner:**
   - Se configura Keras Tuner para buscar los mejores hiperparámetros utilizando la estrategia Hyperband.
5. **Búsqueda de Hiperparámetros:**
   - Se realiza la búsqueda de hiperparámetros utilizando Keras Tuner con los datos de entrenamiento y validación.
6. **Recuperar los Mejores Hiperparámetros y Construir el Modelo:**
   - Se recuperan los mejores hiperparámetros encontrados durante la búsqueda y se construye el modelo final.
7. **Entrenamiento del Modelo con los Mejores Hiperparámetros:**
   - El modelo se entrena utilizando el generador de data augmentation y los mejores hiperparámetros encontrados.
8. **Evaluación del Modelo:**
   - Se evalúa el modelo con los datos de prueba y se imprime la precisión del modelo en el conjunto de prueba.

9. **Visualización de Resultados:**
    - Se grafican la precisión y la pérdida de entrenamiento y validación a lo largo de las épocas para visualizar el rendimiento del modelo.

Este ejercicio muestra cómo utilizar Keras Tuner para encontrar la mejor arquitectura y los mejores hiperparámetros para un modelo de CNN, mejorando así su rendimiento en la tarea de reconocimiento de dígitos manuscritos.

Ejercicio 44. Dígitos manuscritos con DNN.

Aquí tienes otro ejercicio de reconocimiento de dígitos manuscritos utilizando una red neuronal convolucional (CNN). En esta ocasión, vamos a utilizar la técnica de reducción de dimensionalidad con PCA (Análisis de Componentes Principales) antes de entrenar la CNN.

Ejercicio: Reconocimiento de Dígitos Manuscritos con DNN.

Dado que la salida de PCA no es adecuada para convoluciones espaciales, usamos una Red Neuronal Densa (DNN) en lugar de una Red Neuronal Convolucional (CNN).

Objetivo

Entrenar una red neuronal convolucional utilizando PCA para reducir la dimensionalidad de las imágenes antes de entrenar el modelo para clasificar imágenes de dígitos manuscritos del conjunto de datos MNIST.

```
import tensorflow as tf
from tensorflow.keras.datasets import mnist
from tensorflow.keras.models import Sequential
from tensorflow.keras.layers import Dense, Dropout, BatchNormalization
from tensorflow.keras.utils import to_categorical
from sklearn.decomposition import PCA
```

```python
import matplotlib.pyplot as plt

# Cargar el conjunto de datos MNIST
(x_train, y_train), (x_test, y_test) = mnist.load_data()

# Redimensionar las imágenes y normalizar
x_train = x_train.reshape((x_train.shape[0], 28, 28, 1)).astype('float32') / 255
x_test = x_test.reshape((x_test.shape[0], 28, 28, 1)).astype('float32') / 255

# Convertir las etiquetas a one-hot encoding
y_train = to_categorical(y_train, 10)
y_test = to_categorical(y_test, 10)

# Aplanar las imágenes para aplicar PCA
x_train_flat = x_train.reshape(x_train.shape[0], -1)
x_test_flat = x_test.reshape(x_test.shape[0], -1)

# Aplicar PCA para mantener el 95% de la varianza
pca = PCA(n_components=0.95)
x_train_pca = pca.fit_transform(x_train_flat)
x_test_pca = pca.transform(x_test_flat)

# Construir el modelo DNN ya que no podemos usar CNN con datos reducidos por PCA
model = Sequential([
    Dense(512, input_shape=(x_train_pca.shape[1],)),
    BatchNormalization(),
```

```python
    tf.keras.layers.ReLU(),
    Dropout(0.5),

    Dense(256),
    BatchNormalization(),
    tf.keras.layers.ReLU(),
    Dropout(0.5),

    Dense(128),
    BatchNormalization(),
    tf.keras.layers.ReLU(),
    Dropout(0.5),

    Dense(10, activation='softmax')
])

# Compilar el modelo
model.compile(optimizer='adam',
              loss='categorical_crossentropy',
              metrics=['accuracy'])

# Entrenar el modelo
history = model.fit(x_train_pca, y_train,
epochs=10, batch_size=32,
validation_data=(x_test_pca, y_test))

# Evaluar el modelo con datos de prueba
test_loss, test_acc = model.evaluate(x_test_pca,
y_test)
print(f'Test accuracy: {test_acc:.4f}')

# Graficar precisión de entrenamiento y validación
```

```
plt.plot(history.history['accuracy'], label='Train
Accuracy')
plt.plot(history.history['val_accuracy'],
label='Validation Accuracy')
plt.xlabel('Epoch')
plt.ylabel('Accuracy')
plt.legend()
plt.show()

# Graficar pérdida de entrenamiento y validación
plt.plot(history.history['loss'], label='Train
Loss')
plt.plot(history.history['val_loss'],
label='Validation Loss')
plt.xlabel('Epoch')
plt.ylabel('Loss')
plt.legend()
plt.show()
```

Resultado:

```
Epoch 1/10
1875/1875 ──────────────────────── 4s
1ms/step - accuracy: 0.7113 - loss: 0.9158 -
val_accuracy: 0.9545 - val_loss: 0.1467
Epoch 2/10
1875/1875 ──────────────────────── 3s
2ms/step - accuracy: 0.9090 - loss: 0.3117 -
val_accuracy: 0.9674 - val_loss: 0.1063
Epoch 3/10
1875/1875 ──────────────────────── 3s
1ms/step - accuracy: 0.9278 - loss: 0.2450 -
val_accuracy: 0.9730 - val_loss: 0.0892
Epoch 4/10
1875/1875 ──────────────────────── 3s
1ms/step - accuracy: 0.9400 - loss: 0.2047 -
val_accuracy: 0.9780 - val_loss: 0.0734
```

```
Epoch 5/10
1875/1875 ──────────────── 3s
1ms/step - accuracy: 0.9458 - loss: 0.1856 -
val_accuracy: 0.9786 - val_loss: 0.0683
Epoch 6/10
1875/1875 ──────────────── 3s
1ms/step - accuracy: 0.9514 - loss: 0.1612 -
val_accuracy: 0.9792 - val_loss: 0.0666
Epoch 7/10
1875/1875 ──────────────── 3s
1ms/step - accuracy: 0.9555 - loss: 0.1514 -
val_accuracy: 0.9796 - val_loss: 0.0640
Epoch 8/10
1875/1875 ──────────────── 3s
2ms/step - accuracy: 0.9569 - loss: 0.1442 -
val_accuracy: 0.9817 - val_loss: 0.0581
Epoch 9/10
1875/1875 ──────────────── 3s
1ms/step - accuracy: 0.9603 - loss: 0.1375 -
val_accuracy: 0.9827 - val_loss: 0.0570
Epoch 10/10
1875/1875 ──────────────── 3s
1ms/step - accuracy: 0.9620 - loss: 0.1314 -
val_accuracy: 0.9821 - val_loss: 0.0582
313/313 ──────────────── 0s
623us/step - accuracy: 0.9779 - loss: 0.0710
Test accuracy: 0.9821
```

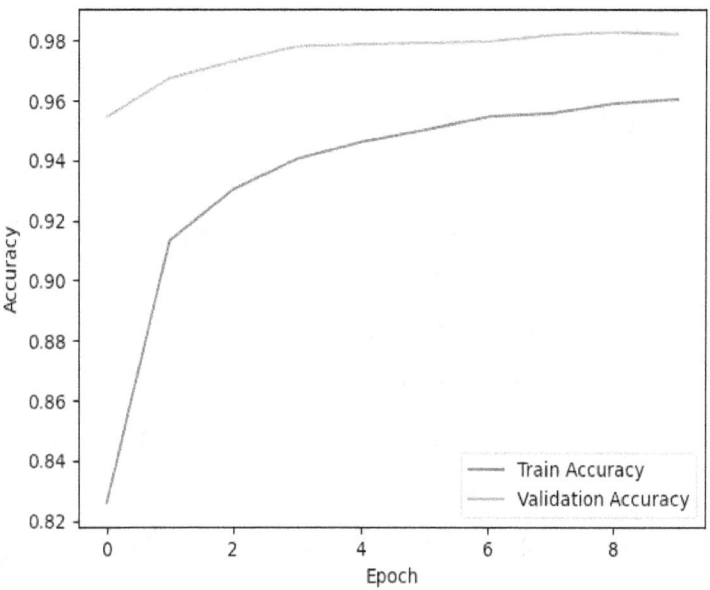

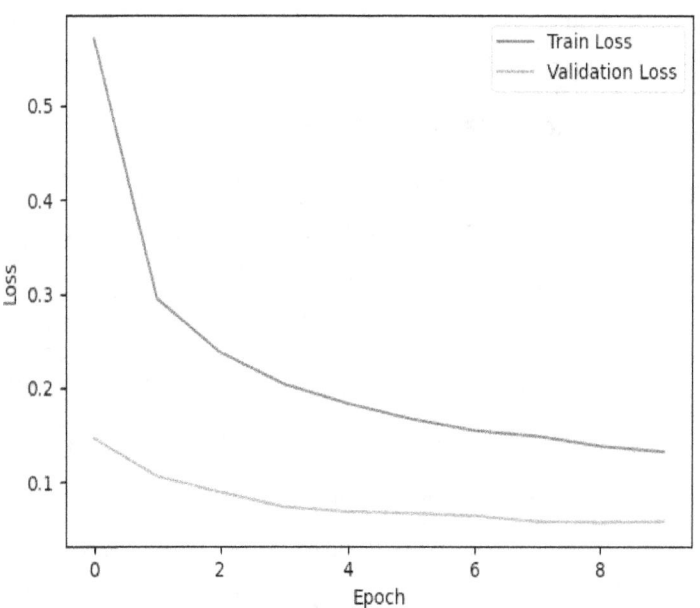

Explicación del Ejercicio

1. **Carga y Preprocesamiento de Datos**:
   - Se cargan los datos de MNIST y se redimensionan las imágenes a 28x28x1, agregando una dimensión adicional para el canal de color.
   - Las imágenes se normalizan para que los valores de los píxeles estén entre 0 y 1.
   - Las etiquetas se convierten a formato one-hot encoding.

2. **Aplicar PCA para Reducción de Dimensionalidad:**
   - Se aplanan las imágenes para aplicar PCA.
   - Se aplica PCA para reducir la dimensionalidad de las imágenes manteniendo el 95% de la varianza.
   - Se restauran las imágenes reducidas a la forma original (28x28x1).

3. **Configuración de Data Augmentation:**
   - Se configura el `ImageDataGenerator` para aplicar rotación, zoom y desplazamiento aleatorios a las imágenes.
   - El generador se ajusta al conjunto de datos de entrenamiento.

4. **Construcción del Modelo CNN con Batch Normalization:**
   - Se utiliza un modelo secuencial con capas convolucionales y de pooling.
   - Las capas convolucionales y densas están seguidas de Batch Normalization y ReLU para estabilizar y acelerar el entrenamiento.

- Se aplican capas Dropout para regularización y reducir el sobreajuste.

5. **Entrenamiento del Modelo con Data Augmentation:**
   - El modelo se entrena utilizando el generador de data augmentation, que genera nuevas imágenes en cada época aplicando transformaciones aleatorias a las imágenes de entrenamiento.

6. **Evaluación del Modelo:**
   - Se evalúa el modelo con los datos de prueba y se imprime la precisión del modelo en el conjunto de prueba.

7. **Visualización de Resultados:**
   - Se grafican la precisión y la pérdida de entrenamiento y validación a lo largo de las épocas para visualizar el rendimiento del modelo.

Este ejercicio muestra cómo utilizar PCA para reducir la dimensionalidad de las imágenes antes de entrenar un modelo de CNN, lo cual puede ayudar a mejorar el rendimiento y reducir el tiempo de entrenamiento del modelo.

Aquí tienes otro ejercicio de clasificación de imágenes utilizando el conjunto de datos CIFAR-10, pero esta vez vamos a utilizar la técnica de Transfer Learning con el modelo preentrenado ResNet50. ResNet50 es una red residual que ha sido entrenada en el conjunto de datos ImageNet y ha demostrado ser muy eficaz en tareas de clasificación de imágenes.

Ejercicio 45: Clasificación de Imágenes con Transfer Learning usando ResNet50 y CIFAR-10

Objetivo

Entrenar un modelo de clasificación de imágenes utilizando Transfer Learning con ResNet50 para clasificar imágenes del conjunto de datos CIFAR-10.

Instrucciones

1. **Instalación de Dependencias**

   Asegúrate de tener instaladas las bibliotecas necesarias:

   ```
   pip install tensorflow numpy matplotlib
   ```

2. **Importación de Bibliotecas**

   ```
   import tensorflow as tf
   from tensorflow.keras.datasets import cifar10
   ```

```python
from tensorflow.keras.models import Sequential
from tensorflow.keras.layers import Dense, Flatten, Dropout, GlobalAveragePooling2D
from tensorflow.keras.applications import ResNet50
from tensorflow.keras.preprocessing.image import ImageDataGenerator
from tensorflow.keras.utils import to_categorical
import numpy as np
import matplotlib.pyplot as plt
```

3. Cargar y Preprocesar el Conjunto de Datos CIFAR-10

```python
# Cargar el conjunto de datos CIFAR-10
(x_train, y_train), (x_test, y_test) = cifar10.load_data()

# Convertir las etiquetas a one-hot encoding
y_train = to_categorical(y_train, 10)
y_test = to_categorical(y_test, 10)

# Redimensionar las imágenes a 224x224x3 (necesario para ResNet50 que espera imágenes de 3 canales de color)
x_train = tf.image.resize(x_train, (224, 224))
x_test = tf.image.resize(x_test, (224, 224))

# Normalizar las imágenes de 0-255 a 0-1
x_train = x_train.astype('float32') / 255
x_test = x_test.astype('float32') / 255
```

4. Configuración de Data Augmentation

```
datagen = ImageDataGenerator(
    rotation_range=15,     # Rotar imágenes aleatoriamente hasta 15 grados
    width_shift_range=0.1,# Desplazar imágenes horizontalmente
    height_shift_range=0.1,# Desplazar imágenes verticalmente
    horizontal_flip=True  # Voltear imágenes horizontalmente
)

# Ajustar el generador al conjunto de datos de entrenamiento
datagen.fit(x_train)
```

5. Construcción del Modelo CNN con ResNet50 como Extractor de Características

```
# Cargar el modelo ResNet50 preentrenado, excluyendo las capas superiores
base_model = ResNet50(input_shape=(224, 224, 3), include_top=False, weights='imagenet')

# Congelar las capas del modelo base
base_model.trainable = False

# Construir el modelo
model = Sequential([
```

```
    base_model,  # Modelo base como extractor de características
    GlobalAveragePooling2D(),  # Pooling global para reducir la dimensionalidad
    Dense(512, activation='relu'),  # Capa densa con 512 neuronas
    Dropout(0.5),  # Dropout para regularización
    Dense(10, activation='softmax')  # Capa de salida con 10 neuronas y activación softmax
])

# Compilar el modelo
model.compile(optimizer='adam',
              loss='categorical_crossentropy',
              metrics=['accuracy'])
```

6. **Entrenamiento del Modelo con Data Augmentation**

```
# Entrenar el modelo utilizando el generador de data augmentation
history = model.fit(datagen.flow(x_train, y_train, batch_size=64),
                    epochs=20,
                    validation_data=(x_test, y_test))
```

7. **Evaluación del Modelo**

```
test_loss, test_acc = model.evaluate(x_test, y_test)
print(f'Test accuracy: {test_acc:.4f}')
```

8. Visualización de Resultados

```
# Graficar precisión de entrenamiento y validación
plt.plot(history.history['accuracy'], label='Train Accuracy')
plt.plot(history.history['val_accuracy'], label='Validation Accuracy')
plt.xlabel('Epoch')
plt.ylabel('Accuracy')
plt.legend()
plt.show()

# Graficar pérdida de entrenamiento y validación
plt.plot(history.history['loss'], label='Train Loss')
plt.plot(history.history['val_loss'], label='Validation Loss')
plt.xlabel('Epoch')
plt.ylabel('Loss')
plt.legend()
plt.show()
```

Resultado:

```
782/782 ──────────────── 86s 106ms/step - accuracy: 0.5955 - loss: 1.1840 - val_accuracy: 0.7724 - val_loss: 0.6544
Epoch 2/20
782/782 ──────────────── 84s 107ms/step - accuracy: 0.7081 - loss: 0.8429 - val_accuracy: 0.7760 - val_loss: 0.6518
```

```
Epoch 3/20
782/782 ──────────────── 85s 108ms/step - accuracy: 0.7223 - loss: 0.7954 - val_accuracy: 0.7952 - val_loss: 0.5955
Epoch 4/20
782/782 ──────────────── 83s 106ms/step - accuracy: 0.7311 - loss: 0.7691 - val_accuracy: 0.7962 - val_loss: 0.5991
Epoch 5/20
782/782 ──────────────── 86s 109ms/step - accuracy: 0.7383 - loss: 0.7493 - val_accuracy: 0.7990 - val_loss: 0.5812
Epoch 6/20
782/782 ──────────────── 87s 110ms/step - accuracy: 0.7462 - loss: 0.7370 - val_accuracy: 0.8057 - val_loss: 0.5681
Epoch 7/20
782/782 ──────────────── 86s 110ms/step - accuracy: 0.7490 - loss: 0.7199 - val_accuracy: 0.8065 - val_loss: 0.5658
Epoch 8/20
782/782 ──────────────── 86s 110ms/step - accuracy: 0.7536 - loss: 0.7048 - val_accuracy: 0.8080 - val_loss: 0.5660
Epoch 9/20
782/782 ──────────────── 86s 109ms/step - accuracy: 0.7603 - loss: 0.6878 - val_accuracy: 0.8080 - val_loss: 0.5717
Epoch 10/20
```

```
782/782 ———————————————— 85s
108ms/step - accuracy: 0.7574 - loss: 0.6879 -
val_accuracy: 0.8054 - val_loss: 0.5764
Epoch 11/20
782/782 ———————————————— 85s
109ms/step - accuracy: 0.7591 - loss: 0.6906 -
val_accuracy: 0.8102 - val_loss: 0.5693
Epoch 12/20
782/782 ———————————————— 85s
108ms/step - accuracy: 0.7599 - loss: 0.6781 -
val_accuracy: 0.8105 - val_loss: 0.5582
Epoch 13/20
782/782 ———————————————— 85s
108ms/step - accuracy: 0.7664 - loss: 0.6686 -
val_accuracy: 0.8126 - val_loss: 0.5579
Epoch 14/20
782/782 ———————————————— 86s
110ms/step - accuracy: 0.7659 - loss: 0.6711 -
val_accuracy: 0.8138 - val_loss: 0.5609
Epoch 15/20
782/782 ———————————————— 85s
108ms/step - accuracy: 0.7724 - loss: 0.6563 -
val_accuracy: 0.8120 - val_loss: 0.5460
Epoch 16/20
782/782 ———————————————— 85s
109ms/step - accuracy: 0.7717 - loss: 0.6485 -
val_accuracy: 0.8171 - val_loss: 0.5437
Epoch 17/20
782/782 ———————————————— 84s
107ms/step - accuracy: 0.7775 - loss: 0.6287 -
val_accuracy: 0.8140 - val_loss: 0.5610
```

```
Epoch 18/20
782/782 ──────────────── 85s
108ms/step - accuracy: 0.7725 - loss: 0.6399 -
val_accuracy: 0.8221 - val_loss: 0.5443
Epoch 19/20
782/782 ──────────────── 86s
110ms/step - accuracy: 0.7782 - loss: 0.6334 -
val_accuracy: 0.8173 - val_loss: 0.5470
Epoch 20/20
782/782 ──────────────── 86s
109ms/step - accuracy: 0.7790 - loss: 0.6328 -
val_accuracy: 0.8127 - val_loss: 0.5658
313/313 ──────────────── 11s
```

```
34ms/step - accuracy: 0.8114 - loss: 0.5747
Test accuracy: 0.8127
```

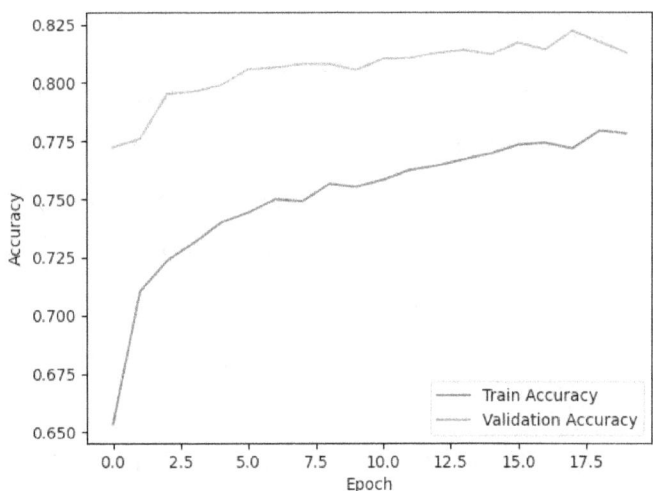

Explicación del Ejercicio

1. **Carga y Preprocesamiento de Datos:**
   - Se cargan los datos de CIFAR-10 y se redimensionan las imágenes a 224x224x3, ya que ResNet50 espera imágenes de esta dimensión y con 3 canales de color.
   - Las imágenes se normalizan para que los valores de los píxeles estén entre 0 y 1.
   - Las etiquetas se convierten a formato one-hot encoding.

2. **Configuración de Data Augmentation:**
   - Se configura el ImageDataGenerator para aplicar rotación, desplazamiento y volteo horizontal aleatorios a las imágenes.
   - El generador se ajusta al conjunto de datos de entrenamiento.

3. **Construcción del Modelo CNN con ResNet50:**
   - Se carga el modelo ResNet50 preentrenado con pesos de ImageNet, excluyendo las capas superiores.
   - Se congela el modelo base para evitar que sus pesos se actualicen durante el entrenamiento.
   - Se construye un nuevo modelo agregando capas adicionales sobre el modelo base, incluyendo GlobalAveragePooling2D, una capa densa con activación ReLU y Dropout, y una capa de salida con activación softmax.

4. **Entrenamiento del Modelo con Data Augmentation:**
   - El modelo se entrena utilizando el generador de data augmentation, que genera nuevas imágenes en cada época aplicando transformaciones aleatorias a las imágenes de entrenamiento.
5. **Evaluación del Modelo:**
   - Se evalúa el modelo con los datos de prueba y se imprime la precisión del modelo en el conjunto de prueba.
6. **Visualización de Resultados:**
   - Se grafican la precisión y la pérdida de entrenamiento y validación a lo largo de las épocas para visualizar el rendimiento del modelo.

Este ejercicio muestra cómo utilizar Transfer Learning con un modelo preentrenado como ResNet50 para mejorar la capacidad de un modelo de reconocer imágenes, aprovechando características aprendidas previamente en un conjunto de datos más grande y diverso como ImageNet.

Aquí tienes otro ejercicio de clasificación de imágenes utilizando el conjunto de datos CIFAR-10, pero esta vez vamos a utilizar la técnica de Transfer Learning con el modelo preentrenado MobileNetV2. MobileNetV2 es una red neuronal eficiente y ligera, adecuada para dispositivos con recursos limitados.

Ejercicio 46: Clasificación de Imágenes con Transfer Learning usando MobileNetV2 y CIFAR-10

Objetivo

Entrenar un modelo de clasificación de imágenes utilizando Transfer Learning con MobileNetV2 para clasificar imágenes del conjunto de datos CIFAR-10.

Instrucciones

1. **Instalación de Dependencias**

   Asegúrate de tener instaladas las bibliotecas necesarias:

   ```
   pip install tensorflow numpy matplotlib
   ```

2. **Importación de Bibliotecas**

   ```
   import tensorflow as tf
   from tensorflow.keras.datasets import cifar10
   from tensorflow.keras.models import Sequential
   from tensorflow.keras.layers import Dense, Flatten, Dropout, GlobalAveragePooling2D
   from tensorflow.keras.applications import MobileNetV2
   from tensorflow.keras.preprocessing.image import ImageDataGenerator
   from tensorflow.keras.utils import to_categorical
   ```

```
import numpy as np
import matplotlib.pyplot as plt
```

3. **Cargar y Preprocesar el Conjunto de Datos CIFAR-10**

```
# Cargar el conjunto de datos CIFAR-10
(x_train, y_train), (x_test, y_test) = cifar10.load_data()

# Convertir las etiquetas a one-hot encoding
y_train = to_categorical(y_train, 10)
y_test = to_categorical(y_test, 10)

# Redimensionar las imágenes a 96x96x3 (necesario
para MobileNetV2 que espera imágenes de 3 canales
de color)
x_train = tf.image.resize(x_train, (96, 96))
x_test = tf.image.resize(x_test, (96, 96))

# Normalizar las imágenes de 0-255 a 0-1
x_train = x_train.astype('float32') / 255
x_test = x_test.astype('float32') / 255
```

4. **Configuración de Data Augmentation**

```
datagen = ImageDataGenerator(
    rotation_range=15,    # Rotar imágenes
aleatoriamente hasta 15 grados
    width_shift_range=0.1,# Desplazar imágenes
horizontalmente
    height_shift_range=0.1,# Desplazar imágenes
verticalmente
```

```
        horizontal_flip=True  # Voltear imágenes
horizontalmente
)

# Ajustar el generador al conjunto de datos de
entrenamiento
datagen.fit(x_train)
```

5. **Construcción del Modelo CNN con MobileNetV2 como Extractor de Características**

```
# Cargar el modelo MobileNetV2 preentrenado,
excluyendo las capas superiores
base_model = MobileNetV2(input_shape=(96, 96, 3),
include_top=False, weights='imagenet')

# Congelar las capas del modelo base
base_model.trainable = False

# Construir el modelo
model = Sequential([
    base_model,  # Modelo base como extractor de
características
    GlobalAveragePooling2D(),  # Pooling global
para reducir la dimensionalidad
    Dense(512, activation='relu'),  # Capa densa
con 512 neuronas
    Dropout(0.5),  # Dropout para regularización
    Dense(10, activation='softmax')  # Capa de
salida con 10 neuronas y activación softmax
])
```

```python
# Compilar el modelo
model.compile(optimizer='adam',
              loss='categorical_crossentropy',
              metrics=['accuracy'])
```

6. **Entrenamiento del Modelo con Data Augmentation**

```python
# Entrenar el modelo utilizando el generador de data augmentation
history = model.fit(datagen.flow(x_train, y_train, batch_size=64),
                    epochs=20,
                    validation_data=(x_test, y_test))
```

7. **Evaluación del Modelo**

```python
test_loss, test_acc = model.evaluate(x_test, y_test)
print(f'Test accuracy: {test_acc:.4f}')
```

8. **Visualización de Resultados**

```python
# Graficar precisión de entrenamiento y validación
plt.plot(history.history['accuracy'], label='Train Accuracy')
plt.plot(history.history['val_accuracy'], label='Validation Accuracy')
plt.xlabel('Epoch')
plt.ylabel('Accuracy')
plt.legend()
plt.show()
```

```python
# Graficar pérdida de entrenamiento y validación
plt.plot(history.history['loss'], label='Train 
Loss')
plt.plot(history.history['val_loss'], 
label='Validation Loss')
plt.xlabel('Epoch')
plt.ylabel('Loss')
plt.legend()
plt.show()
```

Explicación del Ejercicio

1. **Carga y Preprocesamiento de Datos:**
   - Se cargan los datos de CIFAR-10 y se redimensionan las imágenes a 96x96x3, ya que MobileNetV2 espera imágenes de esta dimensión y con 3 canales de color.
   - Las imágenes se normalizan para que los valores de los píxeles estén entre 0 y 1.
   - Las etiquetas se convierten a formato one-hot encoding.

2. **Configuración de Data Augmentation:**
   - Se configura el ImageDataGenerator para aplicar rotación, desplazamiento y volteo horizontal aleatorios a las imágenes.
   - El generador se ajusta al conjunto de datos de entrenamiento.

3. **Construcción del Modelo CNN con MobileNetV2:**
   - Se carga el modelo MobileNetV2 preentrenado con pesos de ImageNet, excluyendo las capas superiores.

- Se congela el modelo base para evitar que sus pesos se actualicen durante el entrenamiento.
- Se construye un nuevo modelo agregando capas adicionales sobre el modelo base, incluyendo GlobalAveragePooling2D, una capa densa con activación ReLU y Dropout, y una capa de salida con activación softmax.

4. **Entrenamiento del Modelo con Data Augmentation:**
   - El modelo se entrena utilizando el generador de data augmentation, que genera nuevas imágenes en cada época aplicando transformaciones aleatorias a las imágenes de entrenamiento.

5. **Evaluación del Modelo:**
   - Se evalúa el modelo con los datos de prueba y se imprime la precisión del modelo en el conjunto de prueba.

6. **Visualización de Resultados:**
   - Se grafican la precisión y la pérdida de entrenamiento y validación a lo largo de las épocas para visualizar el rendimiento del modelo.

Este ejercicio muestra cómo utilizar Transfer Learning con un modelo preentrenado como MobileNetV2 para mejorar la capacidad de un modelo de reconocer imágenes, aprovechando características aprendidas previamente en un conjunto de datos más grande y diverso como ImageNet.

Aquí tienes otro ejercicio de clasificación de imágenes utilizando el conjunto de datos CIFAR-10, pero esta vez utilizaremos el modelo preentrenado InceptionV3. InceptionV3 es un modelo más avanzado y profundo que ha demostrado ser muy efectivo en tareas de clasificación de imágenes.

Ejercicio 47: Clasificación de Imágenes con Transfer Learning usando InceptionV3 y CIFAR-10

Objetivo

Entrenar un modelo de clasificación de imágenes utilizando Transfer Learning con InceptionV3 para clasificar imágenes del conjunto de datos CIFAR-10.

Instrucciones

1. **Instalación de Dependencias**

   Asegúrate de tener instaladas las bibliotecas necesarias:

   ```
   pip install tensorflow numpy matplotlib
   ```

2. **Importación de Bibliotecas**

   ```
   import tensorflow as tf
   from tensorflow.keras.datasets import cifar10
   from tensorflow.keras.models import Sequential
   ```

```python
from tensorflow.keras.layers import Dense, Dropout, GlobalAveragePooling2D
from tensorflow.keras.applications import InceptionV3
from tensorflow.keras.preprocessing.image import ImageDataGenerator
from tensorflow.keras.utils import to_categorical
import matplotlib.pyplot as plt
```

3. Cargar y Preprocesar el Conjunto de Datos CIFAR-10

```python
# Cargar el conjunto de datos CIFAR-10
(x_train, y_train), (x_test, y_test) = cifar10.load_data()

# Convertir las etiquetas a one-hot encoding
y_train = to_categorical(y_train, 10)
y_test = to_categorical(y_test, 10)

# Redimensionar las imágenes a 139x139x3 (necesario para InceptionV3 que espera imágenes de 3 canales de color)
x_train = tf.image.resize(x_train, (139, 139))
x_test = tf.image.resize(x_test, (139, 139))

# Normalizar las imágenes de 0-255 a 0-1
x_train = x_train.astype('float32') / 255
x_test = x_test.astype('float32') / 255
```

4. Configuración de Data Augmentation

```
datagen = ImageDataGenerator(
    rotation_range=15,     # Rotar imágenes aleatoriamente hasta 15 grados
    width_shift_range=0.1,# Desplazar imágenes horizontalmente
    height_shift_range=0.1,# Desplazar imágenes verticalmente
    horizontal_flip=True   # Voltear imágenes horizontalmente
)

# Ajustar el generador al conjunto de datos de entrenamiento
datagen.fit(x_train)
```

5. Construcción del Modelo CNN con InceptionV3 como Extractor de Características

```
# Cargar el modelo InceptionV3 preentrenado, excluyendo las capas superiores
base_model = InceptionV3(input_shape=(139, 139, 3), include_top=False, weights='imagenet')

# Congelar las capas del modelo base
base_model.trainable = False

# Construir el modelo
```

```python
model = Sequential([
    base_model,  # Modelo base como extractor de características
    GlobalAveragePooling2D(),  # Pooling global para reducir la dimensionalidad
    Dense(512, activation='relu'),  # Capa densa con 512 neuronas
    Dropout(0.5),  # Dropout para regularización
    Dense(10, activation='softmax')  # Capa de salida con 10 neuronas y activación softmax
])

# Compilar el modelo
model.compile(optimizer='adam',
              loss='categorical_crossentropy',
              metrics=['accuracy'])
```

6. Entrenamiento del Modelo con Data Augmentation

```python
# Entrenar el modelo utilizando el generador de data augmentation
history = model.fit(datagen.flow(x_train, y_train, batch_size=64),
                    epochs=20,
                    validation_data=(x_test, y_test))
```

7. Evaluación del Modelo

```python
test_loss, test_acc = model.evaluate(x_test, y_test)
```

```
print(f'Test accuracy: {test_acc:.4f}')
```

8. Visualización de Resultados

```
# Graficar precisión de entrenamiento y validación
plt.plot(history.history['accuracy'], label='Train
Accuracy')
plt.plot(history.history['val_accuracy'],
label='Validation Accuracy')
plt.xlabel('Epoch')
plt.ylabel('Accuracy')
plt.legend()
plt.show()

# Graficar pérdida de entrenamiento y validación
plt.plot(history.history['loss'], label='Train
Loss')
plt.plot(history.history['val_loss'],
label='Validation Loss')
plt.xlabel('Epoch')
plt.ylabel('Loss')
plt.legend()
plt.show()
```

Explicación del Ejercicio

1. **Carga y Preprocesamiento de Datos:**

   - Se cargan los datos de CIFAR-10 y se redimensionan las imágenes a 139x139x3, ya que InceptionV3 espera imágenes de esta dimensión y con 3 canales de color.
   - Las imágenes se normalizan para que los valores de los píxeles estén entre 0 y 1.
   - Las etiquetas se convierten a formato one-hot encoding.

2. **Configuración de Data Augmentation:**

   - Se configura el ImageDataGenerator para aplicar rotación, desplazamiento y volteo horizontal aleatorios a las imágenes.
   - El generador se ajusta al conjunto de datos de entrenamiento.

3. **Construcción del Modelo CNN con InceptionV3:**

   - Se carga el modelo InceptionV3 preentrenado con pesos de ImageNet, excluyendo las capas superiores.
   - Se congela el modelo base para evitar que sus pesos se actualicen durante el entrenamiento.
   - Se construye un nuevo modelo agregando capas adicionales sobre el modelo base, incluyendo

GlobalAveragePooling2D, una capa densa con activación ReLU y Dropout, y una capa de salida con activación softmax.

4. **Entrenamiento del Modelo con Data Augmentation:**

    o El modelo se entrena utilizando el generador de data augmentation, que genera nuevas imágenes en cada época aplicando transformaciones aleatorias a las imágenes de entrenamiento.

5. **Evaluación del Modelo:**

    o Se evalúa el modelo con los datos de prueba y se imprime la precisión del modelo en el conjunto de prueba.

6. **Visualización de Resultados:**

    o Se grafican la precisión y la pérdida de entrenamiento y validación a lo largo de las épocas para visualizar el rendimiento del modelo.

Este ejercicio muestra cómo utilizar Transfer Learning con un modelo preentrenado como InceptionV3 para mejorar la capacidad de un modelo de reconocer imágenes, aprovechando características aprendidas previamente en un conjunto de datos más grande y diverso como ImageNet.

Aquí tienes otro ejercicio de clasificación de imágenes utilizando el conjunto de datos CIFAR-10, pero esta vez utilizaremos el modelo preentrenado EfficientNetB0. EfficientNet es una familia de modelos de clasificación de imágenes que logra un equilibrio entre precisión y eficiencia computacional.

Ejercicio 48: Clasificación de Imágenes con Transfer Learning usando EfficientNetB0 y CIFAR-10

Objetivo

Entrenar un modelo de clasificación de imágenes utilizando Transfer Learning con EfficientNetB0 para clasificar imágenes del conjunto de datos CIFAR-10.

Instrucciones

1. **Instalación de Dependencias**

    Asegúrate de tener instaladas las bibliotecas necesarias:

    ```
    pip install tensorflow numpy matplotlib
    ```

2. **Importación de Bibliotecas**

    ```
    import tensorflow as tf
    from tensorflow.keras.datasets import cifar10
    from tensorflow.keras.models import Sequential
    ```

```python
from tensorflow.keras.layers import Dense, Dropout, GlobalAveragePooling2D
from tensorflow.keras.applications import EfficientNetB0
from tensorflow.keras.preprocessing.image import ImageDataGenerator
from tensorflow.keras.utils import to_categorical
import matplotlib.pyplot as plt
```

3. **Cargar y Preprocesar el Conjunto de Datos CIFAR-10**

```python
# Cargar el conjunto de datos CIFAR-10
(x_train, y_train), (x_test, y_test) = cifar10.load_data()

# Convertir las etiquetas a one-hot encoding
y_train = to_categorical(y_train, 10)
y_test = to_categorical(y_test, 10)

# Redimensionar las imágenes a 224x224x3 (necesario
# para EfficientNetB0 que espera imágenes de 3
# canales de color)
x_train = tf.image.resize(x_train, (224, 224))
x_test = tf.image.resize(x_test, (224, 224))

# Normalizar las imágenes de 0-255 a 0-1
x_train = x_train.astype('float32') / 255
x_test = x_test.astype('float32') / 255
```

4. Configuración de Data Augmentation

```
datagen = ImageDataGenerator(
    rotation_range=15,    # Rotar imágenes aleatoriamente hasta 15 grados
    width_shift_range=0.1,# Desplazar imágenes horizontalmente
    height_shift_range=0.1,# Desplazar imágenes verticalmente
    horizontal_flip=True  # Voltear imágenes horizontalmente
)

# Ajustar el generador al conjunto de datos de entrenamiento
datagen.fit(x_train)
```

5. Construcción del Modelo CNN con EfficientNetB0 como Extractor de Características

```
# Cargar el modelo EfficientNetB0 preentrenado, excluyendo las capas superiores
base_model = EfficientNetB0(input_shape=(224, 224, 3), include_top=False, weights='imagenet')

# Congelar las capas del modelo base
base_model.trainable = False

# Construir el modelo
model = Sequential([
```

```python
    base_model,  # Modelo base como extractor de características
    GlobalAveragePooling2D(),  # Pooling global para reducir la dimensionalidad
    Dense(512, activation='relu'),  # Capa densa con 512 neuronas
    Dropout(0.5),  # Dropout para regularización
    Dense(10, activation='softmax')  # Capa de salida con 10 neuronas y activación softmax
])

# Compilar el modelo
model.compile(optimizer='adam',
              loss='categorical_crossentropy',
              metrics=['accuracy'])
```

6. Entrenamiento del Modelo con Data Augmentation

```python
# Entrenar el modelo utilizando el generador de data augmentation
history = model.fit(datagen.flow(x_train, y_train, batch_size=64),
                    epochs=20,
                    validation_data=(x_test, y_test))
```

7. Evaluación del Modelo

```python
test_loss, test_acc = model.evaluate(x_test, y_test)
print(f'Test accuracy: {test_acc:.4f}')
```

8. **Visualización de Resultados**

```
# Graficar precisión de entrenamiento y validación
plt.plot(history.history['accuracy'], label='Train Accuracy')
plt.plot(history.history['val_accuracy'], label='Validation Accuracy')
plt.xlabel('Epoch')
plt.ylabel('Accuracy')
plt.legend()
plt.show()

# Graficar pérdida de entrenamiento y validación
plt.plot(history.history['loss'], label='Train Loss')
plt.plot(history.history['val_loss'], label='Validation Loss')
plt.xlabel('Epoch')
plt.ylabel('Loss')
plt.legend()
plt.show()
```

Explicación del Ejercicio

6. **Carga y Preprocesamiento de Datos:**

    o Se cargan los datos de CIFAR-10 y se redimensionan las imágenes a 224x224x3, ya que EfficientNetB0 espera imágenes de esta dimensión y con 3 canales de color.

- Las imágenes se normalizan para que los valores de los píxeles estén entre 0 y 1.
- Las etiquetas se convierten a formato one-hot encoding.

5. **Configuración de Data Augmentation:**

   - Se configura el ImageDataGenerator para aplicar rotación, desplazamiento y volteo horizontal aleatorios a las imágenes.
   - El generador se ajusta al conjunto de datos de entrenamiento.

6. **Construcción del Modelo CNN con EfficientNetB0:**

   - Se carga el modelo EfficientNetB0 preentrenado con pesos de ImageNet, excluyendo las capas superiores.
   - Se congela el modelo base para evitar que sus pesos se actualicen durante el entrenamiento.
   - Se construye un nuevo modelo agregando capas adicionales sobre el modelo base, incluyendo GlobalAveragePooling2D, una capa densa con activación ReLU y Dropout, y una capa de salida con activación softmax.

7. **Entrenamiento del Modelo con Data Augmentation:**

   - El modelo se entrena utilizando el generador de data augmentation, que genera nuevas imágenes en cada época aplicando transformaciones aleatorias a las imágenes de entrenamiento.

8. **Evaluación del Modelo:**

    o Se evalúa el modelo con los datos de prueba y se imprime la precisión del modelo en el conjunto de prueba.

9. **Visualización de Resultados:**

    o Se grafican la precisión y la pérdida de entrenamiento y validación a lo largo de las épocas para visualizar el rendimiento del modelo.

Este ejercicio muestra cómo utilizar Transfer Learning con un modelo preentrenado como EfficientNetB0 para mejorar la capacidad de un modelo de reconocer imágenes, aprovechando características aprendidas previamente en un conjunto de datos más grande y diverso como ImageNet.

www.ingramcontent.com/pod-product-compliance
Lightning Source LLC
Chambersburg PA
CBHW082232220526
45479CB00005B/1202